Raymond Henry Williams

盛立民 著

作为整体生活方式的文化

——雷蒙德·威廉斯文化唯物主义思想研究

MATERIALISM

图书在版编目（CIP）数据

作为整体生活方式的文化：雷蒙德·威廉斯文化唯
物主义思想研究 / 盛立民著. —— 天津：天津人民出版
社，2021.7

ISBN 978-7-201-17523-2

Ⅰ.①作… Ⅱ.①盛… Ⅲ.①威廉斯（Williams,
Raymond 1921-1988）—文化哲学—唯物主义—思想评论
Ⅳ.①B561.59②G02

中国版本图书馆 CIP 数据核字(2021)第 149228 号

作为整体生活方式的文化
ZUOWEI ZHENGTI SHENGHUO FANGSHI DE WENHUA

出　　版	天津人民出版社
出 版 人	刘　庆
地　　址	天津市和平区西康路35号康岳大厦
邮政编码	300051
邮购电话	（022）23332469
电子信箱	reader@tjrmcbs.com

责任编辑	郑　玥
特约编辑	佐　拉
封面设计	汤　磊

印　　刷	天津新华印务有限公司
经　　销	新华书店
开　　本	710毫米×1000毫米　1/16
印　　张	15.75
插　　页	2
字　　数	200千字
版次印次	2021年7月第1版　2021年7月第1次印刷
定　　价	89.00元

目录
CONTENTS

导 论

一、本书缘起

（一）威廉斯在文化研究中的重要地位

二战后,文化在社会日常生活中的重要性日益凸显,相关的文化研究开始兴起, 威廉斯在这一过程中所进行的研究占有重要地位并产生了重大影响。威廉斯是二战后英国著名的马克思主义评论家,英国新左派和伯明翰学派的领军人物,"文化研究"理论的奠基人。他把文化概念放回社会和政治理论探讨的核心地位,开启了 20 世纪 80 年代以来影响广泛的"文化研究"思潮和"文化社会学"方向。因此,对威廉斯的文化思想进行研究就很有必要,我们可以从中看出威廉斯文化研究的理论主张和思想内核,探寻其文化研究的内在必然性,理清文化研究学派的思想脉络,揭示其思想的理论地位及开先启后之意义。

（二）加深对马克思主义文化思想的认识

20世纪50年代，马克思主义在进行自我理论的调整中开始关注文化理论领域并获得巨大发展，这使得探讨文化领域的马克思主义或马克思主义的文化理论成了必要。威廉斯文化唯物主义作为文化马克思主义的重要一支，是一种"在历史唯物主义语境中强调文化和文学的物质生产之特殊性的理论"①，这颠覆了人们关于文化的传统思考，并通过对马克思主义从经典形态到现当代形态的理解，围绕文化和社会之间的互动关系阐释了自己的文化观。因此，研究威廉斯的文化观，可以从中透视出马克思主义如何影响威廉斯对文化问题的思考，这有助于对马克思主义文化思想的认识，包括对马克思主义文化观的不足以及威廉斯对马克思主义文化观的发展等问题的认识。马克思的哲学变革提供了分析文化问题的框架和方法，但对文化问题的直接论述很少，主要在上层建筑和意识形态的范围内讨论观念性的文化，且在马克思主义发展中又存在着被教条化和片面化的问题。威廉斯也注意到了这些问题，并在理论阐释中分析了这种状况，区分了经典的马克思主义、正统的马克思主义和各种分支的情况，这也从一个方面为反思马克思主义哲学尤其是其文化观提供了视角和资料，对理解马克思主义的文化思想会有所推进。

（三）反思西方马克思主义的文化理论范式

20世纪西方马克思主义理论最有贡献的研究领域当属文化理论，他们把马克思主义理论投射到现实中去解决社会问题，既吸收借鉴当代西方理论界的最新思想文化成果，也体现了对当代西方社会现实的关注。威廉斯受

---

① ［英］雷蒙德·威廉斯：《马克思主义与文学》，王尔勃、周莉译，河南大学出版社，2008年，第6页。

西方马克思主义文化理论范式的启发,尤其是通过卢卡奇"总体性"概念和葛兰西"文化霸权"理论,反思了马克思主义的"经济基础和上层建筑"关系的命题,提出文化唯物主义的理论范式。因此,研究威廉斯的文化观,可以深化对西方马克思主义文化理论范式的认识,在与西方马克思主义文化理论的对话和论争中,深化对马克思主义文化理论的研究和理解。

二、国内外研究综述

(一)国外研究现状

国外对威廉斯的研究以威廉斯 1988 年去世为界,主要区分为两个阶段:

1. 1988 年之前的第一阶段

虽然威廉斯生前著述颇丰,却处于"被孤立的状态",真正涉及他的研究很少。当《文化与社会》和《长期革命》分别在 1958 年和 1961 年出版的时候,维克多·基尔南(Victor Kiernan)就《文化与社会》、爱德华·汤普森(Edward Thompson)就《长期革命》写了两篇重要评论。[①] 1976 年特里·伊格尔顿(Terry Eagleton)在《文学与意识形态》第一章中对威廉斯进行了讨论性的评论。[②] 莱斯利·琼生(Lesley Johnson)于 1979 年在《文化批评家》(*The Cultural Critics: From Matthew to Raymong Williams*)开辟专栏研究、梳理威廉斯与利维斯传统的关系。J.P.沃德写作的《雷蒙德·威廉斯》的小册子指出了威廉斯"整体生活方式的文化"思想的重要性。1976 年《新左派评论》编委会成员安东尼·本奈特(Anthony Barnett)在《雷蒙德·威廉斯与马克思主义:对特里·伊格尔顿

---

① See Victor Kiernan,Culture and Society,*The New Reasoner*,9,Summer 1959;Edward Thompson,The Long Revolution,*New Left Review*,9 and 10,May–June and July–August 1961.

② See Eagleton,*Criticism and Ideology*,Verso,1976,pp.21–42.

的反驳》①这篇文章开始对威廉斯的全部作品给予关注,试图探究并鉴别威廉斯社会主义的独特之处。为了使英国学术界对威廉斯的关注转变为充分和直接的交流,《新左派评论》编委会(佩里·安德森、安东尼·本奈特和弗兰西斯·墨亨)用访谈的方式构筑了威廉斯的思想历程,体现在《政治与文学》这部著作中。

2. 1988 年及之后的第二阶段

威廉斯去世后,随着文化研究影响的日益扩大,越来越多的学者开始把威廉斯及其文化思想作为研究对象。通过发表与他相关的纪念性文章及对其著作的重版、整理、选编等方式,对他进行深入研究,研究内容主要体现为文学文化思想、社会批判思想和传播学思想三个方面。形成了对威廉斯进行专门研究的组织和团队,如 1995 年英国诺丁汉大学成立了雷蒙德·威廉斯研究中心(Raymond Williams Center for Recovery Research)。

除了大批的纪念性文章外,研究威廉斯文化思想的文章也不胜枚举,部分研究论文根据主题而被结集出版。其中产生较大影响的论文集有:克里斯托弗·普林德加斯特(Christophe Prendergast)于 1995 年主编的《文化唯物主义:论雷蒙德·威廉斯》(Cultural Materialism:On Raymond Williams),杰夫·华莱士(Jeff Wallace)于 1997 年主编的《关注雷蒙德·威廉斯:知识、局限与未来》(Raymond Williams Now:Knowledge,Limits and the Future) 和莫妮卡·赛德尔(Monika Seidl)、罗曼·霍拉克(Roman Horak)、劳伦斯·高柏士(Lawrence Grossberg)于 2010 年合编的《关于雷蒙德·威廉斯》(About Raymond Williams)。

此外,对威廉斯的关注也体现在关于文化研究的一些成果中,在尼克·斯蒂文森(Nick Stevenson)的《文化、意识形态和社会主义》(Culture,Idealogy and Socialism)(1995 年)、汤姆·斯迪尔(Tom Steele)的《文化研究的兴起》

---

① See *New Left Review*. 99,September–October 1976.

（*The Emergence of Cultural Studies*）（1997 年）、斯蒂文·伍德汉斯（Stephen Woodhams）的《创造中的历史》（*History in The Making:Raymond Williams,Edward Thompson and Radical Intellectuals 1936-1956*）（2001 年）、约翰·斯道雷（John Storey）的《文化理论与通俗文化导论》（*Cultural Theory and Popular Culture:An Introduction*）（2004 年）等著作中,都有专门讨论威廉斯的内容。

对威廉斯进行探讨的主要成就体现在以威廉斯为对象和主题的研究成果中,其中简·格拉克（Jan Gorak）、托尼·品克尼（Tony Pinkney）、约翰·艾尔德里奇（John Eldridge）和莉齐·艾尔德里奇（Lizzie Eldridge）、弗雷德·英格里斯（Fred Inglis）、约翰·希金斯（John Higgins）、安德鲁·米尔纳（Andrew Milner）、保罗·琼斯（Paul Jones）、阿兰·奥康诺（Alan O'Connor）等人做了卓有成效的工作,并产生一批具有重要影响的成果,推进了欧美学术界对威廉斯的研究。①在这些成果的基础上,西方学者针对威廉斯著述的薄弱环节,展开对各种亚文化现象和种族、性别等政治文化问题的研究,扩展了文化研究的主题和范围。

国外对威廉斯文化思想的研究,还体现在与威廉斯同时代或稍晚一些的文化研究的学者身上,在他们与威廉斯的对话中,或对个别观点给予认同

---

① 这些成果主要体现在他们所出版的系列著作中:简·格拉克（Jan Gorak）的《雷蒙德·威廉斯的异己心灵》（*The Alien Mind of Raymond Williams*）（1988 年）,托尼·品克尼（Tony Pinkney）的《雷蒙德·威廉斯》（*Raymond Williams*）（1991 年）,约翰·艾尔德里奇（John Eldridge）和莉齐·艾尔德里奇（Lizzie Eldridge）的《雷蒙德·威廉斯:构建联系》（*Raymond Williams:Making Connections*）（1994 年）,弗雷德·英格里斯（Fred Inglis）的《雷蒙德·威廉斯》（*Raymond Williams*）（1995 年）,约翰·希金斯（John Higgins）的《雷蒙德·威廉斯:文学、马克思主义与文化唯物主义》（*Raymond Williams:Literature,Marxism and Cultural Materialism*）（1999 年）,安德鲁·米尔纳（Andrew Milner）的《重新想象文化研究:文化唯物主义的前景》（*Re-imagining Culture Studies:The Promise of Culture Materialism*）（2002 年）,保罗·琼斯（Paul Jones）的《雷蒙德·威廉斯的文化社会学:一种批判性重构》（*Raymond Williams's Sociology of Culture:A Critical Reconstruction*）（2004 年）,阿兰·奥康诺（Alan O'Connor）的《雷蒙德·威廉斯:写作、文化和政治》（*Raymond Williams:Writing,Culture,Politics*）（1989 年）和《雷蒙德·威廉斯》（*Raymond Williams*）（2006 年）。

和发挥,或提出质疑和批评,这些都推动了人们对威廉斯文化观的认识。在新左派内部,同时代的理查德·霍加特和爱德华·汤普森从各自的角度挖掘了历史唯物主义的文化维度,前者在《识字的用途》中论述了工人阶级生活方式的变化及其具有的文化经验意义,后者在《英国工人阶级的形成》中对工人阶级的构成及阶级意识展开"文化主义"的分析。与威廉斯不同,汤普森更加强调工人阶级文化的历史条件和文化作为一种阶级斗争方式的重要意义,强调文化是一种"整体的斗争方式";稍后的斯图亚特·霍尔则关注大众文化的生产、传播和消费等问题,特里·伊格尔顿强调文化作为政治斗争的场所具有的意识形态属性,推进了关于文化实践逻辑的探讨。英国马克思主义的文化理论和西欧马克思主义的文化批判理论,也为理解威廉斯的文化观提供了参照。

作为英国文化研究的开拓者和英国马克思主义的关键人物,对威廉斯的研究还体现在英美等国在 20 世纪八九十年代先后出现的一批研究 20 世纪英国马克思主义历史发展的重要著作中,如佩里·安德森(Perry Anderson)的《英国马克思主义之争》、林春的《英国新左派》、丹尼斯·沃德金(Dennis Dworkin)的《文化马克思主义在战后英国》、格雷姆·特纳(Graeme Turne)的《英国文化研究导论》、迈克尔·肯尼(Michael Kenny)的《第一代英国新左派》等。

此外,威廉斯的思想也在一些文化研究发展史专著中被提及,如约翰·斯道雷(John Storey)的《文化理论与大众文化导论》(1993 年)、尼克·库尔德里(Nick Couldry)的《文化之内——重新想象文化研究的方法》(2000 年)、伊格尔顿的《理论之后》(2003 年)、弗里德·英格里斯(Fred Inglis)的《艰难的和平:日常生活与冷战》(1991 年)、约翰·哈特利(John Hartley)的《文化研究简史》(2003 年)、理查德·E.李(Richard E. Lee)的《文化研究的生命时代》和汤姆·斯迪尔(Tom Steele)的《文化研究的诞生 1945—1965:文化政治、成人教育与"英语"问题》(1997年)等。

综上所述,国外对威廉斯的研究比较全面,注重其思想的贯通性,但总体上将其定位为文化理论家,对其作为马克思主义的文化唯物论者的研究仍不够深入。

(二)国内研究现状

国内对威廉斯的关注主要是由于他的英国马克思主义文化批评家的身份。自20世纪80年代末90年代初引进威廉斯的理论以来,虽然作为表征国内文化研究状况温度计的威廉斯研究有所升温,但对他的研究比较零散并且不成体系,主要处于译介阶段,许多重要著作还没有被翻译,出版的学术专著比较少,学术论文大部分是针对其文化理论进行介绍性的研究,比较前沿和深入的研究成果主要体现在近年来完成的博士学位论文中。

1. 威廉斯作品翻译情况

国内翻译出版的威廉斯的著作主要有九部:《文化与社会》《电视:科技与文化形式》《现代主义的政治——反对新国教派》《关键词:文化与社会的词汇》《现代悲剧》《马克思主义与文学》《政治与文学》《希望的源泉:文化、民主、社会主义》《乡村与城市》。①其中《政治与文学》是最近翻译的一本由英国《新左派评论》编辑部进行的关于威廉斯访谈的记录,访谈的设计主要是把威廉斯作品中提出的重大理论问题和政治问题带入清晰的关注焦点中,表

---

①　这些著作的具体出版情况为:《文化与社会》(北京大学出版社,吴松江、张文定译,1991年;2011年吉林出版集团又出版了由高晓玲翻译的版本),《电视:科技与文化形式》(台湾远流出版社,冯建三译,1994年),《现代主义的政治——反对新国教派》(商务印书馆,阎嘉译,2002年),《关键词:文化与社会的词汇》(生活·读书·新知三联书店,刘建基译,2005年),《现代悲剧》(译林出版社,丁尔苏译,2007年),《马克思主义与文学》(河南大学出版社,王尔勃、周莉译,2008年),《政治与文学》(河南大学出版社,樊柯、王卫芬译,2010年),《乡村与城市》(商务印书馆,韩子满、刘戈、徐珊珊译,2013年),《希望的源泉:文化、民主、社会主义》(译林出版社,祁阿红、吴晓妹译,2014年)。

现出威廉斯逐步开展的对自己作品的批判性反思，也可以说是一幅威廉斯的肖像描绘，这对研究威廉斯的思想具有很重要的价值。

威廉斯著述中部分篇章的翻译文本零散分布于一些西方马克思主义文论或美学的文化研究读本之中，目前收集到十余篇，如《马克思主义文化理论中的基础与上层建筑》(付德根译)等，具体内容可参见参考文献的第一部分。但从总体上看，威廉斯著作的中文翻译只是其整体著作中的很少一部分，一些对研究威廉斯文化观来说很重要的著作，如《文化社会学》(The Sociology of Culture)、《文化与唯物主义》(Culture and Materialism) 等还没有中译本，这在一方面体现了对威廉斯研究的滞后，另一方面也阻碍了对威廉斯的深入研究。

从威廉斯作品的翻译者的知识背景上来看，所译的这几本书已经直接反映了威廉斯的文化批判与社会批判的思想内涵，对他的思想加以引介的目的明显出于文学、文化研究的视角，却很少有关于他的思想的系统化批判性论述。

2. 学术专著及学术论文方面的情况

国内对威廉斯进行学术研究的专著很少，仅有的几部著作大都在博士论文的基础上修改而成，如刘进的《文学与"文化革命"：雷蒙德·威廉斯的文学批评研究》、赵国新的《新左派的文化政治：雷蒙德·威廉斯的文化理论》、吴冶平的《雷蒙德·威廉斯的文化理论研究》、舒开智的《雷蒙德·威廉斯文化唯物主义理论研究》等。

在国内的研究成果中，部分文学和美学的著作已经开始介绍威廉斯的文化思想，例如：马驰在《马克思主义美学思想传播史》中设有一节介绍威廉斯的文化唯物主义，吴元迈主编的《20 世纪西方文学史》留有一节介绍威廉斯及其文化研究问题，朱立元的《当代西方文艺理论》中的一小节讨论了威廉斯的文化思想及其文化唯物主义理论，陆扬、王毅合著的《文化研究导论》

设有两节讨论威廉斯的"文化再定义"和"文化唯物主义",但许多内容与前述著作差异不大。还有以单章节的形式对威廉斯的文化理论进行评介性质的研究著作,如载于周忠厚主编的《马克思文艺思想发展史教程》①第五章的"雷蒙德·威廉斯的文艺学思想"、谭好哲主编的《艺术与人的解放——现代马克思主义美学的主题学研究》②第十四章的"威廉斯:文学的文化分析与文化唯物主义"等篇章。

　　有部分研究成果体现在以"译序"的形式对威廉斯著作所作的评述,如王尔勃发表在他翻译的《马克思主义与文学》正文前面的代译序"回顾跨世纪的理论接驳者——关于威廉斯和'文化唯物论'的断想",此外王尔勃还发表《威廉斯及其晚期代表作〈马克思主义与文学〉》等论文,主要针对他所翻译的《马克思主义与文学》这部著作进行介绍和研究,提出主要观点并进行初步评价。

　　理解英国文化马克思主义的相关著作及论文和研究英国新左派的译著、编著等,为研究威廉斯的文化唯物主义思想提供了参考和分析的理论语境。如张亮的《英国新左派思想家》《伦理、文化与社会主义——英国新左派早期思想读本》、乔瑞金的《英国的新马克思主义》、李凤丹的《英国文化马克思主义研究——基于大众文化与政治的关系》、萧俊明的《文化转向的由来——关于当代西方文化概念、文化理论和文化研究的考察》等著作,以及张亮的《英国马克思主义的研究模式及方法》、欧阳谦的《马克思主义与'文化研究'》和《文化的辩证法——关于'文化主义的马克思主义'的几点思考》等论文。

　　目前在中国学术期刊网公开发表的研究威廉斯的论文约有五十篇,绝

---

① 参见周忠厚主编:《马克思文艺思想发展史教程》,中国人民大学出版社,2007年。

② 参见谭好哲主编:《艺术与人的解放——现代马克思主义美学的主题学研究》,山东大学出版社,2006年。

大部分是针对其文化理论进行介绍性的研究，其中进行了比较深入研究的有：乔瑞金的《雷蒙德·威廉斯唯物主义文化观解析》①，张秀琴的《威廉斯的"文化唯物主义"意识形态论研究》②和《英语世界对马克思意识形态理论的解读方式》③，张亮的《"英国马克思主义"的"文化唯物主义"及其当代评价》④和《"英国马克思主义"的历史、理论道路和理论成就》⑤，刘进的《雷蒙德·威廉斯与马克思主义传统》⑥等。

此外，国内对威廉斯文化唯物主义的研究还体现在对西方马克思主义文化哲学的研究中。近年来，国内学者较为关注国外马克思主义哲学思潮，尤其是法兰克福学派和英国文化研究学派，其中既包含对马克思主义与文化研究关系的关注，又体现为以具体问题为内容而展开的对西方马克思主义文化哲学的研究，通过探讨西方马克思主义文化范式的转换等问题，为理解威廉斯的文化唯物主义提供了思想背景。

在国内研究威廉斯的专著和学术论文中，内容上限于对其文化理论的评价，侧重于大众文化理论、文学理论和戏剧理论，对文化唯物论思想只是浅尝辄止，即对文化唯物论的理论来源、形成历程、理论意义及其作用等问题没有进行深入探讨，尤其是不够重视威廉斯与马克思主义传统的理论关系，如威廉斯哪些方面体现了马克思主义的观点，以及其思想何以称得上是"文化唯物论"等问题。

---

① 参见乔瑞金:《雷蒙德·威廉斯唯物主义主化观解析》,《马克思主义与现实》,2007 年第 3 期。
② 参见张秀琴:《威廉斯的"文化唯物主义"意识形态论研究》,《哲学动态》,2011 年第 2 期。
③ 参见张秀琴:《英语世界对马克思意识形态理论的解读方式》,《中国社会科学》,2012 年第 6 期。
④ 参见张亮:《"英国马克思主义"的"文化唯物主义"及其当代评价》,《河海大学学报》,2012 年第 12 期。
⑤ 参见张亮:《"英国马克思主义"的历史、理论道路和理论成就》,《马克思主义研究》,2012 年第 7 期。
⑥ 参见刘进:《雷蒙德·威廉斯与马克思主义传统》,《文艺理论研究》,2011 年第 1 期。

3. 学位论文研究方面的进展

近年来,研究威廉斯文化思想的学位论文较多,在学科上多半集中于当代西方文论、文艺学、美学领域,在内容上多半是对文化唯物论的介绍,集中于威廉斯的文学与文化研究方向。近年来以威廉斯为主题的硕士学位论文有近三十篇,而能够代表国内研究水平的有近十篇左右的博士学位论文。

这些代表性的博士学位论文主要有:傅德根博士完成于 1998 年的《走向文化唯物主义》,赵国新博士完成于 2001 年的《背离与整合——雷蒙德·威廉斯与英国文化研究》,吴冶平博士完成于 2002 年(于 2006 年出版)的《雷蒙德·威廉斯的文化理论研究》,李兆前博士完成于 2006 年的《范式转换:雷蒙德·威廉斯的文学研究》,刘进博士完成于 2007 年(于 2007 年出版)的《文学与"文化革命":雷蒙德·威廉斯的文学批评研究》,杨炯斌博士完成于 2009 年的《雷蒙·威廉斯和文化研究转向》,樊柯博士完成于 2010 年的《走向文化社会学——威廉斯文化思想研究》,许继红博士完成于 2010 年的《雷蒙德·威廉斯技术解释学思想研究》,李林洪博士完成于 2010 年的《雷蒙德·威廉斯的"文化唯物主义"研究》,赵金平博士完成于 2015 年的《雷蒙·威廉斯共同文化思想研究》。这些学术论文从不同侧面推动了威廉斯文化唯物主义思想的研究,但在问题意识、论域广度或资料准确性等方面还存在一定改进空间。

综上所述,国内在这二十多年间对威廉斯文化思想的研究虽有所推进,但仍有很多不足,对威廉斯的研究与其学术贡献和思想地位还不对等,主要体现为:

第一,这些研究以介绍评析为主,深入性不足,译介较多而学理分析较少,只是针对具体问题来研究威廉斯的概念和观点,拘泥于文化理论的阐述,缺少运用威廉斯文化理论进行具体的文本分析和社会实践的分析,相对忽视了文化理论与文学研究及文学批评思想之间的关联,即只限于介绍和描述其基本观点,而未将其自觉作为研究的方法。研究者或对某一问题持同一看法,或观点分离,很少能够对某一问题形成讨论的局面,相互之间的思想交锋不够。

第二,对威廉斯的文化观介绍较多,但仅限于思想来源、理论内容等,侧重于对思想背景、发展史及影响的阐述,在研究的理论深度、思想资源和理论依据、不同流派之间的有机联系、理论的现实穿透力等方面存在一定问题,对威廉斯与同时代人的比较参照和其对后世的思想遗泽的研究不够,对威廉斯学术贡献的现实意义没有专门详细的论述。且由于其跨学科的特性而缺乏整体系统的研究成果;由于学科背景以及研究旨趣的不同,对于威廉斯的研究缺乏对话和交流,在核心观点的界定上存在一定程度的混乱。同时由于英国文化研究与文学传统原本就具有密切的关联性,所以文学研究成果居多,对其理论的哲学基础研究较为薄弱。

第三,人们仅把威廉斯定位于马克思主义文学理论家或批评家,看到了马克思主义传统对威廉斯的影响,但威廉斯具体在哪些思想上体现和发展了马克思主义的观点,威廉斯的文化唯物论与马克思唯物史观的关系等问题却没有深入研究,威廉斯对于马克思主义文化理论的重要价值没有形成专门研究,这实际上关系到如何理解威廉斯的文化观何以是"文化唯物主义"的关键问题,这也是威廉斯文化思想研究中的一个空缺。

三、研究方法与创新点

(一)研究方法

(1)历史研究和史论结合的方法。将威廉斯的思想发展置于时代背景和思想史背景之中,介绍威廉斯思想产生的社会语境和思想渊源,说明其思想的合理性和必然性；将威廉斯的思想置于当代语境中，通过他与当代思想的交锋和对话，阐明其理论的现实价值，在对比中凸显其不足。

（2）关键词分析的方法。这也是威廉斯在研究文化问题时的根本观点和方法，意在说明语言表达变化中的社会和文化关系，着眼于词语历史意义的变化。本书通过对威廉斯表达其思想的关键词进行分析，解析威廉斯赋予这些关键词的新意，来阐明其文化唯物主义的基本主张及内在逻辑线索。

（二）创新点

"作为整体生活方式的文化"既是威廉斯文化唯物主义的主张，也是其研究文化问题的根本方法，意在强调文化与社会的互动关系、文化的社会物质性及其动态发展过程，对社会生活整体的各个要素之间的关系进行研究，进而深入认识文化的实践逻辑。

基于对国内外学术研究现状的综述，本书拟在翔实阐述威廉斯文化唯物主义的理论主张和论证逻辑的基础上，突出"作为整体生活方式的文化"的内涵及其意义，考虑他当时为什么采取这样的理论及其理论在何等意义上可以称为"文化唯物主义"。在此基础上探讨威廉斯文化唯物论与马克思唯物史观的关系，包括哪些方面继承了马克思主义的传统，哪些方面发展或改写了马克思主义的思想；分析威廉斯与马克思主义的复杂关系背后的思想语境，进而深化对威廉斯文化唯物论的剖析，包括威廉斯采取这样的理论观点的原因、优点和问题。

四、结构与各章节的主要内容

本书以分析威廉斯对文化的理解和定义为核心，围绕"作为整体生活方式的文化"探讨威廉斯文化唯物主义思想，考察威廉斯为什么采取这样的理论以及采取这样的理论观点的优点，在此基础上论及其对于唯物史观的价值，并在新左派的内部争论中揭示其问题所在。除导论和结语外，全书共分为五个章节来展开，基本思路如下：

第一章题为"威廉斯文化唯物主义的生成语境和思想来源"。细究文化唯物论的起点，是在威廉斯文化唯物主义思想产生的整体社会历史和理论支援背景中，梳理和把握这一理论产生的内在逻辑，即威廉斯主张的理论的原因与他要解决的问题是相关的，借此为探讨威廉斯文化唯物主义思想奠定基础。这一部分主要包括四个方面：在社会语境中介绍20世纪英国的社会历史背景及威廉斯对它的体知和反应，在思想语境中介绍影响威廉斯思想发展的三个方面——英国的文化与社会传统、马克思主义文化思想和西方马克思主义文化观。

第二章题为"重建'文化与社会'传统：威廉斯文化唯物主义理论范式的提出"。文化概念的内涵界定是威廉斯文化唯物主义的基础和核心，文化内涵的发展变化体现了社会生活结构的变化和社会性质的转变。威廉斯围绕着文化与社会之间的互动关系和动态过程，在社会结构的总体性视域中分析文化，建构起文化唯物主义的理论大厦。本章通过威廉斯对"文化与社会"传统的重建和"文化与文明"传统的颠覆，采用"关键词解释学"的方法，阐发其对文化内涵的理解，将"作为整体生活方式的文化"作为核心，从而提出文化唯物主义的理论范式。

第三章题为"文化唯物主义思想的内涵：对文化整体性结构的动态分析"。通过对马克思历史唯物主义的重新理解，对"基础与上层建筑"关系的重构，把作为"整体生活方式"的文化从"上层建筑"中解放出来而纳入"基础"之中，通过对文化动态过程的分析而对"经济基础决定上层建筑"提出反驳，完成"文化唯物主义"的理论奠基。本章通过威廉斯对于"基础和上层建筑"关系的改写，以文化霸权为工具分析了文化整体性结构的动态过程，阐述了"作为整体生活方式的文化"的理论建构的逻辑和文化唯物主义的思想内涵。

第四章题为"作为整体生活方式的文化：文化生产和大众文化"。"作为整体生活方式的文化"将日常生活纳入文化范畴，使文化指向"共同文化"和"大众文化"，文化生产和大众文化构成了威廉斯文化唯物主义思想的落脚点。本章是通过威廉斯在文化总体性框架内对文化生产的分析从而恢复的文化物质性，揭示出文化生产与文化霸权之间的内在联系，并以"创作实践"为例阐释文化生产的社会物质过程，凸显威廉斯的共同文化理想和大众文化思想。

第五章题为"威廉斯文化唯物主义的意义和局限"。威廉斯文化观生命力扎根于整体的理论和历史背景，也必然会对现实产生影响。威廉斯文化唯物主义对经典马克思主义另一种视角的阐释是一种特殊领域的马克思主义观点，又由于过度阐释而带有较大程度的修正的问题。本章在阐明威廉斯与马克思主义传统之间关系发展历程的基础上，探讨威廉斯文化观与唯物史观的关系，包括对经典马克思主义的"改写"、发展和对正统马克思主义的反思、批判，并以威廉斯文化唯物主义的整体立论衬景为依托，在英国文化马克思主义的理论谱系内讨论威廉斯文化唯物主义与两代新左派的对话中，凸显其影响和不足。

第一章 威廉斯文化唯物主义的生成语境和思想来源

雷蒙德·威廉斯是著名英国文化学者、"新左派"核心人物和"文化研究"的理论奠基人之一，发表过近三十部论著、数百篇论文及多部小说，其作品涉及范围的广度和跨度令人惊叹。威廉斯具有"交界"和"越界"的身份特征，使得多元对话成为威廉斯理论思想形成的复杂语境。威廉斯的思想是现实与理论相互冲击的产物，是"英国本土经验主义传统和欧陆以马克思主义为核心的理性主义传统对英国当时现实语境的对话、整合和融合"①。

一、威廉斯文化唯物主义的社会语境

坚持对经济基础和上层建筑之间的单向决定观点进行反思和批判的威廉斯，却从来没有在归根结底的意义上反对社会语境对作者和文本的影响。恰恰相反，威廉斯十分强调文本内容的重要性，反对对包括文学在内的文本

---

① 刘进：《文学与"文化革命"：雷蒙德·威廉斯的文学批评研究》，巴蜀书社，2007年，第5页。

进行形式主义的解释，对文化的社会语境进行唯物主义的解释仍然是威廉斯的诉求。因此，外部环境对理论的发展起到了塑型的作用，我们仍然需要按照威廉斯本人的方式来看待他本人。

（一）20世纪英国的经济条件与政治背景

威廉斯学术研究和学术著作的主要视角是英国这一文化场域和英国社会发展过程中新的境遇，他的真知灼见和斐然成就与其深刻地理解英国剧烈变化的社会秩序并投身其中是密不可分的，充分体现了他创作的本土化特色。因此，了解20世纪英国的经济条件、政治背景以及阶级结构、社会构成和文化统治方式的变化等就成为研究威廉斯学术思想形成的必要准备，了解这些背景是理解威廉斯对马克思主义英国化的内在要求。

首先，较之于马克思、恩格斯的时代，生活在20世纪的英国的威廉斯所面对的是发达资本主义社会的经济发展新状况。随着二战之后萧条的经济得到复苏，资本主义经济的发展使得物质生产的总量远远超过衣食住行这些人类最基本的需要，出现了许多针对社会地位、娱乐、休闲等非物质需要的工业产品，许多以前被视为奢侈品的东西成为人们的日常用品，人类基本需要的内涵发生了变化。维持人基本生存需要的产品生产已成为工业中的一小部分，工业生产转向了享受型产品的生产。不是需要控制生产，而是产品的消费刺激生产的多样化。

在这种背景下，无产阶级经济状况也不再是资本原始积累时期的赤贫，其生活必需品基本上可以得到满足，威廉斯在他自己的亲身经验中也已经完全没有必要再把满足基本生活的需要当作最迫切的诉求。经济领域出现的这些新情况说明传统意义上的经济基础层面已经发生了重大变化，传统马克思主义尤其是"经济决定论"对经济和文化之间关系的单向决定性的命题呈现出了对时代现实变更的解释性困难。

其次,在政治方面,威廉斯思想形成和发展时期的英国在国际和国内两个方面都发生了重大变化,并有其鲜明的时代特征。在 30 年代经济大萧条时工会的力量开始壮大,二战后英国社会的阶级结构开始松动,二战期间为生存而进行的集体斗争、阶级对立在一定程度上得到缓和,人们相信社会必须在和平时期被重建,并期待战后的改革将产生出更平等的社会。同时,工人阶级得以有机会进入牛津或剑桥等大学深造,推动了左派文化在大学中的发展,左派知识分子在大学里组织反法西斯运动等,这些政治实践影响了威廉斯的历史观以及对于理论与实践关系的看法。

在国际上,第二次世界大战在取得对法西斯的胜利之后,国际关系并没有进入和平时期,随着丘吉尔铁幕演说的发表,世界政治反而呈现出了资本主义阵营与社会主义阵营的对峙之势,世界历史进入了漫长的冷战时期。处于冷战前哨的英国政治在面对这种总体国际局势时,难免会进入对传统马克思主义的排斥时期。与之相伴的,以第二国际思想为代表的英国工党开始登上历史舞台。在这种形势下,威廉斯一方面保持与马克思主义、共产党的关系,另一方面又对苏联高度集中的政治官僚体制心存不满。国际和国内政治的新状况使得探索出一条适合英国本土的新马克思主义之路成为威廉斯理论努力的重中之重,也成为工人运动实践中亟待解决的问题。

面对国际国内经济和政治状况的新形势,威廉斯将其思想关注点放到了文化领域。这是因为,英国战后经济的复苏和经济政策的调整,以及英国的协商式政治传统和工党走上政治舞台的现实,使得威廉斯认为苏联式的革命模式不适应英国的实际。与此相反,文化领域内的不平等现象却让威廉斯感触颇深。如果说刚到大学时,威廉斯还没有强烈地感受到各个阶层、地区文化上的不平等,那么随着其生活体验的丰富,上层文化和普通大众之间的文化不平等越来越成为威廉斯关注的问题。而且面对此时英国文化所受到的消费主义等大众文化的侵扰,以利维斯为代表的精英主义文化表现出对大众文化采取一种片面的拒斥之后，又把回到所谓旧的文化有机体作为应对策略。对于英国当时应对大众文化而采取的这种精英主义文化路线，威廉斯采取了坚决反对的立场。

威廉斯认为，一方面大众文化虽然对英国原有的文化产生了冲击，而且这种冲击也在一定程度上消解了工人阶级的阶级意识；但是另一方面由于教育向工人阶级敞开，工人阶级获得了更多的教育机会，通过工人教育有可能激发无产阶级反抗资产阶级、大众文化冲击精英文化统治从而使得文化革命得以可能。所有这些新变化意味着，不论在必要性上还是在可能性上，如何通过工人阶级知识分子的努力，在与大众文化的结合中，冲击资产阶级现有的文化领导权等这些文化研究主题，成为威廉斯亟待研究的问题。威廉斯的著述无论是关于大众传媒、教育体制，还是英国政体、工党结构、经济功能等，都特别指出了民主参与的制度条件和物质条件。这也体现出威廉斯文化唯物主义并不是在单一的文化领域中探讨问题，其文化研究具有社会批判和政治批判的维度，其理论关切与现实的政治主张和"左派"的政治立场紧密相连。

（二）工人阶级出身及乡村生活背景

威廉斯坚持把自己的学术思想、政治主张根植于自己的经历，并通过自传式的描述进行阐释。1921 年出生于威尔士边境乡村的威廉斯从小耳濡目染了威尔士乡村独特的文化生活方式，而工人阶级的出身则使他有机会了解一些英国工党的活动。威廉斯很早便从父辈那里接触到了工人阶级运动，这也使得马克思主义的思想或多或少地呈现在他的成长历程中。工人们在艰苦的日常生活中所形成的团结互助精神，给威廉斯的成长带来了很大的影响。这种独特的生活阅历使得政治因素与日常生活相互渗透，因而也使得威廉斯对文化的关注从来不是一种纯粹的、去政治化的学究研究，而是与他的政治立场密切相关,与英国工人阶级的命运密切相连的。

威廉斯在进入剑桥大学之后,从最底层的工人阶级进入社会上层的精英文化圈,不适应之感在所难免。这是威廉斯身处精英文化队伍却反对精英主义文化,极力为大众文化的合法性辩护的重要原因之一。威廉斯坚持认为精英文化并不是文化的唯一形式,恰恰相反,无产阶级应该拥有一种属于自己的文化,而且只有这种文化才可能真正的富有生机活力并代表着文化未来的发展趋势。

随着战后英国橄榄式社会状况的逐渐形成,英国工人阶级经济状况的改善,加上英国长期的协商政治传统以及威廉斯本人亲历二战的经历,威廉斯认为无产阶级暴力革命并非马克思主义的适当方式。威廉斯体认到唯有提高工人教育才能推广社会主义式的民主,因而在大学毕业后投身于成人教育。成人教育对于威廉斯来说,重点是在"重新界定政治",他认为自己的存在价值在于造就具有参与意识、见识的受教育公众。《文化与社会》《漫长的革命》这两部重要的著作就是在这段教学期间完成的,《关键词》是在"工人教育协会"教学时与学生讨论后的结晶。威廉斯在理论上的敏锐、倔强、冷静和深邃源于他的生命体验和政治实践,这也使他后来经常同剑桥这样的上层文化堡垒发生冲突。

需要注意的是,威廉斯的家庭和直属社区的特点是两种社会模式的结合,即小型农场独特的乡村社会模式与属于铁路工人的有组织的工薪族所构成的更为广阔的社会体系。客观地说,威廉斯在其中成长起来的这种威尔士小农场中的工人阶级的生存状况尤其是与其他阶级的关系,并不具有普遍的代表性,它不是世界无产阶级的生存状况,甚至都不能算是英国所有地区的状况。这种独特的小型农场中的成长经历,使得威廉斯在对待乡村和城市的关系上从来没有采取普遍流行的观点,这种观点认为乡村是在现代化发展的趋势中注定要转变为城市化或者被消灭掉,因为在持这种观点的人眼中乡村只代表了一种前现代的、落后的生产方式。而在威廉斯看来,乡村与城市的关系不能仅仅囿于生产方式来理解, 二者同时还关联着其各自的文化方式。

工人阶级的出身和乡村生活的经历在威廉斯身上留下了终身抹不掉的痕迹,成为他思想关注的两个重要领域,而且在一定意义上也决定了他的立场和思维方式。

(三)学术政治活动经历

在威廉斯那里,其学术历程和政治活动经历不是截然分开的,而是紧密相关的,家庭出身和生活经历的双重影响,使得威廉斯在进入学术殿堂时就显现出其对文化问题的学术关注与其所参与的政治活动密切相关。如果说20世纪英国的经济政治背景构成了威廉斯思想的大环境,其自身的学术政治活动历程无疑构成了他提出文化唯物主义理论的历史的、具体的前提。

基于对工人运动和共产主义思想的关注, 威廉斯在中学时期就加入左派读书俱乐部,曾积极为工党候选人工作。16岁的威廉斯积极参加日内瓦举办的世界青年大会,并在此期间购买了具有"共产主义圣经"地位的《共产党宣言》,不仅如此,少年意气风发的威廉斯还发表了抨击英国政府的评论文章。1939年,威廉斯通过获得国家奖学金进入剑桥大学三一学院就读,虽然在进入三一学院之前威廉斯本人并没有觉得对于一个工人子弟来说,进入剑桥三一学院有什么独特意味,但这种情况的确是为数不多的。在进入大学之后,威廉斯参加剑桥大学三一学院的社会主义读书俱乐部,更多地接触到了马克思主义尤其是马克思主义著作, 在这种长期的理论熏陶和实践接触中,浸身其中的威廉斯于同年加入英国共产党。随后二战的爆发使得威廉斯在1941年也无可幸免地加入了行伍之列,其此后的著作中也提到了战争期间的独特经历给他的思想造成的一定影响。

1945 年重返剑桥完成大学学业的威廉斯由于经历过战火硝烟的洗礼，与之前比有了一些转变。1945 年威廉斯返回剑桥后虽不再参加共产党的组织，却致力于社会主义运动。20 世纪 50 年代，裁军反核运动成为当时左派人士最关心的问题，威廉斯也积极投身其中。在这期间，威廉斯在 1947 年与人合办了《政治与文学》杂志，如何系统研究文化问题自此进入威廉斯的思想视域，并成为其此后终生关注的问题。20 世纪 50 年代中期，威廉斯被纳入《新左派评论》(New Left Review)的创建和改组工作，这一时期也是其思想发生重大转变的时期。威廉斯在新左派运动中发挥了重要作用，成为《新左派评论》的重要人物之一。《新左派评论》在当时的英国社会甚至是国际共产主义运动中都产生了重要影响，占有一席之地。作为《新左派评论》重要成员的威廉斯，也成为英国马克思主义的领军人物。此后威廉斯的政治活动主题发生了些许变化，但是威廉斯对社会运动的关注热情从来没有减退。①

如何将英国的批判文学传统与英国的劳工运动结合起来，成为威廉斯关注的问题。二战之后社会教育环境的变化使得威廉斯认识到唯有提高工人教育水平才能推广社会主义式的民主，进而在大学毕业后投身于成人教育。成人教育对于威廉斯来说，重点是在"重新界定政治"，对于二战之后的新一代工人阶级子弟来说，通过文化来表达、传递和扩大自己的政治声音或许是一种新的政治参与方式。因此，威廉斯致力于通过成人教育来推动社会主义事业的发展。在教职生涯上，威廉斯 1961 年被任命为剑桥大学英文系讲师，1974 年升任戏剧学院教授。

终其一生，威廉斯所关注的具体问题可能发生了变化，但是其关注问题的方式却存在着某种一致性，教育、文化、马克思主义、工人运动构成了其政

---

① 威廉斯组织发表了 1967 年和 1968 年的《社会主义者宣言》，声援 1968 年学生运动，大力支持社会主义、女性主义、生态主义运动及和平运动，多次参加"国际社会主义圆桌会议"，对社会主义的基础和前景给予关注并作出展望。

治和学术活动的关键词。

二、英国的"文化与社会"传统对威廉斯的影响

英国本土的"文化与社会"传统对威廉斯产生了十分重要的影响,也构成了他探讨问题的思想背景和基本主题之一。因此,在一定意义上可以说这些构成了他思想的内在血脉。在英国的文化与社会传统中,经验论与精英文化传统无疑是两个最典型、最不可或缺的因素,而这同时也是威廉斯本人所关注和强调的。

(一)经验论传统

强调"经验"是英国文化的重要传统,众所周知,在西方哲学史上,强调知识的外在经验来源构成了英国哲学的鲜明特征。英国哲学史上有两个培根, 一个是 13 世纪的英国神学家罗吉尔·培根, 当中世纪的神学还一统天下、无人敢于质疑之时,他就提出了"经验和实践是知识之源"的论点。时隔三个世纪左右,另一个重视经验观察和实验效果的弗兰西斯·培根则将经验上升为带有英伦风格的认识论原则。如果说培根的"四假象说"打开了经验论的先河,贝克莱的"存在即被感知"将感觉经验的重要性进一步推进,而休谟则是将经验论推到了极致,尤其是休谟将因果关系解释为"习惯性联想",完全不承认先天理念的存在,将一些知识的来源完全归于感觉经验。

英国的经验主义传统强调个人经历和体验的重要性,擅长观察,注重人的生活感受和体知。英国式的经验论传统在社会变革问题上一般持一种相对保守的态度,不太认同法国式的、剧烈的意识形态重构,强调调节,反对推倒重建,从而让经验、习惯、习俗等不仅在日常生活,而且在政治生活和文化生活中都扮演着重要角色。偏重特殊性而非抽象普遍性是英国思维的重要

表征,英国人的经验论思维在政治方面的影响是显而易见的,这在从大宪章一直到光荣革命所形成的英国的"议事–妥协"传统中得到了鲜明的体现,而且成为西方民主的一种典型范式。

英国深厚的经验主义传统影响了威廉斯的思想。身处冷战前沿的英国,如何在苏联式马克思主义和西方马克思主义之间寻找自己应具有的特色,使其能契合英国本土的文化传统,成为威廉斯文化唯物主义研究的关键问题。英国的经验论传统对威廉斯的文化与社会观产生了潜移默化的影响,威廉斯对马克思主义的接触和接受从来都不是教条式的,他时刻准备用鲜活的、具体的经验质疑思想可能出现的僵化。虽然在《关键词》中威廉斯没有单独将"经验"列举出来进行探究,但是这或许是因为经验作为一种根深蒂固的英国传统已经被当作一种毋庸置疑的前提,在威廉斯实际的思想历程中,经验论构成了其基本的思维方式,"经验"可以被视作威廉斯思想的核心词和潜台词。威廉斯注重人的经验和情感结构,也与英国的经验主义传统密不可分。

从总体上来看,威廉斯的文化唯物主义还是具有浓厚的威尔士经验论的色彩,强调具体、经验与现实是贝克莱以来的威尔士思想传统。纯粹思辨体系的建构在威廉斯那里让位于英国的现实问题,注重现实、具体的英国经验论传统成为其思想的内在底蕴,而威廉斯文化唯物主义思想中的"经验"因子使其对具体实际问题的分析上颇有见地,从而在国际马克思主义中占有自己的一席之地。

(二)精英主义文化传统

威廉斯的文化研究是为反对英国当时的精英文化主流、为大众文化争得一席之地而进行的论争,这与英国的精英主义文化传统及精英文化和大众文化两股力量之间的争论密切相关。

威廉斯在《文化与社会》的 1987 年版前言中回忆自己的思想历程时提到，他是在 1945 年前后的信仰危机和归属危机中开始《文化与社会》的创作的，是为了找到一个立场，通过历史来了解当代社会。而在英国争取政治民主和工业革命进步的动荡时期，许多人由于对现实的不满，将求助的目光转向了源自古老英格兰的经验论传统，并以此为思想武器抨击和谴责新民主主义和新工业主义，这一传统在 20 世纪中叶仍然活跃并发挥巨大作用。

在威廉斯的著作中，精英主义的英国文化传统一直被当作一个潜在的论敌。威廉斯在近现代英国的文学史中挑选出了一些主张赞同精英主义文化观的作家，并对他们的文化观和作品进行了深度解析。威廉斯曾指出，他在少年时代没有接受过英国中产阶级的奴仆式的伦理训练（这种教育强调服从和尊重权威，让自己的利益服从大局利益，即"女王的安宁"、国家安全、法律秩序，这种伦理在实践中用来在各个层次上维护和巩固现状，把人的自私理想化为文明的必然形式，或者被合理化为一种与价值、努力及智力相对应的自然分配），直到接近成年才有机会接触，因而不得不花费大量时间，通过那些我们心怀敬意以及受到这种伦理熏陶的人，试图搞清楚这种伦理是什么东西，现在也是怀着同样的诚意对这种伦理进行批判。这也是威廉斯与英国上层社会格格不入的一个原因。

精英文化是英国长期的传统，由于英国的现代化之路是通过漫长的过程和独特的"玫瑰革命"完成的，英国的政治和社会结构即使在进入现代社会以来，仍然保留了其独特的等级式表征。而这种政治和社会结构独特的表征，也在文化方面造成精英主义文化观的长期存在。"茶馆文化"就是其中的一个表现，在这样的文化中，生活细节和身份结构紧密相联，仿佛可以从生活细节确定身份的高低，甚至可以标注是否有文化。但是威廉斯对于这种"茶馆文化"标准是完全无法认同的，他坚持认为文化不只是属于某些阶层的某些人，不是只有少数人可以独霸的私有精神财产，恰恰相反，那些试图通过行为举止的细微差别来判定人的所谓精英文化没有他们想象中的那么重要，他们"不能把文化从它所属的地方拿走"。在威廉斯看来，精英主义的文化标准恰恰是一种莫名的傲慢与偏见，是一种对其他文化的麻木不仁。"我在阅读克里夫·贝尔的《文明》这本书的时候，看到的不是不同观点，而是麻木不仁。我在想，什么样的生活才能产生这种极端的挑剔，做出这种极端的决定，把某些文化称为文化，然后像公园里的围墙那样，把它们与普通人及其普通工作隔离开来？"①

与传统精英文化强调的隔离和区分相比较而言，威廉斯主张文化是公共的、历史的、经验的，它不属于某个特定的阶层。他坚持认为，"文化是平常的：我们经历每一次变化的时候，都要紧紧抓住这一点"②。文化不是新奇时髦的行话，而是扎根于普通人的生活经验之中。而那些脱离普通人的具体生活经验而制造行话借以贩卖思想的做法，恰恰是健康积极的文化观应该"清除的垃圾"。在威廉斯看来，不需要那些奇怪的时髦的行话，也可以很好地学习文化。"文化是平常的。对学术或者艺术的兴趣是简单、快乐和自然的。希望知道什么是最好的，并且希望做好事，是人类的健康积极的本性。"③

威廉斯坚信大众是有文化的，并且可以创造出新的文化，这种立场和观点使得他强烈反对文化被精英阶层垄断，而且对文化精英主义采取了双向开弓的姿态。威廉斯不仅反思和批判英国精英文化，而且对苏维埃政府的"灌输式""集权式"文化也进行了毫不客气的批判。这两种文化虽然在政治主张上看起来是尖锐对立的，但是在威廉斯看来，二者在垄断文化解释权，反对大众文化，在造成大众文化的矮化和萎缩这一点上在本质上是共通的。概言之，威廉斯并未专注和陷于通俗与高雅文化的二元对立模式，而是致力

---

① ② ［英］雷蒙德·威廉斯：《希望的源泉》，祈阿红、吴小妹译，译林出版社，2014 年，第 6 页。

③ 同上，第 8 页。

于寻求各种文化现象得以平等对待、共同发展之路。①威廉斯认为优秀的文化既可以存在于精英文化之中，也可以存在于大众文化之中，优秀的文化应该是全人类共享的，打消文化的阶级分隔，从而走向共同文化的世界。

三、复数形式的马克思主义文化思想与威廉斯思路历程

如果说工人阶级的出身和祖辈们曾经进行的工作和生活对威廉斯已经在潜移默化中渗透了一定的马克思主义文化思想，从主体自觉的角度而言，威廉斯对马克思主义思想的真正深入接触是在进入剑桥大学之后。当然，对于威廉斯而言，马克思主义并非毫无差异性的铁板一块，而是有着差异性和多样性，换句话说，威廉斯对马克思主义传统不同发展阶段和不同理论形态进行了区分，使马克思主义在他那里呈现出多个面向并表现为具有差异的复数式存在。虽然从历史上出现的时间先后顺序来看，应该是马克思本人的历史唯物主义、第二国际马克思主义、苏联马克思主义，但是威廉斯对马克思主义的接受不是按照这个历史顺序来的，而是有其自身的思想历程，与他接触、阅读马克思主义文献的过程和他对马克思主义态度的变化密切相关。因此在探讨马克思主义对威廉斯所产生的影响时，我们还是根据威廉斯自身思想发展的逻辑，按照第二国际、费边主义——20 世纪的"正统马克思主义"——19 世纪的"经典马克思主义"的顺序来展开讨论。

（一）第二国际、费边主义

第二国际的马克思主义与费边主义在历史上曾经交叉共存，费边社吸收了不少第二国际的东西，在一定程度上可以看成是第二国际后期不列颠

---

① 参见刘进:《文学与"文化革命":雷蒙德·威廉斯的文学批评研究》,巴蜀书社,2007 年,第 8 页。

化的产物,是英国特色和马克思主义相结合的产物。但是二者在组织和交流上交集不多,不存在一般意义上的决定与被决定关系。除去带有强意识形态色彩的苏联模式的话语干扰之外,第二国际在像英国这样的发达西方资本主义国家还是相当有市场的,但是倾向妥协、逃避斗争的特点使得他们只能作为某种特定的社会力量进入政治舞台。但是毋庸讳言的是,第二国际后期的主要人物如伯恩斯坦在其中还是起了很大的作用。

伯恩斯坦的思想主要体现在:

第一,他鼓吹阶级调和。伯恩斯坦关注到随着当代资本主义调整,社会结构的演变出现了新情况,那就是中间阶层的出现使得预想中基于二元对立的社会结构而引发的革命可能不会出现。新的垄断形式可能使得经济危机缓和,而与之相配套的社会管理的变革将使阶级矛盾钝化,这些现象使伯恩斯坦预测经过调整后的资本主义增强了对社会危机的应对能力,从而推迟了其衰亡的节点。伯恩斯坦的论调虽然对无产阶级革命理论造成了伤害,但是其在新的形势下对西方资本的分析也有其合理之处,尤其在英国,二战后工党作为一支强调民主社会主义的力量而出现。

第二,在革命手段上,反对暴力革命,强调从资本主义和平过渡到社会主义的可能性。在伯恩斯坦看来,暴力革命论与当前的社会结构完全不具有适配性,军事技术的控制能力已经使得暴力革命变成了飞蛾扑火。在伯恩斯坦认为暴力革命不可能和不可取的情况下,他自然也就强调革命路径的改变和从资本主义和平过渡到社会主义的可能性,他主张改变各社会主义政党的斗争方略,从必须武装暴动转变到和平选举。这种论调对社会民主党产生了很大的影响,他们主张以普选权和民主运动来实现向社会主义的和平过渡,而这就是伯恩斯坦将黑格尔辩证法的目的论去除掉,只剩下永不停息的"运动就是一切"思想的具体表征。伯恩斯坦取消激进式的社会革命,将激进革命变为渐进式的社会改良思想虽然遭到了苏联的大力批判,但却与英国的协商式民主具有很大的契合性，对英国的社会主义运动产生了经久不息的影响。

费边主义在威廉斯那里被当作与斯大林主义并列的两大社会主义传统，在其思想历程中也占据着不可或缺的地位。威廉斯认为，"在20世纪30年代，斯大林主义和费边主义几乎是社会主义政治传统中的两个主要竞争对手"①。费边主义被威廉斯视作渐进主义的必然产物，而且由于与英国民主的契合而拥有庞大的革命群众基础，在一些现存的机构中也拥有它的理想基础。因为暴力革命面临镇压及各种可能的困难，所以渐进主义具有很大的吸引力，他们主张在议会和公开争论中通过公共教育使得资本主义社会被迫逐步地、渐进式地、不可避免地向后撤退，社会主义社会将取而代之。直到20世纪50年代威廉斯才开始反思费边主义的缺陷，指出费边主义与斯大林主义一样都处于崩溃的边缘，而此前费边主义确实在英国的劳工运动中占据了重要位置，也对威廉斯思想产生了不可忽视的影响。

威廉斯认为20世纪五六十年代斯大林主义和费边主义都出现了危机，斯大林主义的危机主要是由于其集权官僚主义，而判定费边主义的危机则是因为对英国工党上台之后执政政策的失望。斯大林主义阴影所带来的去道德化共产主义危机及冷战背景下的去道德化费边主义，致使英国工党运动自20世纪50年代中期以降进入一个相对低谷时期。②在这种情况下，威廉斯试图探索新的马克思主义之路。而经过对英国社会现实的剖析，威廉斯认为："立法也许能带来一些渐进的变化，但舆论的以及教育等方面的变化则能带来更多的变化。"③当英国工党越来越认同统治阶级的文化观念，并失去改变世界的诉求时，威廉斯仍然坚持认为一种历史总体性的马克思主义

---

① ［英］雷蒙德·威廉斯：《希望的源泉》，祈阿红、吴小妹译，译林出版社，2014年，第74页。
② 参见徐德林：《重返伯明翰——英国文化研究的系谱学考察》，北京大学出版社，2014年，第55页。
③ ［英］雷蒙德·威廉斯：《希望的源泉》，祈阿红、吴小妹译，译林出版社，2014年，第76页。

在原则上是正确的,对于不合理现实的反抗仍然是必要的。而当统治阶级越来越多地通过文化版权对大众进行同化的时候,威廉斯认为文化、教育、舆论的重要性就凸显出来了。"我认为必须通过连续不断地启智和教育手段,从总体上和细节上打垮资本主义社会产生的意义和价值体系。"①可见,在斯大林主义和费边主义这两大传统发生危机的情况下,威廉斯并没有放弃改变世界的可能性,只不过舆论、教育等文化问题成为威廉斯探索马克思主义新路径的关注点。

(二)20世纪的"正统马克思主义"

从早期思想发展历程上来看,威廉斯出于政治或经济的原因而不是出于文化或文学的原因而成为马克思主义者。其工人阶级家庭出身使他接受了马克思主义学说所主张和阐述的基本政治立场,而他在大学时期所接触到的马克思主义的文化观与文学观不过是这种立场的扩展和派生。这也意味着,获取和运用某种思想方法和确定的观点,如同建立某种政治信念一样,并不是一种独立自主的行为,甚至实际上人们无须经过必要的分析和论证就已经获得和应用了。威廉斯在1939—1941年读大学期间对马克思主义的接受就属于这种情况。威廉斯大学时期学到并笃信不疑的英国马克思主义正统观念,实际上是一种激进的民众主义,它更重视的是文学的形成而不是对文学的评判,突出强调让积极能动的文学同大多数人的生活联系起来。这种主张渐进式改良的特点也在英国马克思主义身上得到了某种程度的体现,是英国马克思主义区别于欧陆尤其是法式马克思主义的一个重要方面。

威廉斯1937年赴日内瓦参加青年大会时买了《共产党宣言》,这是他第一次阅读马克思的著作。在1939年进入剑桥大学参加社会主义俱乐部之

---

① [英]雷蒙德·威廉斯:《希望的源泉》,祈阿红、吴小妹译,译林出版社,2014年,第83页。

后,其政治教育的主要内容涉及的是恩格斯的《社会主义从空想到科学的发展》《反杜林论》,阅读了《苏共党史》和列宁的《国家与革命》,而对马克思的讨论要少得多,这是当时普遍的马克思主义入门方式。这表明当时在英国所形成的传统马克思主义是有其社会历史文化根源的。在 20 世纪 40 年代末 50 年代初政治和文化结构发生变化的时期里,威廉斯广泛阅读了马克思主义著作,坚持其主要的政治立场与经济立场,《文化与社会》一书中的"马克思主义与文化"一节总结了这个时期对文化的研究情况和对马克思主义的理解及态度。

在威廉斯之前,马克思主义对文化的阐释在 20 世纪 30 年代已经在英国产生广泛影响。莫里斯曾经把艺术事业和社会主义事业联系在一起,但莫里斯的观点继承的是由罗斯金传承下来的广泛传统,其反叛式的陈述方式比较陈旧,即经济学上的推理、政治上的允诺,普遍的反叛采取的则是旧的陈述方式。20 世纪 30 年代以来英国的马克思主义的著述无论在质量上还是在背景上都非常混杂。20 世纪 30 年代的政治论述基本上是对英国和欧洲实际状况的一种反映,结果使得许多英国读者首次接触到的马克思主义理论著作在归属和意图上基本都成了应景之作,在经历经济大萧条之后,这些理论的每一个政治预言都被证明是错误的,使得这些陈述基本上被舍弃。

在许多英国人的马克思主义的论著中,都存在一个从浪漫主义开始、经由阿诺德和莫里斯沿袭下来的传统,他们认为艺术家和知识分子在现代社会中没有立足之地,而这些作品又从马克思那里得到补充:工人阶级将结束旧制度而建立社会主义,社会主义将为艺术家和知识分子提供立足之地。但试图将工人的事业转变为知识分子的事业往往都以失败告终,因为要么知识分子通过不同的方式找到自己的位置,要么工人阶级的事业所确立的首要目标和方向无法马上得到接受和认同。即使认同也会在现实的社会危急时刻瓦解继而转变为对政治的漠不关心进而放弃过去的信仰,有时甚至还猛烈抨击早已放弃了的目标。这在英国作家中造成了一种明显趋势,那就是试图从个体的"内在能量"中寻找"我们渴望的和可能实现的东西"。同时,马克思主义关于文化的理论也存在差异,人们在不同场合下各取所需地使用这些说法。许多作家对马克思主义在经济、政治方面的作用确信无疑,但他们在试图阐述"上层建筑"的作用、特别是艺术的想象力作用时过于偏重浪漫主义的传统,从而陷入了"唯心论的泥沼"。

当审视英国作家们为构建马克思主义文化理论所进行的尝试时,会看到在英国原有的浪漫主义文化传统与苏联式正统马克思主义之间所存在的不容忽视的偏差甚至是冲突。如何在二者之间形成真正的良性互动,对文化理论进行重构,成为一个亟待解决的问题。最初接触马克思主义著作的威廉斯不仅涉猎范围有限,而且所涉及的这些著作都带有浓厚的政治论战色彩,或者更加注重面向大众的普及,因而造成他在对马克思主义的理解和阐发上也存在偏差。威廉斯在阅读马克思主义的历史、探索其形成过程时逐渐发现,马克思主义文化理论有一个形成和演变的坎坷过程,并在这一过程中被体系化和教条化。[①]通过对马克思主义文化观进行追溯,并将它同英国本土强有力的激进的民众主义相融合,威廉斯随之调整了他自己"对迄今所知的马克思主义本意的尊敬以及同马克思主义之间的距离,对于那些关于马克思及马克思主义的全部长期争论与探讨中一直被大力阐述的、人所共知的正统观念,也增强了进行取舍和说明的能力"[②]。威廉斯认为僵化的马克思主义的立场模式只能被奉行并且相应地拒斥所有其他理论,而马克思主义应该是一个流动的、开放的、在历史现实中不断建构的过程。

此外,20 世纪 50 年代由于赫鲁晓夫对斯大林的批判以及匈牙利事件

---

① 马克思主义文化及文学理论首先是由普列汉诺夫根据恩格斯晚期著作的观点加以系统化,随后又由占主导地位的马克思主义流派加以普及。

② 参见[英]雷蒙德·威廉斯:《马克思主义与文学》,王尔勃、周莉译,河南大学出版社,2008 年,第3 页。

等，英国的大批知识分子退出共产党组织，开始反思和批判苏联马克思主义，斯大林模式遭遇了危机。这些都对威廉斯对 20 世纪苏联的"正统马克思主义"的理解产生了影响。这在一定程度上使得威廉斯所看到的马克思主义关于经济基础与上层建筑之间的关系，被理解成了一种简单的决定与被决定的关系，从逻辑上推向极端，使之变成一种机械的经济决定论，这必然会将经济基础与上层建筑的区别取消掉，并在这种前提下与传统马克思主义保留一定的批评距离，这是威廉斯的一贯做法。在这种前提下，一种与正统马克思主义不同的文化唯物主义带着浓厚的英国经验论传统粉墨登场了。

在《文化是平常的》一文和晚期的访谈录中，威廉斯都阐述了他的文化观念的思想来源。威廉斯指出，到了剑桥之后，他曾经受到两个重大的影响并在头脑中留下了深刻的印象：第一个是马克思主义，第二个是利维斯的教诲。毫无疑问，马克思主义的文化思想对威廉斯产生了重大影响，是威廉斯文化唯物主义思想的重要成因，而威廉斯首先接触到的是在英国流行和占主导地位的正统的马克思主义，这成为他对马克思主义认识的一个阶段。

(三)19世纪的"经典马克思主义"

由于带着自身视域的局限及对苏联马克思主义的质疑来看待马克思主义，威廉斯对马克思本人文化观的理解也经历了一个曲折的过程。当然也不能全然归咎于威廉斯自己。马克思曾构想过一个文化理论，但没能充分加以完善。马克思没有把自己在政治、经济、历史方面的结论，过分热心或机械地挪用到其他事情上，这并不是说马克思对于这些结论的扩展或对于充实自己的构想缺乏信心，而是他的天才洞见使他意识到这个问题的困难性和复杂性，以及他实事求是的个人原则。马克思在《政治经济学批判》(*Critique of Political Economy, 1859*)的导言中非常清楚地勾勒出他的构想。对于马克思而言，即使存在"决定论"，这种决定论的表现模式也绝不是像物理公式那样机械和精确，而是因具体环境的不同呈现出多样性的可能。恩格斯在1890年《给布洛赫的信》中强调了经济基础和上层建筑之间的复杂性关系，提出现实包含的经济状况、政治状况和理论状况这三个层面，现实被看作一个非常复杂的变动的领域，但恩格斯对变化的因素没有给予足够的关注，经济力量最终显现出作为组织性元素的性质。对于这个问题复杂性的认识是对马克思主义文化理论有效探讨的首要控制环节，第二个控制环节牵涉到对经济基础和上层建筑公式的理解。

　　虽然马克思本人对"决定论"采取了一种非常严肃的理论态度，恩格斯也强调了这个观点提出的论战背景，并警告后人不要对之进行随意挪用。但是由于马克思对于意识形态问题的着力点放在批判意识形态的虚假性之上，再加上马克思走出德国观念论、走向历史唯物主义的努力被此后的马克思主义阐释者们片面地理解为"经济决定论"，使得马克思主义研究确实呈现出对文化领域重视不够的问题。而且由于威廉斯早期对马克思和20世纪以苏联为代表的"正统马克思主义"并没有区分，这使得他在一定程度上对马克思本人的历史唯物主义思想的理解出现了偏差。威廉斯自己也准确地指出，"我自己那一代人的不足之处在于，他们实际了解的经典马克思主义作品的数量是相对较少的；而且正如经常发生的那样，这些作品选自对我来说常常是如今马克思主义传统中最不重要的部分"①。直到20世纪50年代威廉斯才认识到，马克思的思想同大多数英国人所理解的那种马克思主义是不同的，就某些方面来说甚至存在着巨大的差异。

　　在对马克思本人的思想做了更多理解之后，威廉斯才坦承马克思的历史唯物主义是其文化唯物主义的理论前提，并认为他都是按照历史唯物主义的要求进行文化研究的，他的研究"潜在于历史唯物主义之内，是一种理

---

① ［英］雷蒙德·威廉斯：《政治与文学》，樊柯、王卫芬译，河南大学出版社，2010年，第324页。

解多样化的社会性和物质性生产的方式，是一种试图对相关的但同时又是变化的作为历史性的艺术归类的重新阐释。我把这种立场称之为文化唯物主义"①。

在接触了卢卡奇、布莱希特等人的著述及波兰、法国、英国本土新的研究成果之后，威廉斯发现尽管它们大多数立场不同甚至对立，却都把马克思主义本身看作一种历史的发展。在这种情况下，威廉斯接触到更多马克思主义新著：卢卡奇的晚期著作、萨特的晚期著作、戈德曼和阿尔都塞的著作，并阅读英国 30 年代马克思主义者特别是克里斯托弗·考德威尔的著作，重读法兰克福学派二三十年代兴盛期特别是瓦尔特·本雅明的著作、安东尼奥·葛兰西的著作以及马克思本人某些著作的新译本——特别是《大纲》(*Grundrisse*)②一书。而这些对重新认识马克思主义传统具有决定性意义，即"对马克思主义的历史及其传统中那种选择与取舍的多样性有了更多的了解"，也增加了对于这种作为整体的(马克思主义)思想本身的敬意。③威廉斯意识到，只要人们把马克思主义理论本身看成是积极的、动态的、绝非僵化而且不断辩证发展的，许多问题就会得到澄清。而且事实上，这样可以增加对于这种作为整体的马克思主义思想——包括现在被看成是其中一部分的正统观念——的认识。

当威廉斯总结他与马克思主义的关系时，他从马克思主义纷繁复杂的诸多观点中进行了挑选，认为以下三点是马克思主义"真正重要的东西"：第一，强调文化与生产之间的关系，认为文化不能与生产相互隔离，变成独立的王国，并且认为对一种文化的最终解释必须考虑到与之相关的基本生产

---

① Raymond Williams, Crisis in English Studies, In *Williams: Writing in Society*, Verso, 1984, p. 210.

② 指《政治经济学批判》。

③ 参见[英]雷蒙德·威廉斯：《马克思主义与文学》，王尔勃、周莉译，河南大学出版社，2008 年，第 3 页。

体制;第二,指出教育是受限制的,劳动人民在当时仍然被排斥在核心的教育、文学和社会机构之外,因而与实际的权力中心联系甚少;第三,既然文化与生产是相关的,那么就应该倡导某种意义上的文化指令,通过这种指令来建构一种新的文化生产方式。对于第一点和第二点,威廉斯持谨慎地认同,但是对于第三点,威廉斯则坚决反对,因为他认为文化除了具有共同意义,也具有个体意义,而且意义是在生活中铸成的,因而想提前进入未来的指令式文化观是愚蠢的。①

从这些有选择性地关联指认中,我们可以明显地看到,威廉斯与马克思主义的关系绝不是"六经注我",而是"我注六经"。威廉斯的思想是从本质上讲文化决定论和英国经验论的痕迹,威廉斯"灵魂深处"的文化革命或者实践是很符合大英帝国绅士口味的。威廉斯与马克思主义之间的真正关联在于,他把文化本身视为社会批判和再生产的手段,而在这个过程中,工人阶级文化的生成和强大可以冲击原本被资产阶级所垄断的精英文化。

综上,对于威廉斯而言,马克思主义并不是一个具有唯一内涵的单数词,而是可能在共用统一名称下却出现观点差异甚至争议的复数词。不仅如此,在威廉斯思想发展的过程中,"文化与社会"传统和马克思主义传统虽然都一直贯穿始终,但在其思想的不同时期,其侧重点也有所不同。20世纪70年代之前威廉斯所研究的"文化与社会"传统中已经具备了与马克思主义传统相同的问题意识和相似的理论洞见,20世纪70年代起他已自觉地对马克思主义进行反思并以此为依据来重写其前期的思想。这就意味着虽然英国传统与马克思主义共同形成了其文化唯物主义思想的理论来源,但是由于二者在不同时期呈现的面相和占据的位置不同,使得威廉斯的文化唯物主义本身也处于一个动态变化的过程当中,这恰好符合威尔士重视具体现实

---

① 参见[英]雷蒙德·威廉斯:《希望的源泉》,祈阿红、吴小妹译,译林出版社,2014年,第8页。

的经验论传统。

四、西方马克思主义文化观的影响

威廉斯的文化唯物主义是在多种理论资源的对话和融合中形成和发展起来的,除了马克思、恩格斯的"经典马克思主义"和20世纪的"正统马克思主义"之外,身处英国的威廉斯自然也不会错过与欧陆的"西方马克思主义"思想接触、交流或交锋的机会。威廉斯真正了解"公认的马克思主义"以外的西方马克思主义是在20世纪70年代。1970年卢卡奇的学生戈德曼在剑桥大学连开两场讲座,对威廉斯认识马克思主义起到了巨大的作用,使他认识到马克思主义发展的多种形态和并非所有的马克思主义都坚持经济决定论的观点。正是在这个时期,一些西方马克思主义的著作陆续传入英国,威廉斯逐渐接触到卢卡奇的《历史与阶级意识》、葛兰西的《狱中札记》、阿多诺和霍克海默的《启蒙辩证法》等著作。威廉斯文化唯物主义的形成除了从英国文化与社会的血脉根源汲取营养,对经典马克思主义和苏联正统马克思主义的接触、反思和反驳之外,卢卡奇、葛兰西、阿尔都塞和法兰克福学派都对其产生了或深或浅的影响,与这些思想家的联系或者交锋也是威廉斯文化唯物主义思想形成和发展的重要环节。

(一)卢卡奇的"总体性"思想

卢卡奇十分重视"总体性"概念,"总体性"概念是他借黑格尔的三棱镜来研究马克思思想的重要方法。黑格尔在哲学史的基础上提出了真理是一个过程和整体的思想,并通过其具体历史的辩证法建构了一个庞大的哲学体系,成为德国古典哲学的集大成者和近代哲学的终结者。黑格尔的"总体性"思想对卢卡奇产生了深刻影响,对于卢卡奇来说,"总体性"不仅是一个概念,更是一种思考问题的思维方式。卢卡奇坦承,他在《历史与阶级意识》中对马克思思想的解读是一种黑格尔式的总体性主客体解读。

这种总体性思维之所以对卢卡奇如此重要,并非因为这是一种纯粹学究式地对黑格尔和马克思思想的比较,而是与现实的背景直接相关。20世纪的前20年出现了一个按照"经济决定论"完全无法解释的事件,那就是列宁所领导的十月革命,并且建立了世界上第一个社会主义国家。社会主义革命在生产力发达的欧洲纷纷失败,反而在生产力相对落后很多的俄国取得成功,面对"西方不亮东方亮"局面的强烈冲击,卢卡奇不得不从理论上反思这种现实反差的成因,并寻找西欧本土革命的可能性路径问题。正是在这种基于实践的理论探索过程中,"总体性"思维才深深抓住了卢卡奇,并成为他解读马克思思想的重要特征之一。

与经济决定论片面地强调经济基础对上层建筑的单方面决定作用不同,卢卡奇反复强调社会存在的总体性,强调社会存在是一个主客体相互作用的总体性、过程性存在。卢卡奇认为在社会存在这个总体之中刻意地割裂其中的物质过程和精神过程甚至是否定精神现象的作用是错误的。"想在社会存在中把物质过程同'纯粹'思想的过程机械而精确地区分开来,只能是一种粗陋的、形式主义的认识论的抽象。社会越是社会化,这两个过程越不可分割地交织在一起。"①

卢卡奇极力反对庸俗唯物主义者将经济过程的客观性曲解为一种"第二自然",这种做法完全将"精神现象"看作物质力量的机械产物,将马克思经济学贬低为社会存在的"物理学",而不得不在康德或实证主义那里寻找替代品作为自己的哲学基础,这种做法所产生的巨大危害就是使得工人运动的意识形态越来越接近资产阶级的意识形态。卢卡奇认为康德哲学或者

---

① [匈]卢卡奇:《卢卡奇文选》,李鹏程编,人民出版社,2008年,第254页。

实证主义是无力实现一种"总体性图景"的，而无产阶级意识的优势恰恰在于超越这种片面的实证主义，获得总体性思维。如果失去了马克思主义的总体性思维，对于无产阶级来说无疑是一场巨大的灾难。虽然卢卡奇后来认为将无产阶级视作历史的主体-客体的观点是救世主义的唯心主义，但是他却从头到尾都坚持总体性范畴和总体性思维的重要性。在后期自我批判的《我向马克思的发展》一文中，卢卡奇重申了总体性范畴的重要性，认为"总体性范畴的首要性是科学的革命原则的支撑者"[①]。这种总体性思维使得卢卡奇始终把社会存在看作一个有机的整体，而不是可以机械分割成各个部分的。其晚年著作《关于社会存在的本体论》更是专门讨论了"作为整体的社会的再生产"问题。

这种总体性思维也使得卢卡奇在看待马克思思想时将其视为一个整体，例如在讨论早期著作与晚期著作的关系时，卢卡奇不主张将二者对立，也不主张仅仅将早期著作当作一种目的论的文献，而是认为它们都构成了马克思思想发展的整体的不可或缺的环节。卢卡奇认为，"我始终把马克思的著作看作是一个不可分割的整体"[②]。秉持总体性思维的卢卡奇坚决反对早期马克思与晚期马克思的"对立论"。

在马克思主义发展史上，卢卡奇所采用的总体性思维方式对西方马克思主义突破"经济决定论"产生了重大影响。这种来自黑格尔的"总体性"思维经过卢卡奇在无产阶级革命和意识问题上的重新诠释和强调，引起了后来的马克思主义思想家和学者的普遍关注。一种单向决定的还原论思维已经不能解释现存革命状况，精神、文化活动不能被简单地化约为物质性的或者纯粹被决定性的因素，而应该被看作具有其独特活动方式并在社会存在

[①]　[匈]卢卡奇：《历史与阶级意识》，重庆出版社，1992年，第31页。

[②]　[匈]卢卡奇：《卢卡奇文选》，李鹏程编，人民出版社，2008年，第208页。

发展过程中占据着重要的地位和不可还原地位的重要因素。这种"总体性"思维方式使得此后的马克思主义思想家的理论视域和阐释方式都发生了一定的改变,普遍开始重视经济、政治、文化等各个因素的相互作用,注意社会现实的复杂性和多样性。威廉斯的文化唯物主义也从卢卡奇这里受益匪浅,卢卡奇的"总体性"思维与威廉斯将文化视作一种整体生活方式的文化观具有不可忽视的相关度和一定程度的相似性。

(二)葛兰西的文化霸权理论

"文化霸权"①又译作文化领导权,葛兰西的文化领导权思想在马克思主义思想史上占据着一席之地,使之成为与卢卡奇、科尔施相并列的西方马克思主义早期奠基人之一的同时,也对包括威廉斯在内的英国的文化马克思主义产生了重要影响。

文化领导权不是一个孤立的概念,它的提出与葛兰西所面临的实践和理论问题密切相关。在寻找欧洲社会主义革命失败的原因时,葛兰西发现必须对"经济基础与上层建筑"之间简单的"经济决定论"进行批判和反思。当卢卡奇思考作为历史主体-客体的无产阶级意识如何才能唤醒之时,意大利共产党领导人葛兰西也对意大利无产阶级革命的路径进行着理论上的思索。社会主义革命在意大利失败的原因到底何在?是否还存在胜利的可能性?如果可能,将采取何种方式?意大利社会主义革命存在哪些特殊性?革命斗争需要如何调整战略战术?不论在入狱前还是在狱中,这些一直都是葛兰西思考的关键问题。

在理论上,葛兰西将马克思主义创始人的观点、列宁的相关理论和意大

---

① "霸权"从词源上指支配他国的领袖或统治者,19世纪常用于国与国之间的政治统治或控制,马克思则将其扩展到描述阶级之间的统治,安东尼奥·葛兰西把"霸权"扩展到"文化霸权"并将其系统化。

利革命的现状进行了对比、考量,在此基础上反思了"经济基础决定上层建筑"的传统马克思主义命题可能存在的中间环节缺损或遗漏,提出了"市民社会"在经济基础和上层建筑之间的中介作用,以及如何运用"阵地战"开展争取无产阶级文化领导权的革命斗争。葛兰西甚至指出十月革命是一场"反对《资本论》的革命",他认为十月革命胜利最主要的原因是以无产阶级为领导的人民集体意志的集聚和爆发。而西方发达国家的社会主义革命之所以失败,是因为这些国家的统治阶级和政府对相对独立的市民社会的意识形态有了一套预防的方案和机制。因此,在西方展开突击式的"闪电战"是不能取得成功的,在这种情况下,无产阶级革命的斗争方式和重点都要进行调整。

葛兰西的文化霸权理论来源于列宁的领导权理论和意大利本国理论家尤其是马基雅维利关于国家的相关探索。列宁早就注意到了无产阶级领导权是需要建构的,进而提出了共产党和无产阶级、无产阶级和人民大众之间的关系需要依靠各种方式来建构,针对前者和后者之间的联系方式,列宁采取了一种自上而下的方式,也就是共产党作为无产阶级的先锋队,肩负着把先进的意识形态理论灌输到人民大众中的任务。列宁所强调的党和人民大众之间的思想差距问题引起了葛兰西的关注,启发葛兰西注意到这个问题的重要性,但是列宁对这个问题的处理方式却没有得到葛兰西的认可。葛兰西认为灌输这种外在的、自上而下的方式不是解决文化思想问题的好办法,这种方式在欧洲可能并不适用,于是葛兰西开始自己独立思考文化霸权问题。除了列宁的影响外,对马基雅维利《君主论》的独特阐述,也是葛兰西提出文化领导权思想的重要因素,它使葛兰西对文化领导权的研究呈现出意大利特色。阶级和民族问题是葛兰西关注的两个重点问题,这既显示了这两个问题对于意大利共产党的重要性,也说明了葛兰西关注马克思主义与意大利问题的结合。

葛兰西霸权理论的研究着力于突破此前从统治与被统治的角度对霸权的单向界定。葛兰西认为霸权问题是渗透到生活方方面面的,而霸权的建构绝非自上而下的灌输或者强制,而是需要采取一种软的方式,通过"认同"来进行。"认同"成为葛兰西霸权理论的关键点,认同在领导权活动和领导权理论中具有十分重要的地位,对认同的强调意味着葛兰西试图探索一种更加温和的、更加综合的领导权模式。葛兰西认为意大利无产阶级要领导劳动者中的其他阶级比如意大利的农民,就必须了解和重视农民的问题,把他们的文化纳入自己的世界观范围内,并使之成为自己文化的一部分。革命领导权不是要统治追随它的伙伴,而是要真正地与底层文化集团相结合。"他们必须把自己思考为一个旨在领导农民和知识分子的阶级的工人成员。这样的一个阶级只有在他帮助并跟随这些社会阶层的绝大多数人的情况下,才能赢得并建设社会主义。"①

而要取得文化领导权则需要有机知识分子的生成,有机知识分子区别于之前的传统知识分子,传统知识分子避免介入纷繁复杂的社会生活,而有机知识分子则与之相反,他们不满足于仅仅掌握科技或者写作技术,而是要求参与包括领导权在内的实际生活。正如前文所述,这种领导权当然不是简单地对人民进行灌输,而是需要知识分子和人民大众之间的对话,因为仅仅进行知识上的指导是无效的,要嵌入到人民的关注点和世界观之中,与"人民-民族"产生血肉联系,实现共同生活。

在欧洲,发达国家由于市民社会(私领域)和国家政治(公领域)已经不再是一种简单的服从-领导关系,市民社会已经相对独立并有着自己的文化习俗和传统,因而无产阶级的有机知识分子应当在实践中充分了解市民社会的习俗,并通过本阶级文化与市民习俗的有机交融,才可能取得市民的文

---

① [英]斯蒂夫·琼斯:《导读葛兰西》,相明译,重庆大学出版社,2014年,第57页。

化认同,为文化霸权的实现做出切实有效的工作。

在长期的革命工作中,葛兰西认识到,一方面传统知识分子虽然自以为独立于意识形态之外,寻求某种思想的独立,但是往往不自觉地仍然囿于意识形态之中;另一方面知识分子想要与无产阶级革命实践相结合,必须跨越原本存在的文化鸿沟,真正深入文化习俗之中,并在革命实践中与无产阶级的文化融合和联合,才能真正对文化霸权的建构起到作用。因此,意识形态在葛兰西这里如同在列宁那里一样,不再被视作仅仅是统治阶级所建构出来的、具有欺骗性的虚假文化,而是在人们的生活中切实存在并对其经济、政治都能产生影响的现实因素,因此也就成为无产阶级革命必须予以重视并重构的环节。

葛兰西的文化霸权理论对威廉斯产生了重要影响,不仅如此,威廉斯的文化唯物主义分析可谓出色地阐发并运用了葛兰西的霸权概念,立足于英国具体实际,做出了更加精细、更加具有威尔士风范的阐发,将对文化问题的马克思主义研究推到了高潮。威廉斯之所以格外重视葛兰西的文化霸权理论,其内在原因在于文化生产一直是他关注的重点。尤其是自20世纪50年代英国社会的统治模式已发生变化,威廉斯认为在传统的政治斗争和经济斗争之外,必须进一步加强文化的斗争,而且最有活力的反抗应该来自文化领域,如何积极参与到意义和价值的生产和扩展之中就成为威廉斯关注的重点。葛兰西霸权理论中的"认同""有机知识分子""统一战线""民族与人民"问题都对威廉斯产生了一定的影响。需要注意的是,在威廉斯走出英国文化研究中历史主义与结构主义争议的扬弃之路上,葛兰西的思想也对他颇有助力。

在发达资本主义国家,随着橄榄形社会结构的形成,文化霸权的构建尤其需要社会的广泛接受,它不仅体现统治阶级的利益,而且被全体社会成员当作合理的现象来接受,因而是一种协商而非独裁,其实现是一个协商和获得共识的过程。通过协商达到互相认同,实现多元文化共享的社会状态是威廉斯一直以来追求的共同文化理想的实质。文化霸权的"融合"更为注重一种社会权力场域中的妥协,共同文化的"融合"注重不同社会团体之间的认同。虽然威廉斯对葛兰西确有所借重,但不是简单承续和应用,而是立足于英国的社会实际,富有更多的时代特点和威廉斯特色。

(三)法兰克福学派的文化批判理论

如果说威廉斯的文化唯物主义上承葛兰西,其与法兰克福学派的关系则更加复杂。一方面,在重视文化领域这一点上,威廉斯与法兰克福学派有着共同的视域交集,二者都关注到了文化在当代生活中的凸显,都把着力点从传统马克思主义关注的经济决定论和暴力革命问题转移到文化批判或文化革命上,在反对经济决定论的基础上强调社会生活的文化和意识形态维度;另一方面,二者对当代社会文化尤其是大众文化的观点和态度却是大相径庭,甚至在一定意义上说,虽然同样重视大众文化,但是威廉斯和法兰克福学派因为方向相反而渐行渐远。

法兰克福研究所虽然也曾打出社会研究的旗帜,但是这种研究与列宁式的、对抗性的革命实践大有殊异,对社会研究的路径更多地转向了带有书斋学者气息的文化批判,而这个文化批判因其先导性成为此后的研究者们摹写、修正或批判的理论基点。1947年,霍克海默和阿多诺特意选用了"文化工业"一词来指称大众文化的产品和过程,而未采用"大众文化"这个概念。在他们看来,"大众文化"一词隐含了从大众生活中自发产生并为大众所使用的文化,这就遮蔽了资本主义文化生产的本质。而"文化工业"一词则能更清楚地揭示:当原本个体化的文化被商业利益集团把控,当文化被当作可以批量生产的、无差异的工业产品时,当文化产品生产者只追逐最大利润而可以忽视或轻视其他因素时,当文化生产者与购买者呈现出与其他商品买卖者完全同质的关系时，资本对文化生产达到了无孔不入的浸染和肆无忌惮的操纵。

法兰克福学派一般对文化工业持批判态度，把大众文化看成被强大的工业社会机器倾轧出的僵死的标本，他们心目中理想的文化应该是最能体现和满足人的精神需求的，但是当下的文化却变得屈从于资本的逻辑，呈现出商品拜物教的状态。科技进步非但没有带来理性昌明，反而使之成为扼杀自由的工具理性，法兰克福学派担忧大众文化变成为社会权威服务的手段①，对大众文化的前途持悲观态度。除了阿多诺之外，本雅明对技术复制性文化生产更是深恶痛绝，其大部分作品都是在批判文化工业的弊端和危害。究其原因，第一，他们对社会与文化的变革没有作充分了解，大众文化批评理论热衷于历数大众文化的种种现象，而对这些文化现象的产生缺乏追根溯源的探究，对自己的批判对象缺乏了解，使得其批判力度大打折扣；第二，大众文化批评理论是某些知识分子集团对大众文化所带来的大众民主的怨言，根源在于大众文化及其所带来的大众民主对他们的精英地位构成了威胁。

虽然威廉斯和法兰克福学派共同关注文化研究尤其是大众文化问题，但是对于法兰克福学派大众文化的观点，以威廉斯为代表的整个伯明翰学派基本上都不太认同站在精英立场上对大众文化进行一种单向度的批判，而是采取了与之有着显著差异的文化研究路径。威廉斯对大众文化采取了一种更加辩证的态度，他认为大众文化是具有同化和反抗双重特征的矛盾复合体，在一定程度上说文化可能是各个阶级、阶层的"竞技场"。在这里从属阶级并不是无可作为的，而是具有通过文化进行革命和解放的可能性。威廉斯文化唯物主义与法兰克福学派大众文化批判理论的不同之处还在于，二者对于文化与政治关系的认识和态度是不同的。"总体来说，后来的法兰

① 参见［英］约翰·斯道雷：《文化理论与通俗文化导论》，杨竹山等译，南京大学出版社，2006年，第108页。

克福学派超越了传统的阶级分析和政治革命的视野，用美学和宗教来解决资本主义社会的大众文化和革命主体问题，走向了乌托邦，远离了政治；而英国文化马克思主义则一直基本倾向于从政治角度来进行文化批判，致力于对大众文化的对抗性潜能的发掘。"①

(四)阿尔都塞的意识形态理论

在西方马克思主义发展史上，强调主体性的历史主义思维曾一度占据了主流，而阿尔都塞的结构主义马克思主义关于科学与意识形态的区分，以及他对当代意识形态的结构主义剖析在很大程度上是直接针对此前西方马克思主义传统的理论反驳。随着安德森等第二代新左派对欧陆马克思主义著作的翻译引进，阿尔都塞的结构主义进入了英国学者的理论视野，并对英国原有的马克思主义产生了重大的理论冲击。

在西方马克思主义思想家中，阿尔都塞长期关注意识形态问题，并旗帜鲜明地提出了"意识形态国家机器"(AIE)理论。在阿尔都塞看来，AIE是一个由硬件系统和软件系统共同组成的复杂系统。除了有形的镇压性国家机器(军队、警察、法庭和监狱等)之外，还有不可或缺的一部分，那就是意识形态国家机器——一个具有无所不包渗透能力、威力巨大的庞大体系。

不仅如此，如此庞大的意识形态国家机器体系还被阿尔都塞认为是没有历史的结构和功能性的存在。阿尔都塞还在理论上将意识形态与弗洛伊德的《梦的解析》相关联，认为意识形态如同弗洛伊德的"无意识"一样，是永恒的和必然的，而且是可以在理论上被证明合理的。阿尔都塞认为，意识形态是个体与其真实存在条件的想象性关系的一种表征，作为一种意识结构，它是现实意识的基础，对人在社会中产生的现实意识起着前提和规划的作

---

① 李凤丹：《英国文化马克思主义研究》，江西人民出版社，2010年，第6页。

用。意识形态对人的控制是无形的,甚至是无意识的。意识形态在阿尔都塞那里被普遍化为规约和支配着每个人的思想和行为的一种对生存条件的想象性反映,成为人无法摆脱甚至没有意识要去摆脱的模具,使人的主体性受到了威胁和挑战。

阿尔都塞对意识形态的分析,毫无疑问对威廉斯在此前的文化研究中存在的强调主体性和历史性的研究范式产生了很大的冲击。但是与阿尔都塞的结构主义不同,威廉斯虽然承认阿尔都塞结构主义的意识形态理论对其造成了一定的冲击,但是威廉斯却不可能像安德森那样重视甚至走向结构主义的马克思主义,恰恰相反,威廉斯旗帜鲜明地拒绝走向结构主义,坚持走经验的、具体的、现实的、历史的文化唯物主义之路。威廉斯之所以拒斥结构主义还有一个重要的原因,那就是在英国这个岛国,其在政治制度上的绅士式的民主协商传统,使得这个国家对社会阶级和阶层的区分在历史上就不像欧洲大陆国家那样板结化。

在受到阿尔都塞的冲击之后,威廉斯的文化唯物主义更加精细化,并试图走出一条新的文化研究之路。20世纪70年代,在对欧陆马克思主义进行批判和反思的基础上,威廉斯正式提出了自己的文化唯物主义思想,这是他对马克思主义的重大理论贡献。可见,威廉斯著作与阿尔都塞并没有多少正向关联,二者的关联之所以产生,在很大程度上是因为阿尔都塞结构主义和意识形态理论在被引入英国后,对威廉斯原本从历史主义角度强调主体性的文化唯物主义研究产生了很大的冲击。但是这种冲击对于威廉斯的思想发展又是十分必要和重要的,在一定程度上,正是因为有阿尔都塞的挑战,威廉斯才能看到强调主体性的历史主义与结构主义二者各自的弊端,从而借助葛兰西逐步超越了二元对立的思维模式。因此,威廉斯与结构主义的遭遇也被证明是有理论价值的。

综上,西方马克思主义改变了威廉斯对马克思主义的认识,也对其文化唯物主义思想的成型起到了助推作用。威廉斯真正接触到西方马克思主义思想,并将其整合进自身思想体系的时候,文化唯物主义思想才最终走向成熟。

第二章 重建"文化与社会"传统:威廉斯文化唯物主义理论范式的提出

"文化"是威廉斯思想的研究主题,也是其研究体系的理论基石。威廉斯认为,文化的观念是我们对共同生活状况所发生的普遍和重大变化所做出的一种反映,文化观念的历史记录了人们在思想和情感上对共同生活状况的变迁所做出的反应,文化内涵的历史性变迁呈现出人类社会、经济、政治结构的变化。威廉斯在重建英国的"文化与社会"传统的基础上,围绕着文化与社会之间的互动关系来界定文化概念的内涵,在社会结构的整体变迁和社会生活的总体性视域下分析文化,提出文化唯物主义的理论范式。

一、文化唯物主义的开端:从社会结构入手分析文化现象

威廉斯的文化唯物主义在于对文化的定义及对文化作用的理解。与其说威廉斯对文化设置了新的规定,不如说他自觉地选择并重建了某种特定的文化传统,主要包括英国的"文化与社会"传统、"文化与文明"传统和马克思主义传统。

（一）立足工业社会的经验重建英国的"文化与社会"传统

威廉斯指出，文化观念及该词的一般现代用法是从工业革命时期开始进入英语思维的，是伴随着工业革命所引起的社会经济、政治生活的变化而产生的。威廉斯在其代表性著作《文化与社会》中试图展示这个过程为何以及如何发生，并探讨文化观念从开始到现代的演进过程，说明和阐释了自18世纪晚期以来人们面对社会变革时在思想和情感上的反应，并在这样的语境下充分理解"文化"一词的用法及该词所涉及的各种问题。威廉斯从对英国文化地图的勾勒入手并依据他们这一代人的体验，探究"文化"一词发展变化过程中所展现的"文化与社会"传统，通过对这个传统的重新阐释来构建自己的文化理论。

威廉斯以英国工业革命为历史背景，通过对一百多年里英国四十位思想家的分析，论述了文化、文学与社会之间的关系。其中呈现了对不同思想家之间关系的研究，这种研究是针对某种传统的连续发展，在尽力确立一种关于"文化和社会"的写作传统的意识。《文化与社会》一书仅讨论了英国作家，这是因为威廉斯相信：依照特殊方法只能围绕此类特殊经验来形成此种传统，即冲击了整个世界的工业革命是始于英国的。因此，这个决定性历史转型时期的一部分便是基本全新的社会和文化关系及其问题，而正是出于英国文化中的人们以无比强烈和前所未有的直接方式首先感受到了这一点，最初的两三代人所面临的问题主要是如何找到恰当的语言来表达这些社会和文化关系及其问题，考察这些变化的初始发源地具有永久而普遍的意义。威廉斯从总体上勾勒出英国自工业革命以来的文化地图，把工业文明基本模式看作新型社会秩序的基础，从而奠定了其全部思想的基本框架。他阐述的基本原则是把文化理论看作一种整体生活中各种因素之间相互关系的理论，并从这个角度考察一种扩展性文化的概念，研究其详细过程。此外，还需详细考察当前文化扩张所带来的社会和经济问题,重新界定创造性活动和传播概念。这些都表达了威廉斯对工业文明及其文化和思想中已经发生和当时正在发生的事件的感受,这使他认识到:要充分认识和理解这两个世纪的变化和危机,一个主要方法便是详尽全面地思考文化问题,因为在每个阶段文化都发挥着积极活跃的作用。

针对18世纪晚期以来的英国社会变迁,威廉斯批判性地描述在这一发生决定性变化时期里的各种观念和价值的历史,通过对那些为文化观念的形成和讨论做出贡献的思想家们作品的梳理,从英国的文化地图中勾勒出影响英国文化研究的"文化与社会"传统。威廉斯将英国的"文化与社会"传统分为三个时期,即"19世纪的传统""中间时期"和"20世纪的见解"。

19世纪是"文化与社会"传统的全面形成时期,工业革命使资本主义得以确立和发展,这一时期的思想家认为工业文明侵蚀了自然和谐的有机文化并产生精神危机,据此展开了对工业主义的批判,把对工业社会和机械的外部工业文明的批判归结为一种"文化"传统,基本持有精英主义的立场和保守主义的倾向,但不同思想家对工业革命的反应也存在着差异。

中间时期(1880—1914年)是一个过渡时期,在已确立的"文化与社会"传统内通过对这一时期的理论家和社会思潮的清理和讨论,来展现对19世纪传统的超越方式。

20世纪的见解是"文化与社会"传统在当代的回响和延续,看到这一传统在对工业文明进行质疑、拒绝和批判的同时,亦有新的探索,形成复杂多样且彼此交错的思想观念,诸如共同文化和平等的观念,这些都为新观念的形成提供了资源。威廉斯对19世纪以来英国的"文化与社会"传统的梳理与呈现,主要针对的是以阿诺德、艾略特和利维斯为代表的"文化主义传统",并驳斥了这种传统在当代的局限性,为其文化唯物主义思想的展开奠定了理论基石。正是在对利维斯等人"文化主义传统"的反思和对话中,威廉斯对

"文化与社会"传统进行了重构,使得威廉斯的思想体现出英国思想传统的经验论色彩。

威廉斯在对"文化与社会"传统进行追溯时,实际上是在表明自己的基本立场,逐步建立自己的文化观念,尝试将"文化与社会"传统与工业社会的经验进行整合,在倾向于大众的立场上强调文学、文化和教育在社会中的重要作用,针对"文化与社会"传统中精英主义和保守主义立场提出消解精英与大众、文化与文明之间的鸿沟,指向一种开放性的"共同文化"的目标和面向未来的"共同体",其实现是经济革命、政治革命和文化革命的长期进程。

概言之,威廉斯的《文化与社会》与此后《漫长的革命》的一个重要主张是"关于文化的观念是英国的重要传统",将"文化与社会"的思想传统与文学传统重新联系起来,突破了从文本出发规定文学研究的观念。在英国文化研究的发展中,伴随着工业化和城市化的过程,"文学"概念的内涵不断扩大和研究对象不断扩张,通过文学研究发现其中存在着更为广阔的"文化"传统,文化研究获得了合法性的逻辑基础,即在"文化与社会"传统基础上生发出来的"文学与文化"的传统。文学的范畴和研究对象不再仅仅局限于文学的范围,其视野和目标已扩展至包罗一切文学现象,从以往仅对小说、诗歌、戏剧、散文的文学研究,扩大至音乐、绘画、舞蹈等艺术形式,囊括了电视、电影、网络等大众文化现象。文学范畴和对象的扩张过程,实现了文学向文化的转向,使得对大众文化采取鄙视和责难态度的"文化与文明"传统招致激烈的批判。

(二)对"文化与文明"传统的批判和颠覆:"解放"文化

威廉斯认为,以往关于文化的种种概念都是围绕"文化与文明"传统而展开的,或者将文化与文明混为一谈而纠结在一起,或者将二者截然分开而使之相互对立。要置身历史发展的广阔语境中来考察"文化"这一概念,必须对在 18 世纪适应需要而产生的具有决定性意义的现代概念——"文明"进行考察,才能对"文化"这一概念进行充分的理解。

威廉斯指出,Civilization 显示出两种有着历史关联的意义:其一是指某种业已取得的成就,这层意义同"野蛮"相对立;其二又指某种成就状态的发展,包含有强调历史演进过程必然表现为历史进步的隐喻,这与启蒙运动所主张的"新的历史理性"相一致,表现为对既定社会秩序的认同,尤其是与已经确立的"高雅而秩序的地位"紧密关联。"文明"与"文化"在 18 世纪晚期实际上是一对可以互换的术语,它们中的每一个都具有尚存疑问的双重含义:既指某种成就状态,又指某种成就状态的发展。对"文明"的抨击①使"文明"与"文化"发生分歧,"文化"具备一种重要的取代性意义:文化是一种与"外在"发展迥然有别的、"内在"的或"精神"的过程,这使得文化同宗教、艺术、家庭及人生联系在一起,从而在抽象的和一般的意义上,"文化"便有别于或者实际上对立于"文明"和"社会"。

威廉斯认为,在工业社会及其种种社会和政治冲突都急剧发展的时期,关于"文明"出现了两种相对的理解:一种认为这个过程是文明持续发展的一个部分,是一种更高的社会秩序,即表示启蒙性的、进步式的发展;另一种认为它是一种成就的状态,新的发展正威胁着这种文明,即指一种成就状态和危机。在后一种意义上,"文化"与"文明"获得重叠,都指成就状态而不是持续着的过程。与此同时,文化经历着另一种发展,导致"文化"成为一种社

---

① 指与"自然"相迥异的"人造之物"的抨击,对于那种与更"人性"的需要和冲动相对立的、偏重于"外在"品质(追求高雅和奢华)的教化修养的抨击。这种针对"文明"的最初突破发生在其假定的"外在性"意义上。从卢梭开始一直持续到浪漫主义的运动所展开的这种抨击成为"文化"具备一种重要的取代性意义的基础。于是两种重大的现代反应出现了,其一是文化观念——它提出了有关人类成长和发展的完全不同的见解;其二是社会主义观念。他对那种固定了的、业已取得成就的状态即"文明"和"文明社会"展开了社会批判和历史批判,并提出要取代它们。参见[英]雷蒙德·威廉斯:《马克思主义与文学》,王尔勃、周莉译,河南大学出版社,2008 年,第 12 页。

会性的概念(人类学和社会学的概念)。"文化"这种发展着的意义同它另外作为"内在"过程及"艺术"的意义之间存在着张力关系和交互作用。

面对工业革命所带来的社会发展的巨大变化,阿诺德、艾略特、利维斯等英国学者从自身的社会地位和立场出发,割裂文化与文明之间的紧密联系,将"文明"与"文化"的区分看作"机械式"与"自然的","外在"与"内在","物质"与"精神"的差异,使"文化"与"文明"对立起来并用"文化"去批判"文明",重视传统有机社会的文化而轻视资本主义社会的文明,坚持反对大众文化的精英主义文化立场。阿诺德在将文化理解为"曾经有过的最好思想和言论"[①]的基础上,将文化和文明进行了明确的区分:文明是指人类的物质生活,是外在的东西;文化是指人类的精神层面,展示人类的心灵历程,是由少数精英分子所创造和传承的。"文化与文明"传统在阿诺德这里得到了真正意义上的确立和发展,与此相对应的是其文化精英主义的社会思想。这一传统对社会扩展和文化扩张表示焦虑,始终认为大众文化是文化衰退和潜在政治失序的原因,其高高在上地站在高雅文化的立场上对大众文化进行检视,抬出"高雅社会""高雅文化"以区别于普通的社会与文化,尤其与大众社会和大众文化划清界限,并主张对文化加以驯服、规范和控制。这种"文化与文明"传统在过去一个多世纪的时间里占据着英国文化研究和文化分析的主导地位,即使在今天也隐隐地存在于很多人的"常识"之中并在某些领域发挥着作用。

威廉斯认为,马克思主义对"文明"与"文化"问题的研究做出了决定性的参与。一方面,马克思主义为对"文明社会"进行分析提供了一种必要的批判视野,但它大体上仍被限制在物质生产概念的种种假设——最突出的便是进步式的现世发展和广义的线性进化——之中。这其中具有决定性意义

---

① [英]马修·阿诺德:《文化与无政府状态》,韩敏中译,生活·读书·新知三联书店,2002年,第41页。

的是在不断进步发展的过程中存在根本性的对立，即阶级利益和地位的对立以及由此而导致的阶级斗争。另一方面,马克思主义摒弃了唯心主义历史观对物质的历史和工业历史的排斥，把作为社会发展基础的物质的历史纳入历史整体过程和有机系统之中，强调人们是通过物质生产方式来创造人自身的历史,通过"人类创造其自身的历史"的观念克服了"自然"与"社会"二元对立模式，发现"社会"和"经济"之间的结构性关系并找到社会历史发展的决定性力量，恢复了社会历史的有机整体性和动态过程性。威廉斯指出,马克思本人对于资本主义所做的历史阐述是其中最著名的范例。

"文化"含有成就状态和成就的发展状态的含义。那究竟是什么构成了这种成就状态的性质和它发展的力量？威廉斯指出,从世界的视野来看,这种特有的重要性质和力量就是理性—— 一种对于我们自身和世界的启蒙性的理解,它让我们创造出更高形式的社会秩序和自然秩序,不断克服无知、迷信并改变由它们所导致或受它们支持的社会形态和政治形态。对于历史运动的这种信赖，主要是从新的实证科学所体现的启蒙精神中推导出来的,同样也可以从"文明"的那种已经取得成就的社会秩序的意义中推导出来。人类的能力不仅在于理解，更在于建造人类的社会秩序,我们必须确认"人类创造其自身的历史"的观念。①

马克思主义对社会过程和物质历史的强调，贯穿在其看待文化的观点之中。但马克思主义对社会过程的强调受到社会发展阶段、政治斗争任务和

---

① ［意］维柯(Vico)在《新科学》(朱光潜译,人民文学出版社,1986 年,第 134~135 页。)中强调"人类创造其自身的历史"，他对发展方式——这种发展同时成为社会和人类思想交互形成的过程——的阐述可能是"文化"的一般社会意义的实际发源处。赫尔德(J. G. Herder)在《关于人类历史哲学的思想》(1784—1891)中重视人类的历史性自我发展的观点,认为这种发展是十分复杂的,有必要把"文化"说成复数的而不是单数的,这就承认了文化的多样性和形成文化的各种力量的复杂性。赫尔德有关形成特定的、与众不同的"生活方式"的基本社会过程的观念,成为当今"文化"概念的社会性意义及必要的复数形式的实际来源。

理论论战的局限,使进步式线性发展的观点成为一种关于发现社会的"科学规律"的论述,对物质历史的强调也被人们以一种特定的方式调和,尤其表现在文化上。"文化史不再被视为物质性的了(物质成了与之相邻的、根本性的运动),它被看作是依赖性的、次生的、'上层建筑'的—— 一个仅仅包括观念、信仰、艺术、风俗等那些被基础性的物质历史所决定的王国。"①这使得作为"生活方式"的文化概念被纳入"上层建筑"之中,以"精神生活"和"艺术"的文化概念取而代之,文化概念本身的结构性社会过程和社会的物质过程被忽视,使得"文化"连同"上层建筑"一起受到贬损。这一文化概念被交到那些割断了文化同社会和历史的必要联系的人们的手中,由他们在心理学、艺术和信仰领域内以一种唯心化的方式发展出一种关于结构性的人类过程本身的、强有力的取代性意义。这种取代性文化意义在20世纪的马克思主义的发展过程中开始排挤和压抑马克思主义,但它并没有真正地面对那些当初马克思主义参与时就已经隐约存在的而且几乎要被澄清了的现实挑战。故此,威廉斯的文化理念与正统马克思主义之间的区别就显现出来了,这也是文化唯物主义着力解决的问题。

　　威廉斯通过"文化与社会"传统的重建,使"文化"从将少数人的精神文化视为多数人拥有的现代文明的对立面的"文化与文明"传统中解放出来。威廉斯把文化界定为"整体生活方式",这既体现了对英国文化中"文化与文明"主流传统(具有精英主义偏见且不信任任何流行文化或"大众"文化)的挑战,也体现了威廉斯对还原论的正统马克思主义的拒斥。威廉斯认为,文化应被视作对社会秩序的构建,而不仅仅是对社会秩序的简单反映。威廉斯拒绝和批判在大众文明与少数派文化的对抗中所展示的文化精英主义,借鉴马克思政治经济学批判所蕴含的文化批判、社会批判和政治批判,构建文

---

　　① [英]雷蒙德·威廉斯:《马克思主义与文学》,王尔勃、周莉译,河南大学出版社,2008年,第17页。

化唯物主义理论。

（三）相同的问题意识与问题框架:在社会结构的总体性视域中分析文化

从威廉斯思想的发展历程和理论主张看,英国的"文化与社会"传统和马克思主义传统共同构成了威廉斯思想的两大理论来源,"文化与社会"传统与马克思主义传统伴随威廉斯的思想历程并处于相互对话、相互改写和相互融合的状态,共同形成了"文化唯物主义"。"文化与社会"传统与马克思主义存在契合之处,具有相同的问题意识和问题框架,并展示了相互暗合的理论洞见。基于此,威廉斯认为文化研究必须在总体性的社会关系和系统内进行,必须从总体性的角度把文化分析与社会、政治、经济的研究紧密联系在一起。文化的演变与社会经济、政治状况的变化密切相关,表征了其与人类社会整体的联系并与人们的整个日常生活相统一。文化具有社会性和政治性,社会并不是一个中立的场域,人们是在社会这些共同条件下思考和感觉并创立文化的。

威廉斯用"漫长的革命"来描述社会的经济、政治和文化的整体变迁,社会是由决定系统（政治）、维持系统（经济）、教育和学习系统、生殖和养育系统四个相关的系统组成的整体,文化的革命是连续的社会整体过程的一个部分。人们应当努力把这个过程当作一个整体来把握,应该研究在整体生活方式中各要素之间的关系,并以新的方式视其为一场漫长的革命。威廉斯认为,应把文化作为生产活动和物质性的社会实践来理解,应考察文化的社会性和历史性的情景。文化生产和文化现象不再仅仅被看作纯粹文学作者的私人事情,而应该借助马克思主义关于社会历史之根的优势,认识到文化生产与社会实践之间的内在关联。

在工业革命演进过程中,基本经济组织无法摆脱和排除其道德和智性方面的关怀而独立存在，凸显了文化的重要作用。马克思通过为"工业主义"概念提供社会性和历史性的界定，阐释了社会和个体体验之间发生的相互转化的推动力，影响了人们对于文化问题的思考。马克思阐释经济因素的决定作用和经济变革所产生的塑造性的影响，但经济因素并不是在实践中孤立出现的，人们也无法在中立条件下观察经济变革，这涉及描述工业主义出现的文化环境，关涉到整体性的生活方式。即便是经济因素具有决定作用，它所决定的是整体生活方式，而文化涉及的是这个整体生活方式，而非单单与经济制度的关联。如果在文化的阐释方式中依据的不是社会整体，而是在经济状况和研究对象之间随意建立的武断关联，很快就会导致研究的抽象化和脱离现实的问题。

在 20 世纪五六十年代，曾有一种广为流传的文艺观，那就是自由个体是作为一个艺术家的首要前提。"这种观点认为：根据定义，艺术家应当是一个自由个体，要当艺术家就要当一个自由个体。"[1] 但是经由马克思主义的唯物史观熏陶的威廉斯却看出上述观点并不可以当作文学生产之真理，这种观点忘记了艺术家必须作为自由个体的思想是在 18 世纪末 19 世纪初才出现的一种历史产物，而在实际中，在任何一个艺术家的写作过程中，纷繁复杂的社会关系都起着非常重要的作用。绝大多数的普通作家对市场需求有着强烈的依赖，而早期某些所谓自由作家则是依赖赞助。市场引导和限制作家，把他们推向这个方向或者那个方向，只不过大多数的作家无法意识到"政治市场限制了我的自由"。而与流行的将个体自由当作艺术创作的前提的观点不同，马克思主义不过是清楚地告诉了人们，我们每个现实的个人都出生、成长和生活在一定的社会关系之中，这些社会关系和社会结构在我们意识到它之前就已经存在着，而且构成了此后我们进行文学写作或者艺术

---

① ［英］雷蒙德·威廉斯：《希望的源泉》，祈阿红、吴小妹译，译林出版社，2014 年，第 90 页。

创作时不断从中支取的经验,被我们提取为经验的语言、媒介、地域、民族和阶级等,甚至在我们还没有认识到深层次时就已经将我们定位。"一个作家从一开始就定位了,因为他出生在具有特定前景的社会环境中,出生在一定的语言环境中。"①而区别只在于萨特所说的,我们能否主动意识到那些包括我们自己和我们的实践在内的社会关系。

虽然威廉斯对马克思主义的接受过程是曲折复杂的,而且马克思主义在威廉斯那里越来越呈现出多个面向和复数的形式,但正是在马克思主义的理论视域中,在强调思想与现实之间的内在关联这一点上,威廉斯在《文化与社会》中将历史唯物主义的基本观点和英国的文学史相结合,用前者对后者进行系统考察,当然考察并非是"直接反映论"的。

可见,马克思主义强调思想与现实之间的内在关系,将文化置于社会关系、社会环境、社会结构、社会过程之中,这对威廉斯以及之前英国文学创作中的马克思主义传统颇有教益。但威廉斯却没有仅仅从"社会存在决定社会意识"的一般逻辑中去阐述文化理论,也没有将文化与其他社会领域做一种结构主义的还原,而是把文化置于整体的社会活动和历史过程之中,将其视作一种"整体生活方式",这与威廉斯对英国"文化与社会"传统的重视密切相关。

威廉斯对文化与社会发展的相互关系的探讨,对文化唯物主义的建构非常重要。威廉斯敏锐地觉察到工业化对社会和环境的影响,认识到当代社会复杂多样的分层结构以及大众文化所带来的生活方式与习惯的变革,这些都对社会的经济和政治产生了重要影响。正是在"文化与社会"传统和马克思主义传统基础上,在总体性的社会关系、社会结构和社会过程中探讨文化,威廉斯才创立了文化唯物主义。

---

① [英]雷蒙德·威廉斯:《希望的源泉》,祈阿红、吴小妹译,译林出版社,2014年,第95页。

二、构建文化唯物主义"关键词解释学"的方法论框架

(一)"关键词解释学":从词义的变迁审视生活和思想的变迁

威廉斯在分析"文化"概念和文化现象时,采用了"关键词解释学"的方法,这既是威廉斯学术思想的重要特征,也是威廉斯在文化理论方面的重要贡献。

1. 关键词解释学源于概念解析在现代文化生活中的重要作用

《文化与社会》的整个写作过程几乎是在不断地进行重新定义和重新表述。这种围绕几个词汇把某些社会思想集中起来的方法,在艾略特的《关于文化定义的笔记》中已经被采用。而当威廉斯于 1945—1946 年返回剑桥的时候,这种做法在利维斯和某些人类学家周围已经非常明显了。但是威廉斯将"关键词解释学"做了阐发,并形成了自己的理论范式,从而使得"关键词解释学"与威廉斯的名字密切关联。①

关键词解释学的必要性源于概念对理论的作用。现代社会大多数理论都是从一些基本概念起步的,并且带有这些基本概念的内在构成以及它们尚未解决却总被看作当然的疑难问题的固有特征。近代以来,自然科学和人文科学的兴起,都以一定的概念解释为其前提,概念—判断—推理成为现代科学的重要形式和内在要求。在这样的知识形式中,概念的清晰性成为一种知识和科学的重要标示。不仅自然科学要求概念的明晰性,人文科学也对概

① 自威廉斯以来,文化研究的关键词研究已成为文化研究的一种方法和新的学术增长点,出版多部文化研究关键词著作,如:约翰·菲斯克的《关键概念——传播与文化研究词典》(新华出版社,2004 年)、丹尼·卡瓦拉罗的《文化理论关键词》(江苏人民出版社,2006 年)、汪安民主编的《文化研究关键词》(江苏人民出版社,2007 年)、王晓璐等编著的《文化批评关键词研究》(北京大学出版社,2007 年)等。

念十分重视，尤其是关键词剖析更成为体系建构的前提性要求，比如不理解笛卡尔的"我思"、康德的"先验"就无法理解他们的哲学体系。可见，对于关键词的解释不仅是必要的，而且是重要的。这就是说，现代理论的发展需要对关键词做出解释，这就是"关键词解释学"产生的必要性原因。

在纷繁复杂的语词当中，如何挑选出关键词，肯定是一个见仁见智没有完全客观标准的事情。威廉斯在解释《关键词》的词条选择时指出："我是在两个相关的意义上称这些词为关键词：在某些特殊活动及它们的阐释中，它们是重要且相关的词；在某些思想形态中，它们是重要且具有指示性的词。"①这些具有指示性的相关词汇在历史的发展过程中要发生词义的变迁，词义的变化和新的意义的生成不仅表现为词语自身的逻辑演进过程，而且还承载着历史事件和历史过程本身。威廉斯对关键词选取的标准取决于词语在现代社会形成和发展过程中的重要性，认为"工业""民主""阶级""艺术""文化"是反映工业革命以来社会的经济政治结构变革和文化观念变迁的关键词。这五个关键词是现实社会最关键的词语，肯定无法取得完全的一致性。但是从威廉斯本人来看，他确实是在一个文化与社会传统之中按照其在现代社会中的重要性来选取这五个关键词，而且他希望这能够促进人们的共同理解，并成为人们扩展共同理解的重大动力。

威廉斯通过与马克思主义的接触，认识到语言不仅被看作文学范围内的事情，而且与政治、经济、生活领域密切相关。因此，探讨威廉斯的"关键词解释学"首先需要了解社会、经济与文化这三个领域在现代社会尤其是在现代英国中的关联问题。威廉斯注意到，社会、经济、文化这三个"领域"现在都各自标有一个概念，这是自工业革命以来才出现的历史性现象。由于现代思想对经济、文化、政治等各领域的划分，使这些领域被看作可以被单独研究、

---

① ［英］雷蒙德·威廉斯：《关键词：文化与社会的词汇》，刘建基译，生活·读书·新知三联书店，2005 年，第 7 页。

可以独立成为理论研究对象的主题。这就出现了各种"社会""经济"理论,且被看作是可描述的"领域"或被感受的实在,并不断添加出现一些"领域",如"心理学"理论、"文化"理论等。

但是威廉斯认为,这种隔离式的独立性理论研究方法,也不过是一定历史时期的产物。作为系统表述,虽然社会、经济、文化这三个概念的现代发展并不同步,但是其中每一个的发展凡是到了关键时期都要受到另外两者运动的影响,全部是从这些原本处在形成过程中的概念所蕴含的那些尚未解决的疑难问题中生发出来的。例如:某个问题究竟是"个体"问题还是"社会"问题,首先要注意到在"社会"这一概念的主导发展中尚待解决的恰恰是何谓"社会性事物"这一疑难问题。究竟该把"文化"当作"艺术"、当作"某种意义和价值的体系"来理解还是当作"整体生活方式"来理解,而它又如何同"社会"和"经济"发生关系? 这些疑难问题原本就存在于"社会"或"经济"概念之中,而且由于这些术语的抽象性和局限性,此种疑难问题又被传至"文化"概念之中。因此,唯有领悟了"社会"和"经济"概念的转义,才能理解"文化"概念产生的新意义。每一概念都随着不断变化的历史和经验发生着交互作用。换句话说,威廉斯不是把社会、经济、文化当作三个不同的领域,而是当作具有密切关系、互动的整体。

2. 威廉斯对关键词变异性的强调及其政治关怀

威廉斯察觉到语言发展过程中词义具有变异性。关键词意义的变异性成为威廉斯关注的重点。在威廉斯看来,语词意义的变化绝不仅仅是语言学范围内的事情,而且是对社会变迁的反映,从语词的演变尤其是关键词的演变过程中可以发现其对不同历史时期、不同阶层的人们的社会生活经验以及对经验变迁的解读。语言是一种持续性的社会产物,是各种变化、利益和关系争夺支配地位的竞技场。因此,关键词意义的转变必然会产生社会差异性并表现在不同的价值观中,在语言有时缓慢而有时快速演变的过程中,政治、宗教、经济等领域中重要的观念也会发生显著的改变。威廉斯在《关键词》一书中探讨了各关键词在语言演变过程中词义的变化以及彼此之间相关性、互动性的关系,彰显的正是词与词之间的"关联性"(connection),强调词汇间的相互影响(interaction),着重考虑到了词义的变异性,并试图呈现出各关键词的"主流"和"非主流"含义。①

威廉斯指出,词语的使用和词义的演变与社会历史的发展进程是一致的,既反映了社会历史的演进过程,也因为与政治经济利益和社会存在的合法性问题关联,作为一种力量参与到社会发展中而改变历史的进程。威廉斯在追溯关键词的词源时尊重历史的原则,强调历史意识,在对历史和文学出色理解的基础上,把他自己的文化政治观点也渗透进解释之中,在词源学上的兴趣与他的政治关怀难分彼此。这既体现在威廉斯选取关键词的原则上,也表现在对关键词的具体解析中。在《关键词》中,威廉斯追溯和归纳关键词的主导意义,并从词义的主导定义之外探寻其边缘的含义。威廉斯指出,在社会历史发展过程中,许多词的重要含义都是由主导阶级或某些行业所强调、形塑甚或操控,因此必然会使有些词义被忽视以至边缘化,而这些边缘含义既有其存在的合理性,也可能在其发展过程中提升为主导意义。《关键词》所探讨的词是一些在社会、文化等领域中的重要词汇,这些主要词汇都曾真实地在历史或社会场景中再现,其词义经由长期延续与变化而流传至今。威廉斯对语词的"边缘含义"的重视,与他对弱势阶级、非主流文化的关怀有很大关系。

威廉斯强调词义产生的社会语境及词义演变的历史过程,认为关键词在历史发展过程中发生的词义变迁,既呈现词语自身延伸的历史过程,也承

---

① 约翰·艾瑞基(John Eldridge)、莉姬·艾瑞基(Lizzie Eldridge)归纳出了威廉斯《关键词》所具有的"关联性"特质,可参见 John Eldridge and Lizzie Eldridge, *Raymond Williams: Making Connections*, Routledge, 1994, p.98.

载着历史发展演进的内容。只有回到词语含义发生变化的历史语境，才能把握词语本身。这也是威廉斯在《关键词》中的方法和所构造的一种一般理论，使得威廉斯的著作和思想具有明显的历史维度。在一定意义上来说，威廉斯在《关键词》里的分析模式属于"历史语义学"（historical semantics）的讨论方法，在探讨词义演变时不仅强调词义的历史源头，还注重社会的"现在"风貌和词语的"现在"含义，肯定现在与过去的"共联关系"（community），但也承认"共联关系"不是唯一用来说明过去与现在关系的词汇，同时也须承认的确有变异、断裂与冲突之现象，且这些现象持续发生，成为争论的焦点。在这里，我们可以看到动态历史的分析成为威廉斯关键词解释学的重要特征。

而且需要注意的是，威廉斯对关键词的解析是将词语放到整个社会背景和历史演进过程中进行的，他不仅仅是对关键词在历史上所出现的语词定义进行简单地列举、查阅或订正特殊的用法，而且还深入挖掘了这些词语发生变化的社会根源和不同含义之间的争议。可见，语言与社会之间的关系是威廉斯进行关键词解析的关键，换句话说，威廉斯在《关键词》中的分析重点是针对社会和历史层面的。如果关键词的解析没有深入到其社会历史根基中，那就不能形成真正的关键词解析，而这可能就是最能体现威廉斯关键词解释之功力的地方。

《关键词》中所讨论的词语不仅包括可能具有的词义，还包括与它们的原初意义确切相反的意义。威廉斯认为，在理论层面他强调了这样一个事实，就其动态意义而言，语言是一种持续性的社会产物，它是各种各样的变化、利益和关系争夺支配地位的竞技场。语言不仅仅是后来在人群中得到复制的任意符号的创作，语言作为符号的创造呈现了一个既定社会中可变的和经常被颠覆的各种社会关系，因而进入他们之中的是使用这种语言的人们之间相互对立、充满冲突的社会历史，包括了符号之间在任何特定时间的各种变化。这也涉及对把语言当成一种共同财产的理想主义描述的拒绝，这种观点主张,语言是一种从各个时代传承下来的一系列遗产,它建立的基础是对在历史上被特别变形和颠倒了的事实的抽象,然后提出一种单一的意义传统,并坚持用这种意义来支持特定的当代价值。

(二)描绘现代生活和思想变迁地图的关键词解析

威廉斯认为,可以把一些重要词汇的总体变化范式看作一幅特殊的地图,借助这张地图我们可以看到那些与语言变迁密切相连的生活和思想领域的变化。"工业""民主""阶级""艺术""文化"这五个词语对于描绘这份地图至关重要:这是因为这些词记载了社会生活变化的影响,表明了社会分化在性质上的转变,记载了人们相关态度的变化,或者说,是基于已经变更了的社会结构和社会情感而建立的,描绘了与语言变化相关的生活和思想领域发生的广阔变迁。这五个关键词在英语里常用的词汇在现代获得了新的意义,这些词语用法的变化是人们对共同生活所持的具体看法普遍改变的体现,见证着人们在社会生活变迁中思维方式发生的总体变化。威廉斯通过对这五个关键词的解读和其意义变化的历史剖析,考察它们与该阶段英国的政治经济、社会结构、社会制度和社会生活的关系,实际上是在考察文化与社会的关系,这亦是对"文化与社会"传统的重建。

1. 工业、民主、阶级:一种新的社会秩序

威廉斯对"工业"一词进行了关键词的考察。"工业"(industry)原本指人类勤勉的特质,可以解释为"技艺、努力、坚毅、勤奋"。Industry 从 15 世纪就出现在英语中,最早的词源为拉丁文 *industria*,其意为 diligence(勤勉),与 sloth(怠惰)、dullness(迟钝)形成对比。在一些特别用法中,指的是工作方法和设备。这两种含义可以由现代用法的形容词 industrious 与 industrial 区别开来。Industry 意义的改变发生在我们现在所说的从 18 世纪开始的工业革命(Industrial Revolution)时期,指生产或交易的一种或一套机制,用来描述生

产制造体制及其一般活动。Industry 自被定义为"一种机制"以来,其含义随着两个衍生词的出现有了很大变化:工业革命(industrial revolution)和工业主义(industrialism)。Industrialism 这个词在 19 世纪 30 年代由卡莱尔引进,意为新兴的社会秩序——立基于系统性的、机械式的生产。Industrial revolution 是汤因比(Arnold Toynbee)在 1881 年的演讲中首先使用的,其含义与"生产技术的革新"有关,并衍生出"新的社会秩序的形成""社会的变迁",指涉工业的主要变迁会造成新的社会秩序,并保存两种含义——一系列的技术发明和"工业资本主义"的社会变迁机制。从 19 世纪初开始,由于 industry 与有组织的机械生产及一系列的机械发明结合在一起,而具有一个主要含义,指的是那种类型的生产机制,"重工业"(heavy industry)与"轻工业"(light industry)的区别也由此产生。这种将 industry 视为工厂的生产,以及将 industry 视为其他有组织的工作的看法,在 20 世纪中叶是很普遍的且现在仍然通行。从前被看作是非工业的(non-industrial)服务业,在经历资本化、组织化与机械化的过程后,也获得持续不断地发展。

"民主"(democracy)这个词源自希腊语 *demokratia*,其含义由 people 和 rule 所组成,意为"由人民来治理",并在法国大革命时期成为英语词汇,体现了美国独立战争和法国大革命在英国的影响,记录了英国人争取"民主代议制"(democratic represenation)的关键阶段。民主含义的转变与"代议制民主"的含义和对"the people"的诠释有关,在社会主义和自由主义传统里现代民主的两个含义产生了分歧,前者指"群众的力量"并强调"多数人的利益",后者意指人民可以公开选举代表以及拥有言论自由等民主权利。

"阶级"(class)一词的含义在 18 世纪末开始具有现代构架,从"描述社会分工"这个特殊的含义成为一个指涉任何群体的普遍语词和一种描述社会组织的特别语词,其丰富用法展现了社会等级的分化,表明在这个历史阶段中社会等级分化的性质的转变,也清楚地记载了人们相关态度的变化。

Class 这个词取代其他意指"社会分层"的旧名词，其词义演变与人们的认识有关，基于工业革命所带来的经济变化、政治冲突和个人的流动以及不断创造新阶层的"社会"或特殊的"社会制度"的新含义，人们越来越相信"社会地位"是建构的而不是继承来的。19 世纪的阶级概念与英国社会结构的变化和人们对此的体知紧密关联，当时英国不仅经历着工业革命，也处于民主政治发展的关键时期，使阶级一词在经济层面的区分不可避免，并从 1830 年起成为政治上的普遍用法，产生了"中产阶级"（middle classes）、"工人阶级"（working class）等通用词汇。

威廉斯指出，作为体制的"工业"始于 1776 年左右，"民主"也大约在同时期成为一个实践用词，"阶级"的最重要的现代意义可追溯至 1772 年前后。这三个词词义的变化是对一系列非常重要的技术革新及其相应的生产方式变革的认可，同时也是对由此引发的整体社会变革的一种默认，看到了在历史发展过程中通过某种变革模式创建一个新型社会的过程。因此，不管反对工业革命的理由是根据它所带来的彻底的无序与混乱，还是在新的社会关系中必然形成的政治斗争，对工业革命的反对程度掩盖了劳动过程本身的各种根本性变化。这些变化反过来影响人们关于自然的观念，影响了人类社会与物质环境之间的关系。工业革命极大地改变了英国和世界历史的整体进程，改变了以往的民主秩序、乡村结构、人的生存活动方式，其对于社会不同阶级和阶层带来的巨大冲击，为民主、阶级、艺术、文化等概念的现代含义的形成和改变奠定了基础。这也使人对工业革命产生不同的反应，总体上分为"功利主义"和"文化主义"两个主要传统。"文化主义"传统认为工业革命之前的和谐、有机的文化被工业文明所侵蚀，开始批评工业主义的强大传统，认为摆脱文化危机的出路在于重建"有机共同体"，以对抗机械性的工业资本主义文明。威廉斯致力于重新建立对工业资本主义的批判，把它看作一种人类的社会秩序，力图站在大众文化的立场上消解精英与大众的对立并建立"共同文化"。

2. 艺术、文化：对共同生活变化的普遍反映

"艺术"（art）原本用来描述一种人类特质——"技巧"（skill），到了 18 世纪它变为一种体制、一种团体活动，普遍与具有创造力（creative）和具有想象力（imaginative）有关。"艺术"含义的变化记录了人们对艺术活动与人类其他活动关系认识的变化。在政治、社会和经济变迁发生的同时，艺术、艺术家及其社会地位的观念也在经历着剧烈变化，主要有五个方面的变化需要注意：第一，作家与读者的关系发生了本质的改变；第二，在对待公众（the public）方面，正在形成一种不同的习惯态度；第三，艺术创作逐渐被视为众多专业化生产的一种，其生产条件与一般生产条件无甚差别；第四，艺术展现"高级真实"（superior reality）的理论以及由此而来的"想象真理"（imaginative truth）日益受到重视；第五，独立的具有独创才能的作家、自主的天才，日益成为一种常规。艺术家们承载着创造力与想象力，他们认识到自己身上体现出的革命性并与"生活革命"相关照，把艺术活动与普遍完善的观念结合在一起，使艺术成为文化观念的一个重要来源。

威廉斯认为，"文化"（culture）概念由"对自然成长的照管"类推为人类的训导过程，并在这一时期经历了四个转变：一是文化从对植物生长的照料变为对人思维习惯的培养，二是文化指称社会整体知识的发展状况，三是文化指称所有的艺术，四是文化泛指包括物质、精神和知识在内的整体生活方式。威廉斯希望把"文化"的诞生看作一种抽象物（an abstraction）和绝对物（an absolute）的展现过程，而这个过程以一种复杂的方式融合了两种普遍的反应：其一是承认某些道德与智性活动实际上有别于那些推动社会发展的力量；其二是强调这些活动——作为集中体现人类兴趣的领域——其地位不仅高于那些注重实效的社会判断过程，而且他们本身还具有缓冲和整合后者的作用。但在上述这两种意义中，文化都不只是对新生产方式和工业革

命的反映,而且还是对民主政治和阶级革命等新问题的一种复杂而激烈的反映,并关涉各种全新的社会关系。

威廉斯在这里强调文化与现实社会的不同,文化作为另一种社会方式而独立存在。更进一步讲,尽管这些特定的外部范围对"文化"的意义形成产生过诸多影响,但与此同时"文化"也朝着一种个体的、显然更为私密的经验领域发展,而这一点必然将对艺术的含义与实践产生显著影响。这些虽是文化观念形成的最初阶段,但其历史发展同样重要。因为承认道德和智性活动的独立性,以及集中体现人类兴趣,是构成"文化"的最初含义。当与一种"整体生活方式"相结合时,文化成为一种衡量人的品性的标尺,是我们解释共同体验和经历的分析模式,而在这种新的解释方式中,它也在改变着我们的共同体验。

威廉斯指出,基本的经济组织无法脱离或排除其道德和智性方面的关怀而独立存在。但工业社会把人置于经济的必然性之下并将人看作专业化的生产工具,这就更凸显出道德和智性关怀的必要性,通过对共同的人性的强调来激发人的创造性想象与能量,来对抗工业社会的个体主义和经济至上理念,反击和批驳占主导的政治经济学的各种预设。艺术作为"高级现实"这一观念的一个积极结果是,他为重要的工业主义批判提供了直接基础;其消极后果是,当情况恶化后,两者之间的对立变得严重时,这种观念会把艺术孤立起来,使想象力属于独此一类的活动。这反而削弱了想象力的作用,也体现了作为艺术的文化观念和作为"整体生活方式"的文化观念之间的差别。

3. 民主、工业和文化的长期革命:社会生活的整体变迁

威廉斯将"文化"与"阶级""艺术""工业""民主"这四个词汇相关联,是因为这五个词属于同一种思想和历史结构。这五个词在英语中意义的转变和现代含义的确立都发生在同一时期且具有内在的关联性,记录了人们对

这一时期在社会、经济、政治等领域巨大的历史变革而作出的思想和情感上的反映。

威廉斯认为，文化观念记录了人们在思想和情感上对共同生活状况所发生的普遍重大的变化而作出的普遍反映，其基本成分是努力进行整体性质的评估，文化一词的现代含义的出现表明了朝向整体性质评估的努力过程。威廉斯指出，文化观念的形成过程即对共同生活总体形态变化的反映、审视和掌控过程，受到工业、民主、阶级、艺术的含义发展和界定的影响。威廉斯通过对工业、民主和艺术三个问题的态度和观念转变过程的梳理，发现每一个问题都呈现为"正—反—合"三个阶段。

在工业发展中，由对工厂制度所体现的机器生产和社会关系的拒斥（rejection）阶段，演变为对机器生产的对抗情绪即孤立（isolation）阶段，进而在当代表现为逐渐接受了机器生产和工业化生产体系中的社会关系。在民主问题上，第一阶段关注大众至上对少数派价值的威胁，重点在于对新兴群众力量的普遍怀疑；这反过来导致一个完全不同的趋势，重点落在对共同体、对有机社会观念的强调，以对抗主导的个体主义伦理和实践；第二阶段在20世纪，第一阶段的恐惧再次强烈复苏，恐惧的是大众沟通这个新世界中所谓的"大众民主"（mass democracy）。在艺术问题上，第一阶段强调艺术的独立价值和其所体现的特质对于共同生活的重要性；随之而来的是强调艺术自身的价值，有时会强调把价值从公共生活中分离出来；第三阶段则着意把艺术和共同生活重新结合起来，这种努力的核心是"传播"（communication）一词。

在这三个问题上可以按出现的先后顺序分别列出其观念发展的不同阶段，相关的各种观点都是持续存在的，其中各个时期又各自有其占特殊地位的明显特征：从1790到1870年的第一阶段，人们在努力形成一种面对工业主义和民主新兴势力的普遍态度，从这个时期开始了主要分析，出现了主要观点和描述方式;1870 到 1914 年间,探讨的话题逐渐分裂为更狭窄的领域,对艺术的态度出现了独特的专业化特征,在一般领域中则是对政治的直接关注;1914 年以后,人们不仅关注那些传承下来的问题,也开始关注大众传播媒体的发展和大规模组织普遍发展而带来的那些新问题。

威廉斯坚持认为各种各样的社会活动密切地交织在一起,它们在现实中从来是不可分割的;其次,既然它们在我们的经验中实际上是同时发生的,那它们在整个社会的形成方面必定具有同等重要性。威廉斯在分析和批判工业革命以来的一些思想家对社会中形成的思潮采取规避的态度时指出,工业革命促使劳动过程发生根本性的变化,带来了社会秩序和社会关系的改变并形成新的政治斗争,这些变化反过来影响人们关于自然的观念和人类社会与物质环境之间的关系。①威廉斯认为我们正经历着包括民主革命、工业革命和文化革命在内的一场漫长的革命,它们共同构成了长期革命,这三种实践过程之间相互关联。民主革命关涉到人民当家作主和作出自己的决定的权利,而不是把这种权利让渡给任何一个特定的群体、族群或阶级。工业革命以巨大的科技进步成为其后援,夺取了人们对经济的关注。

关于文化的革命,我们不能低估那种把积极的学习过程(连同识字的技能以及其他的先进传播方式)推广到所有人身上而不只限于某些群体的渴望,必须把它看得和民主的发展以及科技工业的兴起同等重要。威廉斯阐明了此前相互分离的不同因素之间的联系,将重点转向研究整体生活方式的不同要素之间的关系,指出民主革命、工业革命和文化革命是一个相互结合的过程,"漫长的革命"是民主革命、工业革命和文化革命三种相互联系的社会发展趋势的最终结果。我们"整体生活方式"都深受工业发展、民主政治进程和文化革命的影响。威廉斯认为,如果想要理解理论上的危机,理解我们

---

① 参见[英]雷蒙德·威廉:《政治与文学》,樊柯、王卫芬译,河南大学出版社,2010 年,第 88 页。

的真实历史或是我们目前现实状况以及转变的条件，那就必须始终努力把这个过程当作一个整体来把握。在这里，威廉斯通过对工业和民主两大现代社会主题的分析和批判，指出其理论归旨是文化革命这一实质内涵，并提出了实现真正意义上的自由与平等这两大目标。

三、对文化的重新界定：文化唯物主义理论范式的核心

文化作为现代理论和实践主要领域的核心地带，不仅体现为种种成果，而且也体现为它借以发展的种种矛盾。威廉斯认为，只有对文化概念进行自觉的探究才可能进行文化分析，因为它是最基本的概念亦是我们由之起步的概念，而唯有到这些概念当初形成的地方，才能重新探究它们的实质。威廉斯指出，马克思提出关于历史的现实基础即是生产和自身生产过程的观点，强调"人类自己创造自己的历史"，这是其文化理论的出发点，构成了文化唯物主义的思想基石。

（一）威廉斯对"文化"的关键词考察

在现代任何一种文化理论中，概念上的复杂性是造成巨大歧难的根源，而对"文化"概念的探究更是如此。威廉斯指出，文化一词就是英文里两三个比较复杂词语中的一个，其复杂性主要表现为词义演变的复杂性和用法的多样性，一方面在于文化一词词义有着非常复杂的发展演变的历史过程，另一方面在于文化一词同时被应用于多个领域和学科之中，且在众多学科领域和不同的思想体系中都被当成重要的概念。置身历史发展的广阔语境中来考察"文化"这一概念，会发现它对于所有其他概念的界定和理论的阐释都产生了巨大的影响。其巨大的影响力往往被看作是它的优点，而从给文化下定义的角度或对文化的内涵进行理解的角度来看，这又是造成文化概念

本身难解之处的根源。各种语言之间，正如一种语言内部之间，词语具有复杂的意义，各种含义之间也具有变异特性，这显示了词语背后隐藏着的思维方式和理论观点的差异或重叠，也包含着对人的活动、社会关系和历史过程的不同观点。"文化"这个词所具有的复杂性，体现在不同的含义所呈现的问题里。"文化"作为一个在概念和指涉上都极为复杂的词汇，威廉斯的目的是要描述和分析这个综合体，从历史渊源和意义结构上展现其形成的历史过程和相伴而生的广阔的思想运动。

威廉斯没有对上百个文化的定义做辨析和分类，而是从文化不仅体现为成果而且体现为发展矛盾这一点说起，对文化进行了关键词解释学的考察，梳理文化一词历史语义的发展过程。英文中的 culture 是一个派生于自然的概念，源自拉丁语"caltura"和古法语"couture"，意指耕作、培育、居住等。在早期的用法中，culture 是一个表示"过程"（process）的名词，意指"对某种农作物或动物的照料"[①]。16 世纪初，"照料动植物成长"之含义被延伸和扩展到"人类发展的历程"，通常意为针对某个对象的教化，在 18 世纪晚期成为 culture 的主要含义。在 culture 的词义演变过程中，有两个显著的变化：一是通过隐喻的方式使得文化"人为的照料"的含义变得突出并逐渐变为主导含义，二是将文化所表示的几种特殊活动过程扩大延伸为一般普通的活动过程。正是由于后者的词义演变，"文化"这个独立的名词开始了它复杂的演变史，使得隐藏的词义有时候相当接近，以至于无法确定各个衍生词义形成的确定日期。作为独立名词的"文化"在 18 世纪之前不被重视，在 19 世纪中叶之前也不是很普遍，到了 19 世纪后半叶却转义为一种自在之物——"文化"。威廉斯指出，在这一时期文化具有相互关联的四层含义："它的第一个含义是'心灵的普遍状态或习惯'，与人类完美的观念有密切联系；第二个含

---

① ［英］雷蒙德·威廉斯：《关键词：文化与社会的词汇》，刘建基译，生活·读书·新知三联书店，2005 年，第 102 页。

义是'整个社会智性发展(intellectual development)的普遍状态';第三个含义是'艺术的整体状况';到了19世纪末产生了第四个含义,'包括物质、智性、精神等各个层面的整体生活方式'。"①

在梳理了"文化"一词内涵持续和复杂的演变过程后,人们从自己学科和研究的需要或立足自己的立场,往往选择一种含义并赋予其"真实的"或"科学的"含义,并将其他含义作为不严谨的存在或因其歧义性而将之予以排斥。但是文化概念本身是复杂的,这种复杂的含义是基于它所表征的复杂的关系:一方面是普遍的人类发展与特殊的生活方式两者间的关系;另一方面是上述二者与艺术作品、智能活动的关系。威廉斯主张,文化作为一个具有复杂历史内涵的概念,需要区分历史上对文化所进行的三个类别的应用:"第一个是独立抽象的名词——用来描述18世纪以来思想、精神与美学发展的一般过程;第二个是独立的名词——用来表示一种特殊的生活方式(关于一个民族、一个时期、一个群族或全体人类);第三个是独立抽象名词——用来描述关于知性的作品与活动,尤其是艺术方面的。这通常是现在最普遍的用法:Culture是指音乐、文学、绘画与雕刻、戏剧与电影。"②第三类用法在时间上较晚出现(19世纪末20世纪初),它由第一类的含义衍生出来,这种指涉思想、精神与美学发展的一般过程的概念,被有效地应用,进而延伸到作品与活动之中。

"文化"一词被广泛地运用到多个学科领域,并根据学科属性和研究对象选取文化的不同含义。作为考古学和文化人类学中的重要概念,"一种文化"主要是指这种社会形态下占主导的物质生产,而历史学与"文化研究"主要是从"表意的"(signifying)或"象征的"(symbolic)体系来探讨文化。这代表

---

① [英]雷蒙德·威廉斯:《文化与社会》,高晓玲译,吉林出版集团有限责任公司,2011年,第4页。

② [英]雷蒙德·威廉斯:《关键词:文化与社会的词汇》,刘建基译,生活·读书·新知三联书店,2005年,第106页。

了对文化的两种典型界定,而二者之间的关系常被隐藏起来,并经常变得困惑难解。在英语中,经过阿诺德对文化观念的强调和阐释,文化观念开始强调知识的优越和艺术的精致优雅,并与通俗或流行的文化、艺术和娱乐相区别,实际上"文化"内涵的界定和区分与英国社会阶层的划分相一致,并在发展中使得人们对"文化"这个词产生敌视。因此,"文化"一词内涵的演变展现了社会文化的发展历程,记录了社会发展的真实历史过程,文化及其衍生词如"亚文化""次生文化"日益受到重视并成为新的研究领域,文化的社会学与人类学的含义持续地扩大,彰显了文化与日常生活合流的趋势及其重要性的不断提升。

(二)文化的理想状态、文本状态、社会实践状态

在对"文化"进行关键词考察并梳理其含义演变历程的基础上,威廉斯归纳出文化的三种定义,即文化的"理想的""文献的"和"社会的"定义,这也是文化的三种类型或存在形态。第一种类型是"理想的"文化,"这种意义上的文化是人类根据某些绝对的或普遍的价值而追求自我完善的一种状态或过程。"①根据这一文化的定义,对文化进行分析就是发现和描述某些构成了永恒秩序或与人类的普遍状况密切关联的价值,这些价值存在于人的生活中或体现在某些文学艺术作品中。第二种类型是"文献的"文化,"这种意义上的文化就是思想性作品和想象性作品的实体,人类的思想和经验以各种方式被详细地记载下来。"②根据这一文化的定义,作为知性和想象作品的文化存在和体现于各种类型的实体性文本中,通过文化批评的活动记录着人在社会发展过程中的思想和经验,从相关的作品中能看到人的活动与其所处的传统和社会之间的关联。第三种类型是"社会的"文化,"这种意义上的

---

①② [英]雷蒙德·威廉斯：《漫长的革命》,倪伟译,上海人民出版社,2012年,第50页。

文化是对一种特殊的生活方式的描述，它表现了不仅包含在艺术和学识中而且也包含在各种制度和日常行为中的某些意义和价值。"①根据这一文化的定义，文化就是体现在人的生活方式中的意义和价值，涵盖了从艺术、学识到各种制度和行为，进行文化分析就必须阐明某种特殊的生活方式中或显现于外或隐含于内的意义和价值。

威廉斯着重强调文化的"社会的"定义，认为这种定义方法带来了文化研究方法论上的变化，使文化研究面向"生活经验""生活方式"及人的日常生活。这就扩展了文化分析的范围和界限，将"理想的"文化和"文献的"文化囊括进来。这种文化分析既包括与特定的传统和社会紧密相连的思想性和想象性的作品，也包括对社会秩序和永恒价值的构筑与描述，还包括对内含于生活方式中的各种要素进行的分析和探讨。这些内含于社会过程的因素既有构成社会经济活动的生产组织，也包括构成社会基本细胞的个体家庭结构，还体现为表征现实社会关系的制度结构体系，以及体现人与人之间沟通机制的各种社会关系。因此，这种文化分析所关涉的对象的范围不断扩大，从"理想的"文化定义所强调的普遍秩序和永恒价值，到"文献的"文化定义所侧重的对思想和经验的记载，再到"社会的"文化定义把阐明一种特殊的生活方式的意义和价值作为目标，都涵盖在文化分析之中，通过对这些文化类型的变化模式和发展过程的研究，去探寻文化发展中的"趋势"和"规律"，进而从整体上理解社会和文化的发展及相互关系。

威廉斯对这三种类型文化之间的关系坚持一种整体论的解读，认为在"理想的""文献的"和"社会的"这三种文化定义中，每种文化类型都标明一个领域而具有独特的指称，不应仅在区分的意义上而是应该从它们之间的相互联系来关注和理解文化，完整全面的文化理论必定要把这些文化定义

---

① ［英］雷蒙德·威廉斯：《漫长的革命》，倪伟译，上海人民出版社，2012年，第50~51页。

所指称的领域内的事实包含于其中。与之相反,排斥了其他种类指称的归类和定义都是不充分的。上述三种定义共同构成了所要描述的"文化":要寻找各种意义和价值以及关于人类创造性活动的记录,当然不能只局限于艺术作品和思想性作品,各种制度和行为方式也应该纳入视域。同时,我们对过去的社会以及我们对这些社会以往各阶段的认识,在很大程度上都依赖于那些至今仍有着强大感染力的思想性作品和想象性作品。

威廉斯指出,在把文化当作一个术语来使用时,不能只看到其意义和指涉之多变所造成的弊端,它可能会阻止想给文化下一个精确的专有定义的任何努力,所以必须视其为一个真正复杂的综合体,文化是与经验中的真实因素相对应的。完整的文化理论必然包括文化的这三重定义,涵盖这三个定义所指向领域中的事实,如若排除这三重定义之间的联系而以某一单一定义来建构文化理论,必然是不充分的:"理想的"定义试图把它所描述的过程从它在特定社会里的具体的表现形态中抽离出来,主张人的自我完善就是对人肉体性的反抗和物质需求的拒绝,"文献的"定义只看到了文字记录和绘画记录的价值而把这个领域跟社会中的其他人类生活区分开来,"社会的"定义把艺术和学习的整个过程或主要部分只当作一种副产品、是对社会现实利益的消极反应,这些看法都是片面的或错误的,所以必须把这个过程视为一个整体并把具体研究和现实中的复杂组织联系起来。

威廉斯从"社会-历史"的角度区分了文化的三个层面:亲历的文化(在具体的历史语境中正在被体验的文化)、记录的文化和选择性的传统文化。威廉斯指出,进行文化分析时,需要从亲历的文化、记录的文化和选择性的传统文化这看似相互区分实则有机联系的三个方面入手,正是在反思、辨识、选择、接收、重释的过程中才形成动态的文化传统并构成文化整体。亲历的文化是生活在某个特定时代和地方的人所亲自经历的"活"文化,只被"亲历者"或"当事人"所充分理解和完全享有;被记录的文化(文献文化)具有阶段性特征,将某一时期从艺术到日常事务的一切都包罗其中;选择性的传统文化是经过历史选择和再阐释保留下来的文化,它是联结活文化和某个时期文化的因子。①亲历的文化和记录的文化通常经过历史选择被保存下来形成动态的文化传统,选择性的传统文化对于理解三种层面的文化具有重要的意义。选择性传统在"亲历的"文化层面创造出一种普遍的人类文化,在"记录的"文化层面上留下了某个特定社会的思想和经验的历史记录,在"选择性的传统"文化层面上是废弃了以往的活文化的大片领地。在一个特定的社会结构和社会关系中,选择性传统会受到各种利益、社会状况、社会的发展以及历史变迁过程的制约,使其倾向于顺应当代的利益体系和价值体系,表现为一个不断进行选择和阐释的过程。威廉斯非常强调文化这三个方面的完整性,因此文化分析就是"去发现作为这些关系复合体的组织的本质",即"对整体生活方式中各种因素之间的关系的研究"。②这与威廉斯在《马克思主义与文学》中对主导、残余和新兴这三种文化霸权过程的阐释相一致和呼应。

威廉斯对文化三个类型的定义是在继承前人文化定义的基础上提出来的。理想型的文化定义是对阿诺德"最好的思想和言论"的继承,文献型的文化定义是对利维斯"优秀文学作品"的认同,社会类的文化定义对"整体生活方式"的强调是对艾略特"整体生活方式"的沿袭。威廉斯在强调文化与社会的互动关系的基础上,把这三种类型的文化相互关联起来并融为一个整体,其中最为关键的是威廉斯对于"整体生活方式"的重视,克服了以往对于文化概念的静态式的解读方式,把文化放到社会性和历史性视域中,开启了将文化视为动态的"构成性"的活动过程。

斯图亚特·霍尔在评价威廉斯《漫长的革命》中关于文化的定义时指出,

---

① 参见[英]雷蒙德·威廉斯:《漫长的革命》,倪伟译,上海人民出版社,2012年,第58页。

② [英]雷蒙德·威廉斯:《漫长的革命》,倪伟译,上海人民出版社,2012年,第55页。

"它将整个辩论的基础从文化定义的文学－道德层面转移到了人类学层面。但现在它将后者定义为'整体性过程',通过这个整体性过程,文化的各种意义和界定在社会中被建构起来并在历史中得以改变,而文学和艺术只是社会传播的方式之一,尽管享有某特殊的权利"①。威廉斯的文化概念为文化研究的兴起奠定了理论基础,也为以后大规模引入来自欧洲大陆的包括马克思主义和结构主义在内的各种分析方法扫清了障碍。

(三)作为"整体生活方式"的文化:文化唯物主义的核心

威廉斯对 18 世纪以来的"文化与社会"论争中的两条轨迹——通往以"和谐的完美"为特征的"有机社会"(过去)和指向社会主义乌托邦(未来)——的考察,在《文化与社会》中列举了这一时期英国思想家关于文化的四种特殊定义:作为个体的思想习惯、作为全社会的智力发展状况、作为艺术、作为一个人群的整体生活方式。在《文化与社会》一书的结论部分,威廉斯首次提出自己关于文化的界定:"文化不仅指智力和想象的作品,它也指并且本质上指整体生活方式。"②文化唯物主义的理论基石是威廉斯对文化的"整体生活方式"的界定,"整体生活方式"构成了文化的本质,人性本身是一个"文化"所包含的"整体生活方式"的产物。③从"整体生活方式"出发,把文化看成一种总体性的存在和人的整体生活方式的展现,将人在其生活过程中的所有活动和思想都划入文化之中,拓宽了文化主题的范围,这也是一种现实生活的轨道。

关于"整体生活方式"的文化定义在威廉斯的思想发展中展现出一个含

---

① Stuart Hal, *Culture Studies and the Centre:Some Problematics and problems. In Culture,Media, Language* (Edited by Stuart Hall,Dorothy Hobson,Andrew Lowe and Paul Willis.),Hutchinson,1980,p.19.

② [英]雷蒙德·威廉斯:《文化与社会》,高晓玲译,吉林出版集团有限责任公司,2011 年,第 337 页.

③ 参见[英]雷蒙德·威廉斯:《文化与社会》,高晓玲译,吉林出版集团有限责任公司,2011 年,第 4 页.

的方式显著强调了生动的社会秩序机理，通过与内在主观经验的联系而比社会这个词更精密；其次，文化的另一含义是它能表明社会秩序在一个特定领域内的同化作用；最后，文化具有社会所没有的强烈的规范性成分。"①威廉斯认为，文化作为一种过程，在历史上它是耕作和培养的意思——它是一种活动，但是社会看上去是非常固定的。同时，文化一词已经被古典主义转变成一种由各种价值和观念组成的永恒不变的整体。

威廉斯用唯物主义术语讨论文化本身，而许多宣讲经济首要地位的马克思主义者从来没有使用过这种方式，他们倾向于把文化和经济分割为不同的领域，把文化视为不那么有形的实体，相对而言不能贴上物质实践的标记，而经济则被用来专指物质生产和机器、消费资料的再生产。威廉斯指出，马克思坚持认为文化与我们整个生活的性质是密不可分的，强调文化与经济发展、政治变革以及阶级革命之间存在着必然的联系。威廉斯指出，马克思主义者在使用"文化"这个术语时总是指一个社会的智性和想象力的产物，这一点与他们无法恰当使用"上层建筑"这个词是相互联系的。但马克思同时也强调社会现实中所有因素是相互依赖的，而且在分析中强调社会整体过程中的运动和变化，所以应该把"文化"看作整体生活方式，这是合乎逻辑的，也可以杜绝我们所批评的那种机械做法。

威廉斯指出，"文化"概念在其发展过程中展示了复杂性，这与人的现实活动构成要素的复杂性紧密相联，虽然会给文化研究带来一定的困难，但这并不是其缺点而是其优点的体现。这也导致在文化研究的发展中围绕文化理论的内容展开了争论：一种观点认为"文化"是一个表示"内在"过程的名词，指"艺术和精神生活"的成果；另一种理论则主张"文化"是一个表示一般过程的名词，指示"整体生活方式"的社会过程和形貌情状。这种学识上的歧

---

① [英]雷蒙德·威廉斯：《政治与文学》，樊柯、王卫芬译，河南大学出版社，2010年，第143页。

难从一开始就是一个突出的问题。前者对"艺术"和"人文科学"的定义起到重要作用,后者对"人文学科"和"社会科学"的定义同样起到重要作用。这种对文化的不同理解持续地存在着, 每一种意义总是在否认这一概念的另一种用法的正当性,这也是造成文化理论上存在巨大歧难的根源。从"内在"发展的一般过程的意义出发,文化概念被扩展,纳入了描述这些发展的种种方式、种种产物的意义,文化成了一种包括艺术、宗教以及关于意义和价值的种种习俗机构、种种实践的一般类别。它们明显是"社会性"的习俗机构和实践,但又被视为与人们通常称之为"社会"的"外在的"习俗机构与实践的集合体迥然有别,使得"文化"与"社会"的关系变得更加复杂。为了区别"社会"与"文化",通常将"文化"同"内在生活"最易接近的现世形式——"主观""想象"以及在这种情况下的个人——联系起来,使得人们重视主观的形而上学和想象过程,"文化"被认为是"人类精神"最深刻的记录、最深邃的动因和最深层的根源。

　　为了厘清"文化"与"社会"两个概念之间可能出现的含混和模糊,威廉斯在《文化社会学》中通过对文化核心特征的强调,提出了"一种实现了的表意系统"(a realized signifying system)的文化定义。威廉斯主张文化内在于一切社会活动之中,把文化实践与人类社会的其他实践活动看作"嵌入"的关系,指出"作为一种实现了的表意系统,文化的社会组织嵌入在整个一系列活动、联系和机构之中"[①]。表意的文化实践融入其他实践活动之中,因此文化研究的范围就包括与表意相关的所有实践活动, 从这个意义上来看,"实现了的表意系统"的文化与"作为整体生活方式"的文化有其一致性,所关注和强调的都是人类社会生活的整体过程。

　　在威廉斯的思想中,文化主要是被当作"整体生活方式"来理解的。威廉

---

①　Raymond Williams, *The Sociology of Culture*, Schocken Books, 1982, p.207.

斯在提及文化一词的现代意义时指出,"在过去,'文化'指心灵的状态或习惯,或者说一些智性和道德活动,现在则包括了整个生活方式"①。在谈及同属资本主义的英国和法国的不同文化时,威廉斯指出,"我们显然就必须要考虑那些明显的事情:整体性的生活方式","即便是经济因素的决定作用,它所决定的是整体生活方式。"②在提及文化所蕴含的社会关系的阶级性时,威廉斯指出:"文化不仅仅是智性和想象力的作品,从根本上还是一种整体性的生活方式。资产阶级和工人阶级……两者之间的区别必须从整体生活方式中去寻找,而不再拘泥于类似衣食住行、吃喝玩乐的外在依据,工业生产很容易使此类活动变得千篇一律,但是在其他层面上却存在着重要差别……两个阶级之间的关键区别在于,对于社会关系的本质抱有不同看法。"③

威廉斯将"整体生活方式"作为文化概念的核心内涵,同他对于文化进行研究的方法和方式密切相关。在研究方式上,威廉斯采用关键词解析和经验主义方法来研究文化。威廉斯分析了文化一词含义演变过程背后社会生活的变迁,看到社会生活整体的变化对人的观念改变的影响,强调文化活动与社会活动的相关性和一致性,并基于对英国现实社会发展状况的经验观察,发现文化的形态及其地位和作用的变化,并以"整体生活方式"的文化来突出文化在当代社会中的作用。

综观威廉斯的文化研究,他从多视角对"文化"进行了剖析,提出多个关于文化的理解和定义。威廉斯在《漫长的革命》中提出文化的三种类型:理想的、文献的、社会的;在《马克思主义与文学》中把文化霸权过程分为主导文化(dominant culture)、残余文化(residual culture)和新兴文化(emergent cul-

---

① [英]雷蒙德·威廉斯:《文化与社会》,高晓玲译,吉林出版集团有限责任公司,2011年,第6~7页。

② 同上,第296页。

③ 同上,第337页。

ture),并指出文化的三个方面:传统(traditions)、习俗机构(institutions)和构形(fomations);在《文化社会学》中通过强调文化的核心特征提出"一种实现了的表意系统"的文化界定;在《文化是日常》中提出"文化是日常的"论断并构筑了"共同文化"的理想。这些对文化的理解都围绕着"整体生活方式"这一文化核心内涵展开,都可以统一到作为"整体生活方式"的文化上来。"理想的""文献的"和"社会的"文化类型的划分使"文化"从"整体生活方式"具体化到"特殊的生活方式",并使抽象的文化概念呈现出具体性和区别性的含义。"文化是平常的"的观念从文化构成及其传承方面深化了"整体生活方式的文化"的内涵,使指向共同含义的文化具有了创造性,将文化的共同含义和个体含义统一起来,强调了大众的文化权利并指向"共同文化"的理想。主导文化、残余文化和新兴文化的"收编"与"抵抗",使"作为整体生活方式"的文化显示出动态的过程和整体的性质。

作为"整体生活方式"的文化概念是威廉斯文化研究的重心,也是文化唯物主义的核心。文化唯物主义的构建过程,即是威廉斯对作为"整体生活方式"的文化定义不断进行解释和深化的过程。威廉斯反思了马克思主义"基础与上层建筑"关系并进行了重新解读,以文化霸权为工具对文化的整体性结构进行了动态的分析,以"创作实践"为例展示了文化这种特殊的物质生产形式,说明文化的动态过程和物质实践性,阐释"共同文化"的理想和肯定性的大众文化观,使作为"整体生活方式"的文化获得了理论的归宿。

第三章　文化唯物主义的思想内涵：对文化整体性结构的动态分析

　　威廉斯站在他所认定的马克思主义的思想立场上，融合英国"文化与社会"的传统，构建了文化唯物主义，"它是一种在历史唯物主义语境中强调文化与文学的物质生产之特殊性的理论"①。特里·伊格尔顿在《文化的观念》中指出，文化和唯物主义放在一起，从词源上来看本身就是一种同义反复。因为"文化"是指对于植物的栽培，后来引申到对人的培养，其含义就有一个从外在的物质世界转向内在的精神世界的过程。从本原上说，文化是一种具有物质性的存在和物质活动，只是在后来的发展中才延伸和派生出"精神性存在"的词义。

　　威廉斯通过"关键词解释学"的考察方式，试图突破围绕"基础与上层建筑""决定""生产力"这些范畴的"成见"，强调文化在基础与上层建筑之间能动的、独立的地位和作用，看到了文化本原和现实的物质性特质。作为威廉斯后期的代表作，《马克思主义与文学》是威廉斯对文化唯物主义理论所做的

---

　　① ［英］雷蒙德·威廉斯：《马克思主义与文学》，王尔勃、周莉译，河南大学出版社，2008年，第6页。

最清楚的表述。[①]

一、历史唯物主义的"重建":对"基础与上层建筑"关系的"重读"

文化唯物主义与传统马克思主义文化观在理论建构方面存在差异,二者之间最大的分歧在于对经济基础与上层建筑之间关系的解读,这也是威廉斯建构文化唯物主义的关节点。威廉斯认为,构建文化唯物主义理论,要认识到社会运动的复杂性和多样性,结合社会历史发展的经验事实重新思考"基础和上层建筑"的公式,并对马克思主义发展中占主导的"基础-上层建筑"固定的机械论模式进行批判性分析。

威廉斯的文化唯物主义强调,较之于马克思、恩格斯的时代,在发达资本主义条件下,经济基础与上层建筑的内涵和存在状态,都已发生了明显变化。按照马克思主义对社会有机系统的划分,文化属于观念性的上层建筑领域。但随着文化工业过渡为全球文化工业,文化开始发生位移:以意识形态、符号、表征出现的、属于经济基础的物质产品(商品)的文化形态,通过信息通讯、品牌战略、金融媒体和各类服务等形式存在,开始对经济和日常生活体验施加影响和进行统治。文化产业变成一个国家的经济支柱,文化工业已经变成一种生产力,文化被"物化",而物被"媒介化"。文化的物质性得到凸显,在"作为一种社会互动(语音等)中的有意义的物质转换和构成于决定性的经济关系之中(例如资本的循环)"[②],体现了文化是一个物质过程现象。在

---

① 在罗伯特·戈尔曼编著的《"新马克思主义"传记辞典》中,将《马克思主义与文学》称之为威廉斯"学术成就最高的一本书",该书"以令人难以相信的凝缩,显示了重新构想整个领域的雄心",从而对文化唯物主义做出"最清楚的表达"。参见[美]罗伯特·戈尔曼:《"新马克思主义"传记辞典》,赵培杰等译,重庆出版社,1990年,第856页。

② [英]吉姆·麦克盖根:《文化民粹主义》,杜万先译,南京大学出版社,2001年,第26页。

资本主义生产发展的条件下,国家政治权力和文化霸权得到彰显,同作为生产方式的经济基础共同构成一种不可分割的关系整体, 而究竟哪种力量起决定作用及几者间的相互关系,需要做具体的分析。因而突破马克思主义传统中的"起决定作用的基础和被决定的上层建筑"模式,成了文化研究和文化分析中的关键问题。

(一)限制与修正:基础的动态过程对上层建筑的解放

1. 马克思主义对基础与上层建筑关系的思考及演变

威廉斯指出,在从马克思到马克思主义的发展中,尤其是在"正统马克思主义"的演进中,"决定性的基础和被其决定的上层建筑"通常是其理论核心和理论前提。在马克思、恩格斯的著作和通信中,以及后来马克思主义者的论述中,都对"基础和上层建筑"的关系进行了思考和阐述,并在其发展过程中逐渐形成"经济基础决定上层建筑"的命题。

这一命题的出处通常认为是马克思在《〈政治经济学批判〉序言》中的论述:"人们在自己生活的社会生产中发生一定的、必然的、不以他们的意志为转移的关系,即同他们的物质生产力的一定发展阶段相适合的生产关系。这些生产关系的总和构成了社会的经济结构,即有法律的和政治的上层建筑竖立其上并有一定的社会意识形态与之相适应的现实基础。物质生活的生产方式制约着整个社会生活、政治生活和精神生活的过程。不是人们的意识决定人们的存在,相反,是人们的社会存在决定人们的意识……随着经济基础的变更,全部庞大的上层建筑也或慢或快地发生变革。在考察这些变革时,必须时刻把下面两者区别开来:一种是生产的经济条件方面所发生的物质的、可以用自然科学的精确性指明的变革,一种是人们借以意识到这个冲突并力求把它克服的那些法律的、政治的、宗教的、艺术的或哲学的变革,简言之，意识形态的形式。"①马克思从复杂的社会生活中划分出经济基础和上层建筑两个领域，将之规定为社会中的物质关系和思想关系，一定的社会经济基础决定并制约着整个社会的政治、法律上层建筑以及一切精神活动过程，上层建筑是经济基础的反映并对它具有能动的反作用。总体来说，经济基础和上层建筑关系的命题表明，生产关系的总和构成了社会的真正基础，在此基础上出现了法律和政治上层建筑，并形成与此相适应的意识形态，人类进行基本生活资料生产的方式决定了整个社会的、政治的和精神的生活。上层建筑涉及的是人的意识问题，而人的精神和意识是错综复杂的，具有多样性、历史性和相对独立性。然而马克思对生产力、经济基础范畴的强调，把文化划入上层建筑，引发人们对马克思经济决定论的担忧。

恩格斯对基础与上层建筑做了进一步丰富和发展，在 1890 年致布洛赫的信中恩格斯明确提出他自己不同意把经济因素看成唯一决定性的因素，并以构成要素之间的相互作用来说明社会历史的演进过程："根据唯物史观，历史过程中的决定性因素归根到底是现实生活的生产和再生产。无论是马克思还是我都从来没有肯定过比这更多的东西。如果有人在这里加以歪曲，说经济因素是唯一决定性的因素，那么他就是把这个命题变成毫无内容的、抽象的、荒诞无稽的空话……这里表现出一切因素间的交互作用，而在这种交互作用中，归根到底是经济运动作为必然的东西通过无穷无尽的偶然事件向前发展。"②在这里，恩格斯指出上层建筑是从经济基础中产生的，上层建筑有相对独立性和特有的结构和规律，上层建筑与经济基础之间存在着交互作用。威廉斯指出，恩格斯虽然对现实复杂性和方法论上的复杂性给予确认，关系到"决定"观念和意识作为"反射"或"反映"的问题，但并不是

---

① 《马克思恩格斯选集》（第二卷），人民出版社，1995 年，第 32~33 页。

② 同上，第 695~696 页。

去修改那些封闭范畴——"基础"("经济因素""经济状况""经济运动")和"上层建筑"的各种因素(政治的、法律的、哲学的)——而是重复这些范畴,并援引一些使它们其他方面的正常关系变得模糊的、例外的、间接的和不规则的情况为证。这一时期马克思主义的理论阐述缺少对物质生产、政治制度同意识活动之间关联的充分认识,对变动的因素没有给予足够的关注。

威廉斯指出,普列汉诺夫对"基础和上层建筑"关系做了经典的总结,提出社会历史发展过程中生产力水平、经济状况、社会-政治制度、社会成员心理和反映这种心理特征的各种意识形态这"五个顺序性因素"。普列汉诺夫把这些社会有机系统中具有内在关联性的构成要素,分离出来并加以提炼,将它们描述成具有时空先后关系的"顺序性"的事物。而从原初的意义来看,这五个要素都不是独立的"领域"或"因素",它们存在于人的现实活动过程之中,是人的整体的活动和产物。普列汉诺夫把这些范畴分析出来,将其转变为实体描述并在习惯上把它们称为先于整体社会过程的东西。由此,正统的马克思主义者便逐步把"基础"和"上层建筑"看成是可以分离的、具体的实体性的存在,却忽视了这些因素的构成性过程和相互之间的作用,而这本应是历史唯物主义的理论特色和应着重阐发的地方。①

在马克思主义当中,对"基础与上层建筑"命题的一贯不满多半表现为试图改造或重新评价"上层建筑",而这一命题的辩护者们则一直在强调它的复杂性、实体性、"自律性"以及自足价值等。然而绝大多数的疑难依旧存在于这些原初的形而上术语的外延中——它们为了某种关系进入抽象的范畴里或具体的领域中。就外延或就习惯而言,"基础"几乎已被看作一种客体(这是对于"物质存在"的一种特定的、化约了的说法);或者就特定意义而言,"基础"被赋予极其普遍的、显然是同一的性质,指涉人类的现实社会存

---

① 威廉斯在《马克思主义与文学》中针对这一缺失做出了自己的理论反应,试图以"中介"观念来重构这些过程。

在、与生产力相匹配的生产关系或是特定社会阶段上的生产方式。这些命题都与马克思对生产活动的核心强调不大相同,马克思本人也曾反对过把"基础"化约为某些范畴。在现实的发展过程中,一直存在着生产关系方面以及随之而来的社会关系方面的深刻矛盾, 也存在着这些力量动态演变的持续可能。"基础"(及其各种"变体")并不是静止的实体性存在,而是一种充满内在矛盾的动态过程,其中包含着现实的人和以各种形式解决矛盾的人的现实活动,也必然导致和推动社会"上层建筑"领域的多变和复杂进程,并促使"基础"与"上层建筑"表现为不可分割的现实过程,而不存在凝固的界限。

威廉斯对马克思主义中的"基础"和"上层建筑"概念进行了考察。在1851—1852 年的用法中,"基础"一词还没有出现,马克思把特定形式的阶级意识的起源确定为"所有制形式"和"生存的社会条件",以此来表示社会的"基础";而在 1859 年关于政治经济学的著作中,马克思用"社会的经济结构,即有法律的和政治的上层建筑竖立其上的现实基础"[①]这样一个隐喻性的用法来指代"基础",并在后来的论述中换成"经济基础"。威廉斯考察了马克思对"上层建筑"的多种用法并归纳出所呈现的三种主要含义:一是现实的生产关系的法律形式和政治形式,指制度机构,即"政治上层建筑";二是特定阶级的意识形态,指各种意识形态,即"思想上层建筑";三是在活动中意识到并克服基本的经济冲突的过程,将其引向政治实践与文化实践。这也代表人们通常对于"基础"和"上层建筑"的理解:"基础"是一个整齐划一的、静态的对象或社会存在, 对应于特定发展阶段上生产力与生产关系相统一的生产方式;"上层建筑"在时间顺序上产生于"基础"之后,在空间架构上要依靠"基础",因而是被决定的。

威廉斯指出,在从马克思到马克思主义的转化中,关于"基础与上层建

---

① 《马克思恩格斯选集》(第二卷),人民出版社,1995 年,第 32 页。

筑"关系的理论陈述发生了明显转变,由马克思的原初论述中具有隐喻性的词语转变为精确的概念,并被赋予确定的内涵,把类比性的术语变成对现实的描述性术语。随着这些词语使用的增多并被普及,本身是表示关系性的"基础"和"上层建筑"的原初论述,变成表示封闭的活动领域的封闭性、固定化的范畴。这些范畴在时间和空间两个维度上发生相互关联,在时间上表现为一个从物质生产到意识再到政治和文化的先后顺序,在空间上表现为政治与文化、各种意识形态、"基础"的"从上往下"的构架。这种看似在时空的关联上阐释范畴的做法,实际上把本来不可分割的社会过程划分为思维"领域"与活动"领域",并抽象地使用"基础"与"上层建筑"的概念来表示两个领域的关系,这实际是以抽象范畴排斥现实社会过程的具体内容,而这种做法和思维方式早已被马克思抨击过。

威廉斯认为,马克思所提出的关于生产力与生产关系、经济基础与上层建筑关系的论述对文化理论做出了贡献。但威廉斯指出,在马克思主义的经济基础-上层建筑模式中,"根本缺乏的正是那种对于物质生产、政治和文化的制度机构及活动同意识之间的不可分割的联系的充分认识"[1]。据此,必须正确地理解经济基础和上层建筑之间的相互作用,但肯定上层建筑辩证的能动作用并不意味着要放弃经济基础的首要地位。[2]

威廉斯反思并批判了马克思主义关于经济基础与上层建筑的区分及对二者关系的阐释,主要出于两种考虑:一是威廉斯对各种庸俗唯物主义和在正统马克思主义中占主导的"经济决定论"的反对;二是他受到英国经验主义哲学传统的影响,比较重视和强调经验的整体性,威廉斯就是用经验主义的思维方式立足英国社会发展的经验事实,对经济基础和上层建筑的关系

---

① [英]雷蒙德·威廉斯:《马克思主义与文学》,王尔勃、周莉译,河南大学出版社,2008年,第87页。

② 参见[英]雷蒙德·威廉斯:《文化与社会》,高晓玲译,吉林出版集团有限责任公司,2011年,第283页。

进行整体性、融合性的解读和阐释的。

2. 威廉斯对基础与上层建筑关系的修正

威廉斯主张把基础和上层建筑作为一个整体进行考察。他指出,"我们所谓的'基础',是指一种动态过程,而非静止状态……我们必须将'上层建筑'重新定义为文化实践的相关范围,而不是一个被反映的、被预示的和被控制的东西。关键是,我们必须将'基础'从固定的经济或技术抽象物观念中抽出并重新界定,并将其定义为(处于真实的社会和经济关系中的)人类具体活动,其中包含着基本的矛盾与变异,并以此总是处于动态过程中"①。威廉斯试图在重新理解马克思对基础与上层建筑的关系论断以及重新定义"基础""上层建筑"等关键词的基础上,来阐述关于文化的思想并构建文化唯物主义理论。

威廉斯概括了"基础"在马克思主义中的三层含义:作为人的现实社会存在、与生产力发展相适应的生产关系和与一定生产力相联系的生产方式。马克思着重强调的是物质生产活动的基础性地位,尤其是在社会有机系统和社会历史过程中那些构成了人的其他活动的基础性的结构性关系。因此,不能只把"基础"限定于经济层面,也不能因为"基础"一词的静态隐喻而忽视生产关系和文化实践的动态性质。所以要把"基础"从固定的经济抽象物中抽取出来将其推向人的现实社会生活,它本应是一个动态的、充满矛盾的运动过程。

威廉斯指出不应该用物质与精神的区别来划分"基础"与"上层建筑",并据此提出上层建筑也具有物质性的问题。作为上层建筑构成的政治制度建立在物质生产基础上,政治上占统治地位的阶级要把社会物质生产的重要部分用于建立政治制度以维护其统治,以可变的物质方式创造社会政治

---

① Raymond Williams,Base and Superstructure in Marxist Cultural Theory,in *Problem in Material-ism and Culture:Selected Esssys*,Verso,1980,p.34.

制度,社会政治制度必然是一种物质生产。威廉斯挑战了传统马克思主义在经济、政治以及文化领域之间所做的区分,把马克思主义中原来划入上层建筑领域的政治、文化解放出来,并将其放入"基础"的动态过程之中,把它们看作物质活动的形式,实际上模糊了经济基础和上层建筑的划分,强调社会是"一个单一而不可分割的过程",这个过程已经同时包含了经济、政治和文化等活动,它们处在一个历史的建构过程中。威廉斯强调对经济基础与上层建筑关系的"简单化的经济主义解读"应该被抛弃,并且应该重新认识各个不同领域之间的关系,以允许相互渗透。①

威廉斯对马克思主义中经济至上主义的基础-上层建筑模式进行了深刻的批判,坚持任何关于社会的理论必须把社会作为一个整体来把握,它也必然是一种综合性的理论。威廉斯认为,关于资本主义经济矛盾的经典理论仍然有效,但在更为普遍的意义上,在不止与其内在经济规律有关的资本主义生产模式之内,存在着一些根本矛盾的东西,资本主义的商品形式把人类永远需要的某些重要产品排除在外,所有不能通过商品生产组织起来的人类基本需要——健康、生活环境、家庭、教育、闲暇——都被资本主义的发展所压制或限制了。劳动分工深化,与劳动分工过程直接相关的各种人文观念和社会性观念却迅速减少,这些都引起了不能解决的深刻矛盾。面对资本主义对诸多必要的基本产品形式的抑制,在长期抵抗中,文化革命找到了它的源头,因而文化革命反对的是资本主义生产模式所强加的整个文化和社会形式。要充分认识到物质生产与政治体制、文化生活以及与人的意识之间的联系,必须要研究社会历史中彼此具体的不可分割的现实运作过程。

威廉斯在批判马克思主义"基础-上层建筑"固定的机械论模式的基础上,对它进行了过程论和整体论的重新解读,将"文化"从"上层建筑"领域中

---

① See Stuart Hall, A Sense of Classes, *University and Left Review 5*, Autumn 1958, p.32.

解放出来并纳入"基础"之中。威廉斯主张将"文化"视为一个整体性概念,以作为"整体生活方式"的文化来解读"基础和上层建筑"下的文化问题。威廉斯指出,"即使经济因素是决定因素,它决定的是整个生活方式","既然马克思主义者强调社会现实的所有因素彼此依存,既然在分析中强调运动和变化,马克思主义者应当合乎逻辑地在'整体生活方式'——一种总体的社会过程——的意义上,使用'文化'概念"①。文化"必须始终在与根本的生产体系的相关性中得到解释……文化是整体的生活方式,艺术是社会有机体的一个部分,而经济变化清楚地剧烈地影响着社会有机体"②。

(二)决定:设定限度和施加作用力

威廉斯认为,基础和上层建筑模式的特定性在于对"决定"这一问题的理解上。在对文化问题的理解上,"决定"是一个十分关键和难解的概念,尤其是在马克思主义的文化理论中,是"反映论"的基础概念,用"决定"把文化还原为经济或政治活动并看作是其直接或间接表现。威廉斯指出,"缺少这些决定概念的马克思主义毫无价值,可带着许多它现在所特有的那种决定概念的马克思主义则又完全丧失了能力"③,因此弄清楚"决定"概念的过去与现在就显得非常重要。

威廉斯具体地分析了"决定"概念④,把"决定"的起源置于人的活动之中,并强调马克思始终是在人的实践活动中动态地理解"决定"的问题。在《关键词》中,威廉斯探讨了"决定"(determine)的含义及其演变,指出它是英

① [英]雷蒙德·威廉斯:《文化与社会》,高晓玲译,吉林出版集团有限责任公司,2011 年,第296~297 页。

② [英]雷蒙德·威廉斯:《希望的源泉》,祈阿红、吴小妹译,译林出版社,2014 年,第 7 页。

③ [英]雷蒙德·威廉斯:《马克思主义与文学》,王尔勃、周莉译,河南大学出版社,2008 年,第90 页。

④ 主要体现在威廉斯《马克思主义与文学》的"文化理论"部分、《关键词》和《马克思主义文化理论中的基础与上层建筑》中。

语中最多义难解的几个词之一，并与当代思潮关系密切。Determine 的词源来自拉丁文，14 世纪进入英语并具有"limit"和"end"的双重内涵，表示一个过程的"确定"和"完成"。"决定"的含义被运用于神学，指示可以预先控制或预见某个过程和"被决定而无法改变的事情"的含义。"决定"的这些含义都把决定过程看作在人之外、与人无关的过程，人被置于被决定的地位，人的行动或活动的结果是由诸如上帝、自然、历史等决定性的力量控制或决定的，而无视人的意愿和要求。此即所谓抽象决定论，也是外因决定论，它有别于同它外表相似的内因决定论，这是决定论发展的下一个阶段。自 17 世纪开始被用于科学领域，认为一个过程的基本性质或构成成分的属性决定着该过程的结果。这种决定论预设事物过程的特性是稳固的、被决定的，人们可以通过改变条件的组合方式来改变事物相对固定的特性，就此而言，事物的决定过程又是可以预见的。在此基础上，19 世纪的决定论侧重强调决定事物的外在和内在的条件因素，指向决定事件过程的"先决条件"或"外部条件"。

威廉斯指出，马克思的决定论是一种科学意义上的决定论，他把决定的起源置于人的活动之中，主张人是在确定的历史前提和条件下创造自己的历史的，强调了人作为直接的参与者的观念，作为客观条件的确定的历史前提和条件是人类活动的结果，这也就承认了人的主观能动性。因此，"决定"不是由某种外在于人的因素或力量控制着活动过程及其结果的抽象决定和严格决定，威廉斯提出，在承认"人创造自己的历史"的前提下，"决定"具有两重含义，即"设定限度"和"施加压力"。

"决定"的本意是"设定边界"（setting bounds）或"设定限度"（setting limits），"在用于具体过程时指设定界限，即设定一个过程范围，并进一步终结这个过程"，指终止某些有问题的行动，"在人所从事的社会生产中他们也进入了他们所依赖的且独立于他们的意志之外的限定性的各种关系中"①。威廉斯认为,马克思把"决定"的含义界定为"设定界限",既强调了外在客观条件和社会关系对人的制约和限制,又肯定了人在社会过程中所具有的主体性,即制约人的活动的客观条件是而且只能是人的活动的结果。因此,"限度的设定"意义上的"决定"与那种由过程整体的"规律"起作用——受制于内在的、可预见的发展——的意义上的"决定"是有区别的,关键问题是这些"客观"条件在怎样的程度上才被看作是外部的。而这种区别实际是历史客观性和抽象客观性之间的区别,后者就是那些广为人知的马克思主义中的"经济主义"观念的基础。

　　威廉斯进一步剖析了这种抽象客观性的缘由,认为决定论之所以在从马克思向马克思主义的转变过程中出现抽象决定论的理解,根源在于大规模和高速发展的资本主义经济的历史经验,看到在推动资本主义经济发展过程中人的劳动被置于经济发展的必然性之中,认为社会的发展被资本主义经济规律所支配,这也导致马克思主义在探讨社会发展的决定过程时着重强调经济因素,得出"经济决定论"的理解:社会历史是一个由经济所"决定"的不以人的意志为转移的过程。所以这种抽象的决定论否认了人的主观能动性,其本身就是资本主义经济的产物,即它是对资本主义社会的现实经验的反映或总结,是受所处时代的历史限度制约而做出的解释,忽略了自然规律与历史过程中的"决定性"之间存在的本质区别。任何一种把"决定"仅仅当作设定限度的见解都会推导出把社会看作消极力量的结论,把"社会""历史结果"看作是从"个人""个人愿望"中绝对地抽取出来成为某个范畴,直接导致了异化的、客观主义式的"社会"。

　　据此,威廉斯对"决定"的含义进行了充实,不仅指"设定界限",而且指

---

　　① 　[英]雷蒙德·威廉斯:《关键词:文化与社会的词汇》,刘建基译,生活·读书·新知三联书店,2005年,第108页。

"施加压力"或"施加作用力"。"决定"的这一层含义意在强调人在决定做某事或被决定做某事的过程中，总是一种有目的、有意识的行为，唯此人才能意识到被施加的作用力，调整自己的目标使自己参与到历史进程中，发挥人作为社会历史主体的创造性。"决定"所施加的压力来自社会的整体结构，社会发展中维护和更新社会模式会对人的活动提出要求，人在这种作用力下付诸行动推动社会整体结构的演进。因而这种压力不是线性地对社会主体的决定和制约，而是隐含着在社会主体与社会结构之间存在着能动的、动态的相互关系，在二者的演进中表现为一个互动过程。威廉斯具体地阐释"决定"的"施加压力"的含义："真正的决定论涉及了整个实质的社会过程，绝不是（有如某些神学或某些庸俗马克思主义论者所说）密不通风的严格控制，绝不是可以预测未来的整套原因。现实社会的决定论，是指在各种限制和压力之下，人们在社会的行事和作为受到了很大的制约，但又从来不至于全盘地被其控制。我们对于决定的认识，不应该将其视为是某种单一的力量在运作，也不应该视之为某种抽象的力量的控制，而是应该把决定看成是一个过程。在这一个过程中，权力或资本的分配，社会力和体力上的继承，不同群体之规模与大小的关系，都是设下限定与施加压力的因素。但它们从来不能控制全局，也不能全部预测整个复杂活动的结局；限制之下，总有空间可以转圜，压力之下，存有反抗余地。"①

在整个社会过程中，这些积极的决定往往体现为社会的形式同那些被体验为限制消极的决定有着极其复杂的关系，它们经常作为设定了社会模式的构形（formations）和运动的作用力——某种使行为得以保持和更新的动力，这些积极的决定也是由那些新的、带着尚未实现的意愿和要求的构形所施展出来的作用力。因此，社会作为人活动的场域，具有给人施加压力的作

---

① Raymond Williams, *Television: Technology and Culture Form*, Routledge, 1990, p.163.

用，是一种包含着巨大作用力、具有构成性作用的过程，并不是对人的社会或个体活动进行限制的"僵死的外壳"或者仅仅在"外部条件"的意义上发挥作用。社会所施加的作用力体现于政治、经济和文化等构形的整体活动过程之中，并在这一过程中内化为人的"意愿"而影响人的活动，使得"施加压力"得以转化为人的现实活动。"这种完整的决定（determination）——由设定限度和施加作用力共同构成的复杂的、相互关联的过程——就存在于整个社会过程之中，既不存在于抽象的'生产方式'之中，也不存在于抽象的'心理领域'之中。对于决定论的任何抽象——这种抽象是以孤立地对待自为性范畴为基础的，或把这些范畴看作控制性的，或把它们运用到先决过程中——不过是使这些具体的、总是相互关联的决定性因素变得神秘化而已，而这些决定因素全都是现实的社会过程——既是一种能动的、自觉的历史经验，又是一种由于不履行责任而变得消极了的、客观化了的历史经验。"①因此，威廉斯对"决定"作了一种整体论的理解，这是一个由各种界限和压力构成的复杂的、相互关联的整体过程。

就基础和上层建筑的关系而言，在"决定"的过程中各种因素都会设定种种限制并施加种种压力，"设定限制"强调的是已有社会模式给予的束缚，"施加压力"预示着社会新的力量给定主体的动力，二者处在复杂的相互作用的过程之中。社会历史的演进是作为社会有机系统构成要素的经济、政治、文化等相互关联和整体协调发展的历史过程，这也是威廉斯所强调的"整体生活方式"和"漫长革命"的含义所在。威廉斯所强调的"整体类型的决定"（determination of this whole kind）是对恩格斯"合力说"的发展，也受到阿尔都塞"多元决定论"（overdetermination）思想的启发。威廉斯对"决定"的这种理解具有重要意义，反对在马克思主义发展过程中占主导的"经济决定论"

① ［英］雷蒙德·威廉斯：《马克思主义与文学》，王尔勃、周莉译，河南大学出版社，2008 年，第87~88 页。

对单一决定要素的抽象强调,阐释了各种因素在实际的"构成性"过程中的相互作用,实际上是一种"弱型的决定论"①。

威廉斯文化唯物主义的关键就在于"对作为一系列作用于人类主体性活动的限制的'决定性'进行马克思主义的解释"②,这种解释允许对文化形式进行细致的分析,这就比基础–上层建筑的隐喻更能解释和说明文化现象。

(三)一般生产与特殊生产:"生产力"的重新解读

威廉斯指出,所有关于"基础"和"上层建筑"的或关于"决定"性质的争论中,都潜含着生产力(productive force)这一概念,且它的种种变体对于马克思主义文化理论也具有重大意义。对于基础和上层建筑的经济决定论理解的根源在于生产力本质的误解, 即把本质上是多样性的生产力概念限制在物质生产力的意义上。限制性的"生产力"定义及其对"物质生产"、对"物质"的或"经济"的"基础"加以分离和抽象的做法是如何在马克思主义中占主导地位的? 威廉斯指出,一个原因是特定争论的发展历程,是针对论争对象并根据论证对象的理论而进行对应式的批判。与马克思主义发生争论的一些理论在分析社会历史时, 把整体的社会历史过程剥离并分解为不同阶段和不同部分,对这些部分进行理论的抽象使其变为自足的单个整体,并把各种政治的形式、哲学和一般的观念看作"高踞于"社会物质过程之上并决定社会物质过程的存在。马克思主义在争论和批判中,为了彻底地反击对手而导致一种反向论断被不断强调甚至夸大,以致在术语的简单颠倒中重蹈了批评对象的谬误。另一方面,在资本主义社会,"生产力表现得……构成一个……自足世界",在分析生产力的运作过程中使人把它描绘成仿佛普遍的、一般

① 付德根在《走向文化唯物主义》中使用"弱型的决定论"来概括威廉斯对"决定"观念的修正和新的阐释,可参见傅德根:《走向文化唯物主义》,中国社会科学院博士论文,1998年,第75页。

② Raymond Williams, Base and Superstructure in Marxist Culture Theory, in *Problem in Material-ism and Culture:Selected Esssys*, Verso, 1980, p.36.

的东西，马克思主义把"生产力"局限为"工业"进而把"工业"从描绘人类活动的词汇变成描述生产机构的词汇，并在实践中把人类所有的活动都完全置于资本主义机构的方式和规范的制约下。

任何一种"自足秩序"观念所隐匿的恰恰是生产力的物质属性，这就造成了关于生产的这样的说法。任何一个统治阶级都要把物质生产中最具重要意义的一部分用于建立社会秩序，从"决定系统"所需的监狱、法庭、军队，到"维持系统"运转的工厂、车间，再到"教育学习系统"的学校、出版业，以及"生殖养育系统"的家庭，都体现了统治阶级通过物质性过程在生产着满足其需要的特定的社会秩序和政治秩序。因而这些活动绝不是属于"上层建筑"的、被"基础"所决定的活动，保持资本主义市场那些社会秩序和政治秩序的活动在本质上是一种物质生产。"由于不能把握社会秩序和政治秩序的生产的物质属性，这种特定的唯物主义也就不能理解文化秩序生产的物质属性，因此这时的'上层建筑'概念就不仅是一种化约，而且是一种遁词了。"① 因此，在文化分析中需要详细说明这种特化了的"生产力"和"生产"的负面影响。马克思在《政治经济学批判大纲》的注释里说，制造钢琴的工人是生产者，他从事的是生产劳动；而钢琴家则不是，因为他的劳动并非是再生产资本的劳动。而对于发达资本主义来说，这样一种区别显然非常不适当——在这种社会中音乐（而不只是乐器）的生产是资本主义生产的一个重要方面。在马克思使用资产阶级政治经济学范畴分析资本主义社会的过程中，生产是对原材料进行加工以制作商品并进入资本主义的分配和交换的体系中，由此得出钢琴是商品而音乐则不是的结论。但当活动的总体发生了外化（projection）——这个总体被孤立分隔为"艺术与观念的领域""美学""意识形态"或"上层建筑"等——的时候，情况便不一样，这些被分隔开来的部分中，

---

① ［英］雷蒙德·威廉斯：《马克思主义与文学》，王尔勃、周莉译，河南大学出版社，2008年，第101页。

没有一项能被人真正把握和被人们作为现实实践、作为整体的物质的社会过程的要素来加以把握。其现实存在的生产活动都是在某种条件下、带着特定的目的进行的生产实践，是具体的、多样的因而也是变化的。如果不能认识到这一点，就会使人们在探究和描述实践活动构成要素以及不同类别的实践活动之间关系的过程中遇到困难。因此，我们在把握和解释现实的、具体的实践活动时，不应预先对其进行划分，并假设某一种或其中一部分才是物质的，唯有这样才能够在解释"生产力"时恢复两足站立。

威廉斯对生产力所做的特定的、限制性的解释提出了批判，"生产力"不能限定为资本主义的物质生产，它"是现实生活的生产和再生产的所有的或任何一种手段"[①]。虽然可以把"生产力"与特定的社会发展阶段相关联，并以其在工业、农业等不同领域具有的各自特点划分为特定类别，但这些特定阶段和类别的生产力之间具有内在联系，不仅表现为历史发展过程中的继承性，而且它们都是以一定方式进行社会协作的，都是对一定社会知识整体的运用和发展。人通过自身在世界上的一切活动生产着人自身和人类社会，不仅生产着我们需要上的满足，也不断生产着新的需要。人在自己的活动中创造自己的历史过程，也造就着人自身和人类社会，人的活动不仅体现在物质生产方式的生产活动之中，也包括社会制度、社会组织以及社会思想文化等观念活动。在看待实际生产活动时，不应该预设其中只有一部分是物质的。

对生产力的特定化、专门化的理解带来了"基础"和"上层建筑"的分裂，也必将对包括政治和文化在内的生产的物质性的忽略。威廉斯强调恢复"生产"的"一般性"就是要突出决定社会进程的"生产力"的多样性，从而凸显出上层建筑尤其是文化生产的物质性，强化了"基础"和"上层建筑"之间"构成性"的复杂动态过程，坚持了文化对社会的现实物质影响力和文化在社会变

---

① ［英］雷蒙德·威廉斯：《马克思主义与文学》，王尔勃、周莉译，河南大学出版社，2008年，第99页。

革中的重要性。文化也是社会现实的总体性变革的重要组成部分。这也延续和呼应了威廉斯在《漫长的革命》中维系"有机性社会"的四大体系的提法:"决定体系"(the system of decision)、"交流和学习体系"(the system of communication and learning)、"维持体系"(the system of maintenance)、"生育和培养体现"(the system of generature and nurture),即经济体系、文化教育体系、政治法律体系和家庭体系,肯定了文化、教育、政治和家庭具有同经济一样的力量,共同构成了社会的有机整体。

(四)从反映论到中介论:中介与典型化

威廉斯认为,基础与上层建筑之间的"决定"过程是在人的活动过程中通过现实的矛盾运动展开的,社会的发展和社会的变革植根由经济、政治、文化等多种因素构成的整体,是各种构成性要素之间的相互作用。威廉斯在解释社会的变化过程时,试图用"整体生活方式"和社会生活经验的文化概念来作为社会整体运动过程的"中介"或"连结",以此分析社会现实的构成性过程。威廉斯以"中介论"来修缮"反映论",拯救文化在马克思主义传统中的"被决定"和"被反映"的命运,进而凸显出文化活动所具有的实践特性。

威廉斯在反思和"重写""基础与上层建筑"关系的基础上,批判了反映论的模式。威廉斯指出,马克思主义传统的基础-上层建筑模式导致对文化理论产生机械的反映论的理解,将艺术和思想描述为"反映",这种界定引起了无休止的争论:人们可以据此认为艺术所反映的不是"单纯的表象"而是这些表象后面的"真实"——世界的"内在本质"或"构成形式",或可以认为艺术所反映的并非"死板乏味的世界"而是艺术家心灵看到的世界。艺术是反映现实的,现实即所谓"现实生活的生产和再生产",通常把它说成是连带着其"上层建筑"的艺术部分的"基础"。若把"基础"理解为某种客体对象,艺术创造就被纳入"按照客体对象的本来面貌"这样一种静态的、客观主义的教条之中，就是一种看艺术是否符合"真实""现实世界""基础"的实证主义的观念，是建立在机械唯物主义之上的。但如果以"历史唯物主义"为基础，不把"现实世界"当作某种客体对象的独立存在而是当作一种具有一定内在性质和内在倾向的、物质性的社会过程，当作对那些潜伏在客体对象下面的基本力量和基本运动的反映，就会出现一种完全不同的表述，艺术要加以反映的是物质的社会过程中的根本真实的东西。

威廉斯指出，关于文化和艺术的任何反映论最主要的破坏性后果是通过物理比喻（光的物理特性）而完全遮蔽对于物质材料（物质的社会过程）的实际运作，把物质过程外化为"反映"，艺术活动的社会特性和物质特性就被遮蔽起来。这实质上是唯物主义观点不彻底的结果。在这一点上，"反映"观念遇到了"中介"观念的挑战。

"中介"描述一种能动过程，指在敌对或陌生人之间进行调停、和解或解释的活动，指某种统一体中对立面之间的和解。威廉斯用"中介"来分析社会的构成性过程，把"中介"作为一种间接性联系或环节，使得彼此分离甚至有时是相互对立的不同活动类别被联系到了一起，它描述了被划分的不同领域、不同活动之间的关系过程，使得"社会"与"文化"以及"基础"与"上层建筑"之间在运动过程中被关联起来。我们不总是能把艺术中"直观"作为其基础和对象的现实，因为这些现实在艺术等观念活动中被"中介"过程所"过滤"或"转化"，使它们的内容或形式发生改变。存在领域与意识领域中不同类别的对象和活动之间的各种能动关系都不可避免地受中介过程的影响而具有中介性，而且中介过程是相关类别内在的本质属性，在社会现实当中表现为积极的能动过程。

用"中介"代替"反映"，一方面超越了反映论的机械性、被动性和直观性，指明了某些类别事物的那些能动过程；另一方面也使得基本二元论得以长存。艺术与现实、基础与上层建筑之间获得一种间接的关联，艺术并不总是直接映照现实，上层建筑并不总是直接、立刻地响应基础，文化成为分析社会整体及其过程的中介。而只有把语言和表意活动看作物质的社会过程是本身不可分解的成分要素，并认为他们始终包含在生产和再生产之中，"中介"的这种构成性的和正在建构的意义才是可能的。

威廉斯指出，重新阐述"反映"观念并赋予"中介"观念以具体内容的一个重要途径，可以从"典型化"这一概念中找到。通过"典型化"，反映观念被重新定义并得以克服自身的局限性。"典型"是指具有充分"特征性"或充分"代表性"的人物或情景：一种能将更为广阔的一般现实加以集中强化的特定形象。艺术所反映的绝不仅仅是"表面上"或"外观上"的现实，而是"本质上"的、"潜在涵盖着"的或"普遍"的现实。这是一个内在固有的过程，而不是一时发生的孤立过程。"社会现实"是一种动态过程，"典型化"反映的正是这一过程，艺术以形象化的方式把现实的各种因素和倾向加以典型化，这些因素和倾向尽管会随着环境的改变而改变，但总是依据有秩序的规律重复出现。这里容易出现一种危险：艺术理论被化约成一种关于典型化的理论，是关于它规律的典型化，而不是关于那种动态过程的典型化。

"典型性"的意义与马克思主义存在一致之处，都立足于认识把握社会现实和历史现实构成的和正在构成的过程，这一点通过某些特定的典型得以表现。马克思主义理论在作为某种具有重大意义的事物类别的表征性实例的意义上来使用"典型"概念，并将其和"反映""中介""对应""同构"等概念结合在一起用以分析文化。一种文化现象只有当它被视为某种（已知或可知的）普遍的社会过程或社会结构时，才会具有充分的意义，因此对过程和结构的这种区分至关重要。各种不同的具体实践之间的那些相似和类同往往都是处于某种过程当中的关系，它们从某种特定形式渐渐变成一种普遍形式。这就牵涉到了选择，而从原则上讲，必然与偶然、"社会的"与"文化的"、"基础"与"上层建筑"都内存于社会过程之中，社会过程从一开始就是一个由多种具体而又相互关联的活动所构成的复合体，它们之间原本并不存在先后之分和轻重之别。

威廉斯指出，作为"典型"形式的"对应"和"同构"概念，对重新阐发基础-上层建筑的关系和决定概念具有重要的意义。从一种已知的社会结构或一种已知的历史运动中发现"典型"，即具体分析和发现文化作品中有关这种运动或结构的例子，分析则会在社会中直接针对在形式上或结构上具有同构性的实际例证而展开。但这也会产生理论和现实的困难，最具代表性的情况是仅选择某种具有特殊性或极端的事例，即只选择和介绍具有同构性的文化例证而忽略其他事实和过程，并赋予所选择的事例和"秩序"以某种初始的结构形式。这种做法最简便的形式就是"意识形态"和"世界观"，使得这种同构性分析"跑偏"，其分析所针对的不是社会过程的"内容"而是其抽象的"形式"，不是把文化作为能动的实践过程而是它的"形式"的结果或对象。由此必然付出沉重的代价：首先体现在对历史的、文化的例证的程序选择上，以划时代的方式取代相互关联的历史分析；其次体现在对当代文化过程的理解上，由于依赖着某种已知的历史、已知的结构、已知的产物等，因而只擅长于抽象的理论分析而无法应对实际问题，不能把现代理论运用于当代实践之中，对分析性关系做出简单的处理，而面对实践性的关系时则显得无能为力。

威廉斯对马克思主义传统中"反映论"的批判的根本目的在于消解艺术与现实之间二元割裂的关系，这与他力图消解基础与上层建筑之间的割裂关系是一致的，强调了文化与社会的总体性构成关系。

二、对"经济基础决定上层建筑"的反驳：以文化霸权为解读工具

通过"文化霸权"概念，威廉斯揭示了文化的运行方式、文化实践与意识

形态接合的动态过程,克服了基础与上层建筑之间的割裂关系,强调了文化与社会的总体性构成关系,使得文化唯物主义充满着理论张力,也体现了威廉斯文化研究的政治维度。

(一)总体性的霸权:文化动态过程的历史分析

威廉斯批判并改造卢卡奇的总体性范畴,使之成为文化研究的方法。威廉斯把文化看成一种总体性的存在和生活方式的整体表现,文化是人所特有的存在方式,与属人的物质领域共同构成人的总体性,为人的认识、人的生活世界的生产、人与自然及人与社会的统一奠定基础。威廉斯将总体性概念与霸权概念结合在一起并引入社会和文化领域,摆脱了经济决定论把基础和上层建筑视为二元对立的思维模式,揭示出被遮蔽了的文化存在和变化给社会总体带来的影响,以文化为核心重构历史唯物主义。

"霸权"(hegemony)从词源上指支配他国的领袖或统治者,19世纪常用于国与国之间的政治统治或控制,马克思则将其扩展到描述阶级之间的统治,安东尼奥·葛兰西把"霸权"扩展到"文化霸权"并将其系统化。[1]威廉斯出色地运用了葛兰西的"霸权"概念,并给出了自己对霸权的理解。[2]霸权是"指一种由实践和期望构成的整体,这种整体覆盖了生活的全部——我们对于生命力量的种种感觉和分配,我们对于自身以及周围世界的种种构成性的知觉体察。霸权是一种实际体验到的意义、价值体系(既具有构成设定性又处在构成设定中),当这些意义、价值作为实践被人们体验时常常表现出彼此相互确证的情况。这样,霸权就为社会中的大多数人建构起一种现实感,

---

① 参见[英]雷蒙德·威廉斯:《关键词:文化与社会的词汇》,刘建基译,生活·读书·新知三联书店,2005年,第201~203页。

② 集中体现在威廉斯于1973年发表的《马克思主义文化理论中的基础和上层建筑》一文以及1977年出版的《马克思主义与文学》中。

一种绝对的意义——因为一旦超出经验现实,社会中的大多数成员在其生活的大多数领域内便难以行动。这也就是说,霸权从最根本的意义上来讲就是一种'文化',而文化又不能不总被看作是那种实际体验到的、特定阶级的主导和从属"[①]。

威廉斯认为,霸权具有总体性的特征,是指政治力量、社会力量和文化力量的联合体,或者说是指作为社会有机系统的关联整体构成性要素的具有能动性的社会力量、政治力量和文化力量。"霸权设定了某种真正总体性的东西,它不是(如脆弱的意识形态观念那样)次要的或上层建筑性的东西,而是存在于深层,广泛地渗透于社会中,诚如葛兰西所指出的那样,它甚至超过了在它的影响下的大多数人的常识的内容和局限,因此它比源于基础和上层建筑这个公式的任何概念都更明显地对应于社会经验的本质。"[②]社会发展中实际存在着的霸权表现为一个整体的过程,是由人的社会经验、社会关系和社会活动构成的现实复合体。霸权因其具有极其复杂的内在结构,带有和体现着变化过程中的压力和限制,并表现为复数的形式和复杂多样的整体过程。在总体性的社会过程中,霸权总是不断受到内在和外在压力的影响,表现为对它的限制、抵制、挑战和肯定、辩护、支持,因而不断被更新、被再造,于是呈现出"霸权"与"反霸权""取代性霸权"之间的斗争,它们都是现实的、持续性的实践因素。

霸权作为一种概念既涵盖又超越了按照基础-上层建筑模式构建的"文化"和"意识形态"这两个概念。威廉斯指出,"所谓'霸权'超越了'文化',是指'霸权'强调了那种'整体的社会过程'同权力和影响的分配状况密切相关的情况。只是在抽象意义上才能说'人们'决定并造就其全部生活,在任何一

---

① [英]雷蒙德·威廉斯:《马克思主义与文学》,王尔勃、周莉译,河南大学出版社,2008年,第118页。

② Raymond Williams, *Culture and Materialism*, Verso, 2005, p.42.

种现实的社会中都存在着财产不平等,因而在实现(即决定并造就其全部生活)这一过程中也存在着能力地位上的不平等。在阶级社会中,这一切主要体现为各阶级之间的不平等。所以,葛兰西提出有必要确定主导方面和从属方面,尽管这些方面无论如何总是被确认为一个整体过程。正是通过对这一过程的整体性的确认,'霸权'概念才超越了'意识形态'。具有决定性意义的,不仅是观念、信仰的意识体系,而且还有由种种特定的、主导的意义和价值实际组成的活生生的整体社会过程。"①作为"整体生活方式"的"文化",表明人们在自己的活动中决定并且造就自己的全部生活,而"霸权"也侧重强调那种"整体的社会过程",并将其与权力和影响的分配结合起来,说明社会整体过程中人的活动状况与权力的密切关联。"意识形态"概念表明一种意义和价值体系总有其阶级立场和代表一定的阶级利益,是体现某一特定阶级利益的阶级意识②,而"霸权"概念确认社会过程的整体性,因而超越了作为观念、信仰的意识体系的"意识形态"概念,能够把握和说明由种种主导的意义和特定价值实际组成的活生生的整体社会过程。"文化"概念只是强调人在自己的活动中创造自己的生活,但人对现实利益的争夺和社会地位的差异又使"文化"被区分为主导和从属并显示为不同的等级。"意识形态"强调了统治阶级对人们思想上的操控和灌输,往往指被清楚表达出来的较高层次的意识和观念。"霸权"则是指主导形式的文化在实践中对人们的"内化",这是一种由实践和预期共同构成的整体,它为大多数人构建起一种现

---

① [英]雷蒙德·威廉斯:《马克思主义与文学》,王尔勃、周莉译,河南大学出版社,2008年,第116~117页。

② 就其通常的意义而言,按照基础-上层建筑的模式理解,意识形态是指一种相对正规的、被清晰表述出来的关于意义、价值和信仰的体系,这类意义、价值和信仰可被抽象为某种"世界观"或"阶级观点",因为观念体系既可以从当下的社会过程中抽象出来,又可以通过代表性的"理论家们"的选择而被表征为具有决定性的形式,在这种形式中意识既可以表达又受到控制。从普遍的意义上说,"某种意识形态"这一观念被人们以抽象的方式用于说明统治(主导)和被统治(从属)阶级的实际意识。

实感和绝对意义。任何一种现实的霸权既不是总体的也不是排他的,社会中总存在取代性的和对抗性的政治或文化因素。决定的霸权总要去控制和转换这些因素,甚至使它们与自己合作。于是,文化分析既要研究特定霸权内的取代性或对抗性文化,又要看到那些不能被化约到"霸权"术语之下的独立文化。

"霸权"概念关注其中存在的主导和从属的种种关系,以及在这些关系中所体现的实践意识,它们渗透于包括政治活动、经济活动和社会活动在内的当下生活的整体过程,对人的活动和社会生活过程形成压力和限制。于是霸权不仅指清楚表达出来的意识形态及其控制方式,而且指出了覆盖整体的社会过程的一种实践或期望。这样,霸权就为社会中的多数人建构起一种现实感和绝对的意义。因此,霸权从最根本的意义上来讲就是一种"文化",这种具有"文化"内涵的霸权概念具有两个优点:一是霸权的这种主导形式和从属形式体现了社会发展高级阶段中的社会组织和社会控制过程,而不是那类人们较为熟悉的、出于某一统治阶级观念的投射过程;二是霸权提供了一种认识文化活动的新方式和新视角。由于文化霸权存在于底层并且贯通整体,文化传统和文化实践存在于基础性的构成过程之中,且其范围要比上层建筑的表现(反映、中介或典型化等)大得多,并关系到比抽象的"社会"经验和"经济"经验要广泛得多的现实领域,文化产品和文化活动在任何意义上都不再是某种上层建筑。

威廉斯指出,在社会中总是存在着取代形式的以及直接对抗形式的政治和文化这样一些意义重大的因素,在分析文化霸权的过程时需要探讨它们的条件和限度。这些取代性和对抗性的形式对于霸权过程本身产生重大影响,因而取代性的政治强调和文化强调以及多种形式的对抗和斗争都是非常重要的,表明霸权过程必须努力对它们加以控制。霸权的能动过程并不是只对主导性质和主导因素进行考量和处置,任何霸权过程都必定对那些怀疑或威胁这种霸权的主导地位的取代和对抗形式特别留意，并对其做出反应。于是，现实的文化过程必须包含那些以这样或那样方式跳出特定霸权术语的人或力量所做出的努力，必须承认置身于主导霸权术语边缘处的人所做出的贡献。

在威廉斯的视域中，文化霸权就是不同感觉结构之间的相互渗透和濡染。"霸权"是一个介于感觉结构和意识形态之间，使二者有机结合的概念。它兼顾了感觉结构的整体性和现实性，填补了其权力场域的缺失；介入了意识形态领域的权力与斗争，但又超越了其狭隘的阶级特性。

"文化霸权的实现是一个来自社会各方的力量赢得价值共识的过程"这一核心理念，展现了威廉斯一直以来追求的共同文化理想的实质——通过协商达到一种互相的认同，实现一种多元文化共存、共享和共建的社会状态。威廉斯指出，在霸权的积极过程中，将社会中分离的或者毫不相干的意义、价值和实践相互联系起来，并融合在一种重要的文化和一种有效的文化秩序中。这种融合的过程在文化上是十分重要的。文化霸权的"融合"更为注重一种在社会权力场域中的妥协，共同文化的"融合"注重不同社会团体之间的认同。

在复杂的社会中，文化分析最困难的部分是试图在霸权的那种能动的、构成性的但也发生着变化的过程中把握霸权本身。其中主要的疑难在于要对以下两类事物做出区分：一类是那些形成于某种特定霸权之内或者对立面上的、取代性的和对抗性的创建和贡献，另一类创建和贡献则不能被化约到原来的或具有适应性的霸权的术语之下。所有的创建和贡献都同某种霸权相联系："主导文化既生产着又限制着其自身的反文化（counter-culture）形式。"①因此，文化过程绝不能被看作一种仅具有适应性、扩展性和协调性的

---

① ［英］雷蒙德·威廉斯：《马克思主义与文学》，王尔勃、周莉译，河南大学出版社，2008年，第122页。

过程,在特定的社会条件下,文化过程的内部和外部实际上常常发生真正的分裂。

威廉斯的文化霸权研究具有双向特点,既将文化霸权引入深层的现实文化运作层面,又将自身的文化研究通过文化霸权引向一种政治场域。威廉斯对文化霸权政治含义的解读是在其文化整体观的语境中进行的。它主要体现在文化层面,这种文化被社会广泛接受,它不仅体现统治阶级的利益,而且被全部社会成员当作合理的现象来接受,因而是一种协商而非独裁,其实现是一个协商和获得共识的过程。在发达资本主义国家,统治阶级竭力使自己的意识形态以被统治阶级"赞同"的方式表现出来,这与其社会结构密切相关。随着资本主义的发展,很多无产者(如专业技术人员、管理人员等)成为有产者进入中产阶级行列,使得中间阶层逐渐扩大,社会下层和上层所占的比重小,发达资本主义国家的社会结构呈橄榄型,庞大的中间阶层能对上、下两个阶层之间的对立起到缓冲作用,而且社会中占多数的中间阶层对社会主导意识形态持赞成态度,使得这种社会结构成为一种稳定的社会结构。

(二)文化过程的三个方面:传统、习俗机构和构形

威廉斯指出,霸权的能动过程要通过各种意义、价值和实践具体地组构为有意义的文化和一定的社会秩序,形成了社会文化整体,这种组构过程在文化上具有重大意义。要理解这种组构过程及它赖以起作用的物质过程,需要对所有文化过程进行三个方面的区分:传统、习俗机构和构形①。文化霸权的形成是传统、习俗机构和构形三个文化进程的结合。认识文化实践中"霸权"过程的复杂性,就要动态地分析文化过程中的这三个方面。

———————

① Institution 在《马克思主义与文学》中专指家庭、学校、社团、职业组织乃至传媒等一系列与个体"社会化"密切相关的习俗制度和组织机构,此处译为"习俗机构"。Formation 在《马克思主义与文学》中专指"体现在精神生活和艺术生活的、富有成效的运动和趋势",译为"构形"。

在威廉斯看来，传统是继续存在的过去，作为一种最为有力的实践的融合方式，是一种活跃的可塑性力量，在实践中它是一个社会的文化霸权最为明显的体现。人们通常将传统列入上层建筑的范围，因而被理解为在社会有机系统的结构中被决定的、具有惰性的要素，是已经历史化的东西，即现存的过去。但传统也具有一种能动的塑造力，在实践中表现出主导的和霸权的压力和限制，是进行组构的有力的实践方式，一种有选择的传统在社会的、文化的定义和认同中发挥着强有力的作用。传统的能动性体现在传统的选择性上，它是一个不断被选择和建构的过程。任何一种文化都要从其过去和现在的全部可能的领域中做出选择，对某些意义和实践加以强调、重构或再造，而在做出某种选择的同时，也就意味着否定或排除了另外的一些意义和实践。正是在某种特定的霸权之中，发生着对"传统"的选择而使其变成"有意义的过去"，从这种意义上讲传统不过是当代社会组织和文化组织的一个方面而已，它关系着某一阶级的统治利益以及社会权力的斗争。传统是一种进行有意选择和有意联系的过程，这种传统是对于过去一种说法的再现，提及传统是为了联系和确证现在，体现了社会历史发展过程的连续性，为当代社会秩序的建构提供一种历史的和文化的认同。

在选择和建构传统的过程中，传统不可能全盘接受所有意义领域，它要么重新解释或淡化这些意义，要么使这些意义转变成支持当前霸权的重要的现实因素。而要想反对某种霸权，需要诉诸历史：重新恢复那些被抛弃的意义领域，重新修正已做出的选择，使种种解释再度还原，但这类做法的收效不大。过去的说法在此是被用来确证现在并指示未来方向的，正是在联系这一中枢性环节上，有选择的传统既强大又脆弱。强大是指传统善于建立能动的联系，以"过时"的名义摒弃不需要的东西，以"生僻"的名义排斥那些它所不愿收编（incorporate）的东西。脆弱则体现在这种带有选择性的"活着的传统"中，其存在与当代社会的压力和限制密切相关，以至于这种有意的选择实际上变成了对它自身的确证。这种围绕着维护或反对此类有选择的传统而展开的斗争,可被理解为当代文化活动的一个重要组成部分。

　　威廉斯通过对"社会化"进程的分析揭示了习俗机构在文化霸权中所占据的位置,指出它作为文化霸权的一个重要方面对社会进程的重要影响。成功确立有选择的传统依赖与它有着统一性关系的习俗机构。正规的习俗机构对能动的社会过程有深刻的影响,社会化的过程实际上是某种具体的收编(incorporation)过程。习俗机构具有组构性,具体的社会团体、职业身份对人们的生活状态以及造就某种生活的状态施加强烈的、直接的压力,这些社会团体或职业身份总在教导着、强化着而且在大多数情况下最终迫使着人们去选择特定的意义、价值和实践,这些意义、价值和实践就构成了霸权的现实基础。但并不是这些习俗机构合在一起就构成了有组织的霸权,而正相反,由于习俗机构不是"社会化"而是一种具体而复杂的执掌霸权的过程,所以它在实践中充满了各种矛盾对立和无法解决的冲突。

　　威廉斯指出,真正的霸权状态是霸权形式再加上有效的自我确认。一种有效的文化始终大于其习俗机构的总和,因为只有立足于文化整体的层面,通过观察和分析而获得的习俗机构中的那些极为重要的关系才能被现实地商定下来。这就需要把构形纳入对霸权的分析中来。"构形"是指"那些体现在精神生活和艺术生活中的富有成效的运动和趋势"[①],指示出文化运动的形式和过程。构形和正式制度之间的关系是间接的、可变的,其所持的价值往往与现代制度所持价值相对立。构形和文化霸权的变动有着直接关系,其对文化领导权的影响较之正式制度越来越凸显出重要性。构形不是完全地认同正规的习俗机构或这些习俗机构的正规意义、正规价值,它有时同这些东西形成对照。在某一文化的习俗机构和构形彼此之间的基本关系中,存在

────────────────

　　① ［英］雷蒙德·威廉斯:《马克思主义与文学》,王尔勃、周莉译,河南大学出版社,2008 年,第126 页。

着巨大的历史多变性,有别于习俗机构的构形在发达的复杂社会中扮演重要角色。在明显可见的霸权中,存在多种类型的构形,包含有可供选择或彼此对立的各种构形,甚至在主导性的构形中也并非铁板一块而是具有多样的类型,从而对抗着任何一种企图把它们化约成某些概括性的霸权功能的做法。

(三)"收编"与"抵抗":主导文化、新兴文化、残余文化

威廉斯认识到文化实践中"霸权"过程的复杂性,这种复杂性不仅体现在传统、习俗机构、构形等文化的社会性或政治性的定义中,而且也体现在构成文化整体的历史性因素之间的动态关系中。因为社会发展中存在着矛盾,所以处于主导地位的文化不可能涵盖所有附属组织和观念,这也必然导致各种存在争议和矛盾的文化活动出现。"霸权并不仅仅被动地以统治的形式存在,它需要不断地被更新、重构、防御和修改,同时,它也不断地受到抵抗、限制、改变和挑战。"①在此基础上,威廉斯动态地归纳出文化实践中的三个类别——主导文化、残余文化和新兴文化。威廉斯认为,任何一种社会和文化都由主导的、残余的和新兴的三种基本要素构成。

威廉斯指出,在以往对文化"划时代"的分析中,文化分析的主要对象是社会中具有主导和决定地位、与统治阶级相关联的文化体系。这种文化分析常常忽视文化历史演进中的历史关系及其现实形态的多样性。对文化进行真正的历史分析,应当考虑内含于社会发展阶段中的主导文化与其他文化类型之间的复杂关系,考察它们是如何同整个文化过程发生联系以及在文化社会体系中的作用。由于总是在某一文化过程中考察种种关系,所以要在同主导的全部意义的关系中才能给残余文化和新兴文化下定义。主导文化

---

① [英]雷蒙德·威廉斯:《马克思主义与文学》,王尔勃、周莉译,河南大学出版社,2008年,第130页。

是指代表一个社会主流价值观的文化,是指"中心的、有影响的和居主导地位的意义和价值体系,这些意义和价值不是抽象的,而是有组织的和活生生的"①。按照威廉斯对霸权的理解,主导文化就是占据霸权地位的文化。主导文化与"替代性"和"对抗性"力量不断发生着冲突,这种替代和对抗的力量即是指新兴文化和残余文化,二者在与主导文化相关和相对的意义中获得自己的规定。

残余文化是"有效地形成于过去,但却一直活跃在文化过程中的事物"②,是"某些无法以主导文化的术语加以表达和确认的经验、意义和价值,却依然能在以前存留下来的社会的和文化的基础(这些基础是由某些社会的和文化的习俗机构或构形组成的)之上得以保存并被实际应用"③。残余文化虽然蕴含着过去的某种因素,但并不意味着已经完全过时,它也是现在社会发展中的有效因素,并通过参与现实社会过程而不断表征着这种来自过去的因素的合理性。残余文化同主导文化处在相互取代甚至彼此对立的关系中,一并被收编到主导文化中去。对残余文化的吸收并不是原封不动地拿过来使用,而是通过重新阐释、冲淡弱化、设计生成、辨别取舍等方式对残余文化进行收编,这就凸显了那种有选择的传统的作用,也使得收编显现为动态的过程。残余总是同文化过程先前的社会构形和先前的阶段相关联,正是在这些构形和阶段中某些真正的意义和价值才被创造出来。在随后出现的某种主导文化在某一特定阶段上有缺陷的局面中,又会产生一种向残余文化求助的倾向,体现出曾被主导文化所忽略、贬抑、压制、否认的残余文化的意义和价值。主导文化为了自身的利益,通过重新阐释、有鉴别地包容和有选择

① Raymond Williams, Base and Superstructure in Marxist Culture Theory, in *Problem in Materialism and Culture: Selected Esssys*, Verso, 1980, p.38.

② [英]雷蒙德·威廉斯:《马克思主义与文学》,王尔勃、周莉译,河南大学出版社,2008年,第130页。

③ 同上,第131页。

地排除等方式来吸收、合并残余文化，"甚至应该有意不时地使之'复活'"①。

在现实的社会结构中，存在着某种适应文化过程中那些要取代主导的或与主导对立的因素的社会基础，在这些社会基础上不断创造出新的实践、新的关系及新的社会意义，新的社会价值和新的社会习俗机构不断被创立，这便生产出"新兴文化"。新的阶级通常总是新兴文化的发源地，文化上的新兴同某一阶级的力量壮大及兴起密切相关，并伴随着新的阶级意识的觉醒和新的文化组织的生成，这些都为新兴文化的产生奠定了社会基础。在主导文化霸权下，新兴的因素已经出现且存在于社会的边缘地带。当它作为一个尚处于相对从属地位的阶级时，这种文化实践便总是显得不那么平衡，总有不够完备的地方。因为新的实践不是孤立隔绝的过程，当这种实践达到兴起的程度特别是具有取代性的程度而同主导相对立时，一种试图对它进行收编的过程便开始了，认可和接收其中有利于主导文化的成分并反对和压制对立性因素。因此，收编过程对新兴文化形成了制约和限制，彻底的收编过程中主导文化总是不断打压和否定取代性的和对立的因素，而新兴文化发展就必须和主导文化进行斗争，通过更新的、超出了实际收编阶段的运动来壮大自己。

威廉斯指出，特定的社会形态总是由主导、残余和新兴这三种类型的文化构成，每一种文化类型都具有存在的合理性和必然性。任何一种生产方式、社会制度或主导文化都不能涵盖社会的全部，"这些主导模式总是对人类的全部实践有所选择、有所排斥，它们总把所排斥的说成是个体的、自私的，或者说成是自然的甚至形而上学的。的确，正是通过这种主导模式中这样或那样的术语，这些被排斥的领域才一一得以表述，因而被主导有效占据

---

① [英]雷蒙德·威廉斯：《马克思主义与文学》，王尔勃、周莉译，河南大学出版社，2008年，第130页。

的那些领域其实是为了进行统治而确定的"①。主导社会秩序的区分性的、可比性的特征在于，这种主导社会秩序在试图进行收编的过程中究竟能在多大程度上深入人类的全部实践和全部经验中去。在发达资本主义条件下，由于劳动的社会特点、交流传播的社会特点以及形成决策的社会特点等方面发生变化，因而这一阶段上的主导文化与其他任何时候的资本主义社会主导文化相比，都更加深入那些还"隐蔽"着的或已被"舍弃"了的经验领域、实践领域和意义领域之中，主导秩序对整个社会过程和文化过程进行有效的渗透，使得其所影响的领域和范围出现了重大扩展。这促使新兴文化的基本问题更加复杂多样，其间的矛盾也越发尖锐，取代性因素也被视为对立因素或转变为对立因素。

新兴文化实践与残余文化实践虽在形式上与主导文化实践相对立，却都是构成以后的主导文化的要素。主导文化不断收编着残余文化和新兴文化，三者处在此消彼长的过程中。残余文化代表着过去因素对现行霸权的抵抗和挑战，新兴文化则孕育着一种新的社会秩序的可能性。残余文化和新兴文化又都可以分为替代性和对抗性两类，替代性文化在现在的霸权范围内寻找共存的空间，对抗性的文化则试图取代现存的霸权。因此，并不存在绝对同一性的理想状态或绝对专制状态的文化，主导文化也不是文化形态，它可以深入"隐蔽"或已被"舍弃"的经验领域、实践领域和意义领域并对整个社会过程和文化过程进行有效渗透，但不能包办和取代它们。②威廉斯指出，主导文化与残余文化、新兴文化之间争夺文化霸权的斗争，对于文化霸权起着补充和消解的作用，使文化霸权显示出动态的性质和过程。

通过一系列复杂的分析，威廉斯着重突显了主导文化的种种"收编"方

---

① ［英］雷蒙德·威廉斯：《马克思主义与文学》，王尔勃、周莉译，河南大学出版社，2008 年，第134 页。

② 参见李林洪：《雷蒙德·威廉斯的"文化唯物主义"研究》，中国人民大学博士论文，2010 年，第89 页。

式,同时又特别强调种种"新兴"文化的抵抗。威廉斯指出,"实际上从来没有任何一种生产方式,因此也就从来没有任何一种占据统治地位的社会制度或任何一种主导文化可以囊括或穷尽所有的人类实践、所有的人类能量以及所有的人类目的"①。这就承认了那种能够体现文化创造力但又被压抑得发不出声音的人群存在的合理性,为其争取"兴起"的空间,证明了各种流行文化、亚文化产生的必然性。

(四)感觉结构:连接文化与社会的纽带

在反对将文化和社会表达成过去时态、把个人和社会分离开来、把社会化约为凝固形式的做法的基础上,威廉斯强调文化是活动过程,指出"活着的人"是不可以化约的,文化活动也绝不是过去时态的。威廉斯把这些现实在场事物的变化定义为"感觉结构"的变化。

"感觉结构"也可以称之为经验结构,是一种处在过程中的社会经验和现实在场的活跃着的连续性之中的实践意识,也是一种已经结构而成但又往往处在意义边缘的"构形"。正如"结构"一词所隐喻的,感觉结构是稳固而明确的,但它在人的活动的最细微处发挥作用。由于"感觉结构"的整体性和细微性,只可体验、触摸而不好言说,也造成了解释和理解上的困难。感觉结构是试图对一种复杂的整体的表达,表达生活和体验的总体性。这种富于时代特征的感觉结构乃是文化存在的前提,因为它是特定人群所固有的集体无意识。威廉斯尝试用"感觉结构"来说明文化的经验性、整体性和复杂性,从而将文化定义为"整体生活方式"。

伴随着威廉斯思想的发展,对"感觉结构"一词的含义和功能认识的不断完善。"感觉结构"的最初含义被置于艺术文本的场域中,它只存在于艺术

---

① [英]雷蒙德·威廉斯:《马克思主义与文学》,王尔勃、周莉译,河南大学出版社,2008年,第134页。

作品的整体中,在外部世界找不到具体的对应物,具有不可分析性。在《文化与社会》中,"感觉结构"被用来讨论 19 世纪英国工业题材小说中所折射出的民众体验与感受,探查社会环境与人内心体验之间的细微关系。在《从易卜生到布莱希特的戏剧》中,威廉斯突出感觉结构的潜意识特征,说明人对世界的认识往往是通过经验来感知的。在《漫长的革命》中的"文化分析"章节中,威廉斯将"感觉结构"引入现实生活,"感觉结构指一个时期的文化:社会基本组成中所有元素的特有的生活结果"①,在现实生活中真实而鲜活地存在,它以整体的方式为人们所理解。威廉斯在《马克思主义与文学》中专门探讨了"感觉结构"概念,不断彰显其功能,在葛兰西的影响下,强调感觉结构对文化霸权的作用。"从六十年代到七十年代,情感结构的内涵,经历了从强调直接经验和为一代人所特有的东西,到强调前兴起状态的变化,记录了威廉斯五六十年代到七十年代从拒绝英国马克思主义到重新认识西方马克思主义的心路历程:从强调文化的整体性(全部生活方式和为社会各阶层所共享)到强调文化支配性观念和霸权特征的转变。"②

威廉斯非常强调文化分析需要把握一个社会的文化在某个特定时期里稳定的结构性存在,他用"感觉结构"这个概念来描述这种稳定而明确的结构性存在。威廉斯强调,在所有实际存在的共同体中,感觉结构都被广泛而深入地拥有,它不是通过学习获得的,每一代人都会用自己的方式对自己所面对的世界做出反应,并把自己的创造性反应塑造成一种新的感觉结构。因此,感觉结构就是对溶解流动中的社会经验的体知,以便同社会意义的构形相区分。感觉结构同主导的、残余的和新兴的社会构形密切相关,文化与不同时代的感觉结构之间的关系,体现在主导、残余与新兴的"收编"与"抵抗"

---

① [英]雷蒙德·威廉斯:《漫长的革命》,倪伟译,上海人民出版社,2012 年,第 57 页。
② 赵国新:《背离与整合》,北京师范大学英语语言文学博士论文,2001 年,第 64 页。

过程中。威廉斯指出,感觉结构把握了广泛的不同意见并把它们置于感受结构之内,并在一定程度上把它们看作是反向的反应,唯此才能发生结构的更替并迎来一个机构崭新的时期。①因此感觉结构就成了一种包含特有的联系、特有的强调和侧重,并且连带着特有的深层出发点和结论的特定结构。

威廉斯提出"感觉结构"是"为了检查和把握个人领域与普遍经验、个人过程和社会过程、社会结构和历史形态之间的关系,为文化与社会之间加一个中介,避免简单的决定论,同时又不抹杀文学与社会之间的关系,把文化和文学看成一种动态的过程而非固定的产品"②。威廉斯通过"感觉结构"这一观念,提供了把历史作为一个过程而不是一个事物来考察的方式,表明其对社会生活经验的重视。把"感觉结构"作为连接文化与社会的纽带,充分体现了威廉斯在文化、政治、社会之间创造关联的思想,将经验置于社会语境之中,把文化和社会中的经验与实践活动的意识联系起来,为研究不同领域的问题奠定了基础,是其整体论思想的佐证。威廉斯从得到清晰表达的感觉结构界定了社会经验的概念,体现了他所受到的经验主义的影响,也使得经验在他的理论中具有了认识论的特权。

在威廉斯的思想中,"感觉结构"是"在他思想中的'有机主义'观念基础上批判地吸收以弗洛姆为代表的社会心理学的'社会性格'(social character)概念和以本尼迪克特为代表的社会人类学的'文化模式'(pattern of culture)概念而形成的"③。通过"感觉结构",将文学置于社会、生活的语境中,使"细读"研究走进文化研究,实现了在文学批评中勾勒文化、社会变迁的目的。在威廉斯的后期思想中,将"感觉结构"与"西方马克思主义,尤其是卢卡奇的'总体'概念、戈德曼的'结构'概念以及葛兰西的'文化领导权'概念进行整

① 参见[英]雷蒙德·威廉斯:《政治与文学》,樊柯、王卫芬译,河南大学出版社,2010年,第153页。
② 付德根:《走向文化唯物主义》,中国社会科学院研究生院博士论文,1998年,第83页。
③ 吴治平:《雷蒙德·威廉斯的文化理论研究》,甘肃人民出版社,2006年,第105页。

合"①。将"感觉结构"这一总体性概念作为消解经典马克思主义的"经济基础-上层建筑"二元对立模式的有力武器,在"文化领导权"中丰富了"感觉结构"与阶级之间的关系,突出了"感觉结构"的斗争内涵,因而使威廉斯文化研究的政治关照问题得以明朗化。

"感觉结构"这个概念怎么能用来表述阶级的多重性呢?既然感觉结构是一代人所共有的,那么是否意味着它是一个社会中所有阶级共同拥有的呢?威廉斯承认在《漫长的革命》中没有充分强调阶级的差异性,他同时又强调感觉结构的多样性本身在历史上也是多变的,两个同时存在的特征鲜明的感觉结构存在于同一个社会阶级当中,一种感觉结构可以被不同的阶级普遍接受。这也就是说,尽管感觉结构包含有阶级的因素,但在某些历史条件下,它仍然可能跨越阶级的界限,被整个社会所普遍接受。②

"感觉结构"概念为威廉斯进行理论综合提供了思路。任何一种文化生产都与"符号系统"有关,而"符号系统"既是特定的文化技术,又是特定的实践意识形态。因此文化研究既成为一种社会学,又成为一种美学。正是抓住了"感觉结构"和"符号""构形"的这种联系,威廉斯才在个体与社会、体验与思想之间,进而在社会学与美学、马克思主义与文学之间做出了重要的理论接驳。

"感觉结构"这个概念作为一个例子可以说明威廉斯理论建构所具有的特点,威廉斯的理论和"感觉结构"概念一样,也许缺乏理论上的精密性和系统性,但他始终有意识地避免将理论抽象化,而试图把经验和理论结合起来。对经验的这种重视显然来自利维斯主义的深刻影响。威廉斯指出,利维斯的力量就在于他能够再现和解释"作品中的活的内容"③。同样,我们可以

---

① 吴冶平:《雷蒙德·威廉斯的文化理论研究》,甘肃人民出版社,2006年,第105页。

② See Raymond William, *Politics and Letter*, Verso, 1981, p.158.

③ Raymond William, *Politics and Letter*, Verso, 1981, p.164.

这样说,威廉斯的力量就在于他能够在理论分析中再现和解释活的经验。

三、威廉斯对意识形态的反思

"意识形态始终为文化研究中的最重要的概念范畴"[①],"是大众文化研究中的一个关键概念"[②]。威廉斯在《马克思主义与文学》中把"意识形态"作为文化唯物论的基本概念之一,展示这个概念所标示领域的学术史演变,揭示理论脉络背后汹涌的历史潮流。"意识形态"这个概念并不是马克思主义的专有概念,却是马克思主义关于文化思想的一个重要概念,并对它进行了深入探讨。威廉斯考察了"意识形态"概念在马克思主义中的含义及运用,并将它置于文化史的广阔发展历程之中,关注不同形式的马克思主义与其他思潮之间的相互作用,并从对这一概念的考察中分析出一种批判与阐释的新方法。

(一)"意识形态"的关键词解释学分析

威廉斯对"意识形态"做了关键词的考察。Ideology("意识形态")这个由法国哲学家特拉西首先提出的词于 1796 年出现在英文里,是一个表示"观念科学"的哲学术语,是考察观念普遍性原则和发生规律的学说,以此区别于古代形而上学, 这种具有科学含义的 ideology 在 19 世纪一直被用于知识论及语言学理论中。威廉斯指出,这种"观念"大致属于洛克和经验主义传统,观念的科学必定是一种自然科学,因为所有的思想观念都起源于人类对世界的经验。在自然科学的发展及其所要求的精确性基础上,通过哲学尤其是经验主义的预设,把意识形态变成关于"改造了的感觉"的各种各样的观

①　Graeme Turner, *Btitish Cultural Studies: A Introduction*, Routledge, p.167.

②　[英]约翰·斯道雷:《文化理论与大众文化导论》,常江译,北京大学出版社,2010 年,第 2 页。

念表现形式,将其限定为有关"符号体系"的语言表述,但也排除了社会维度对意识形态的影响,这是一个深刻的重大失误和扭曲。

拿破仑批判了特拉西关于意识形态的观点,以"意识形态家"轻蔑地称呼批评他的欧陆哲学家,使"意识形态"概念表现出负面的含义,用来指"不合实际的理论"或"抽象的幻想"。"这是由于这些意识形态空论家的教条——这些繁琐的形而上学费尽心思地认为寻找了事物的第一因,并以此为基础为各民族立法,而不是使法律契合那些出自人类心灵和历史教训的知识——我们美丽的法兰西才不得不承受所有这些灾难"①。拿破仑的批判造成了"意识形态"词义的扩大解释,ideology、ideologist、ideologi 三个词带有了抽象、空想及激进理论的含义,在 19 世纪初,保守思想家们将 ideology 视为贬义词。

威廉斯指出,马克思、恩格斯带着批判的态度使用"意识形态"这个词,将之视为幻想、虚假的意识、上下错置之现实、非现实等含义。同时,在马克思的一些著作中,"意识形态"带有中性含义,意识形态的形式是对人所处的社会中的各种对立、冲突和斗争的反映,由于人的社会冲突、社会对立的根源在于经济生产的变化与根本利益的对立,所以它所反映的是生产的经济条件之变化。这种看法与早期有关 ideology 之部分含义有明显关系:"19 世纪时意识形态被视为一组观念,而这组观念是源自某些特定的物质利益;或者,广而言之,这一组观念源自特定的阶级或群体。"②

威廉斯指出,在马克思主义传统里,关于意识形态的这两种看法有时候在用法上存在混淆之处。在意识形态指涉适合阶级的观念体系时,一种意识形态可能被认定为正确、先进以便对抗其他落后的意识形态,也可能虽然这

---

① [英]雷蒙德·威廉斯:《关键词:文化与社会的词汇》,刘建基译,生活·读书·新知三联书店,2005 年,第 61 页。

② 同上,第 221 页。

种意识形态是对某一阶级根本利益的真正表达，但只是反映了少数人的局部利益,因而对人类的广泛利益或者说是大多数人的利益而言是虚假的。这便产生出意识形态概念幻想、虚假意识的含义,它通常和一般描绘某种阶级特色的文字联系在一起。同时,为了保留虚幻或纯然、抽象之思想这层含义,马克思主义及其他学说对 ideology 与 science 一直都有标准的区分。在社会科学领域,视意识形态为纯理论的制度、视科学为显现的事实的观念,是很普遍的。

(二)"意识形态"在马克思主义中的嬗变

"意识形态"是马克思主义文化理论中的一个重要概念,这也是一个充满不同理解、具有不同含义甚至导致互相矛盾的阐释的概念。威廉斯认识到"意识形态"在马克思主义中的重要地位,在对这一概念进行思想史考察的基础上,指出马克思、恩格斯主要在三种含义中使用意识形态概念的:"一定阶级或集团所特有的信仰体系, 一种由错误的观念或错误意识构成的幻觉性的信仰体系,生产各种意义和观念的一般过程。"[①]这里实际上区分了意识形态的三个层次:一是把意识形态作为阶级尤其是统治阶级的意志,二是把意识形态作为虚假的意识,三是把意识形态看作观念和意义生产的过程。前两种含义在一些马克思主义流派中是结合在一起的, 从特定阶级的立场或科学的立场出发将意识形态作为社会的对立面,并区分出 "虚假的意识形态"和"科学的意识形态",突出形成意识形态的阶级立场的对立,这构成了在马克思主义思想传统中对意识形态概念的主导认识和主流用法。

威廉斯指出,马克思和恩格斯提出关于"历史的现实基础"——生产和自身生产的过程——的观点,从各种生产过程中可以推溯出"各种不同的理

---

① 　[英]雷蒙德·威廉斯:《关键词:文化与社会的词汇》,刘建基译,生活·读书·新知三联书店,2005 年,第 58 页。

论产品"的"起源和生长"。但在这一阶段上也出现一些明显的混乱之处,"意识形态"变成某些思想理论用以争辩的代名词,这些思想理论忽略或无视物质性的社会过程,用"视网膜的倒影"的方式来比喻意识形态容易导致简单化,这是占主导的"正统马克思主义"机械反映论对意识形态理解的典型方式。这种看法把意识、想象、思想观念等思维过程及其产物简单地看作"反射""影像""模糊幻想"或者"升华物",用这种简单化约的方法来认识思想理论和人的精神活动,并将这种方法运用于对"意识形态"概念的分析,必然导致某种深层的混淆。这是机械唯物主义的典型表现,"把'意识'和'物质现实'分离开来的那种唯心主义式的做法重新出现了,只不过其先在的地位被反转过来而已,而那种对于意识同意识到了的存在不可分的强调,进而对于意识到了的存在同物质的社会过程不可分的强调,则在这些故意贬损的语汇的过程中实际上已经遗失了"①。意识一开始就应当被看作人类物质社会过程的组成部分,思想观念和物质产品一样,都是人类物质活动过程的组成部分。马克思、恩格斯曾明确地指出,"意识在任何时候都只能是被意识到了的存在,而人们的存在就是他们的现实生活过程"②。因此,意识、思想、观念并不是游离于人的现实生活过程之外的某种"副产品",它本是社会物质过程的构成部分并贯穿于始终,把意识和思想同物质性社会过程分离开来的做法是无效的。威廉斯认为,马克思主义的意识形态概念在关键领域中误入歧途,"是由于向那种强调'实际的人'的犬儒主义哲学进而向那种所谓'自然科学'的抽象经验主义做出暂时退让而导致的"③。这既指出了马克思主义的意识形态概念"误入歧途"的根源,也标明了其在方法论和发展路径方面的原因。

---

① [英]雷蒙德·威廉斯:《马克思主义与文学》,王尔勃、周莉译,河南大学出版社,2008年,第64页。

② [德]马克思、[德]恩格斯:《德意志意识形态》(节选本),人民出版社,2003年,第16页。

③ [英]雷蒙德·威廉斯:《马克思主义与文学》,王尔勃、周莉译,河南大学出版社,2008年,第65页。

威廉斯认为，人们之所以形成关于意识形态的消极看法——将其作为虚假的意识，原因在于将意识形态放到与其他东西的对比中来定义意识形态，意识形态的那些定义所赢得的力量来自同非意识形态事物的对照，最具共通性、代表性的当属与所谓"物质生活过程""科学"的对照。马克思和恩格斯对意识形态做出的消极评价，起源于他们对青年黑格尔派的批判，反对青年黑格尔派关于意识、观念的独立性的观点，认为把意识和思想同物质社会过程分割开来是徒劳无益的。威廉斯看到，在马克思、恩格斯关于意识形态的三种含义的理解中，把"科学"和"意识形态"两个概念对立起来、把意识形态等同于"虚假、错误的意识"，就无法说明先进阶级或社会主义的意识形态。这里提出一个问题：带有抽象、虚幻含义的或带有观念、理论含义甚至还有信仰、意义、价值体系含义的"意识形态"词汇是否是精确可行的术语？是否足以对确立意义的物质性社会过程进行根本的重新定义？威廉斯在这里含蓄地表达出与阿尔都塞、伊格尔顿的意识形态理论对话的姿态。

（三）作为意义和观念的生产过程的"意识形态"

威廉斯通过将意识形态概念及其各种衍生含义和"变体"放回历史发展的过程中，特别是这些衍生含义得以形成的问题中，回到它自身呈现出的问题上和所揭示的重要争论上，批判地分析意识形态概念的现实基础。威廉斯特别强调被主流的马克思主义传统抹杀和隐匿的"意识形态"的含义，注重对"意义和观念生产"的意识形态概念的挖掘，恢复和彰显意识形态"作为意义和观念的生产过程"的含义，意识形态被视为一般性和普遍性的过程，这便扩大了文化范畴的内涵，为重建马克思主义的文化理论清理了地基。

将意识形态理解为"意义和观念的生产过程"与威廉斯对"基础与上层建筑"关系的重新解读密切相关。在坚持意识形态的唯物主义基础之上，威廉斯认为意识形态要受到基础的"设定限度"和"施加压力"，意识形态的形成和产生作用过程与社会存在相伴随,使之成为文化的载体和表现形式,凸显了意识形态的文化视角。通过基础动态过程对上层建筑的解放,揭示了上层建筑的物质性,强调意识形态也是一种生产实践过程,突显出作为参与社会现实的物质力量的意识形态的重要性,并以此反对了虚假意识形态论和阶级意识形态论。因此,威廉斯认为,在马克思主义理论中,作为阶级意志的意识形态、作为虚假意识的意识形态和作为观念和意义生产的意识形态这三种含义,与马克思主义意识形态概念所具有和强调的社会批判功能密切相关。威廉斯指出,作为"观念和意义生产过程"的含义是意识形态概念的核心,它也构成了马克思主义意识形态其他两个含义的基础。

威廉斯指出,意识形态及其多种形式的产物贯穿于社会物质生产过程始终,是其构成要素和必要条件,人的"思维""想象"其实从社会过程一开始便存在着,并且他们只通过无可争辩的物质形式才会为人们所理解和接受。威廉斯进一步指出,演唱、书写、绘画、雕刻等这些精神活动也是具体的物质社会过程的组成部分,意在强调观念、理论等现实的活动,也都存在于物质性社会过程之中。

威廉斯把意识形态看作"意义和观念的一般生产过程",即意义通过符号来生产的过程,将意识形态概念的内涵从抽象思想体系向日常体验和话语实践层面转化,作为表意实践的文化形式构成了社会的重要组成部分,摒弃过去将文化当作统治阶级的意识形态骗局的简单化说法。作为物质性的社会意识指过程的意识形态,是社会历史发展过程中思想观念的生产形式,具有了意义和价值借以生成的社会维度,将意识形态看作社会现实本身不可或缺的组成部分,使文化成为一种根本的表意实践形式。

威廉斯在对"意义和观念的生产过程"的意识形态的阐释中,强调意识形态所具有的文化维度及文化和意识形态的相互关系,赋予文化以政治含义,把文化看作意识形态再生产和霸权的模式。威廉斯认为,意识形态并非单一的向度,在当代资本主义社会中大众传媒获得高度发展,资产阶级的意识形态通过大众传媒及大众文化的传播和渗透,逐渐成为整个社会中占统治地位的意识形态,而文化研究的目的和任务就是要探讨和揭示这一过程及媒介采取的意识形态立场,为社会主义革命寻找出路。威廉斯把意识形态理解为意义和价值的一般生产过程,突出了当代资本主义中革命主体的存在,强调底层大众也能表达自己的思想和情感并创造出自己的文化和价值,在面对资本主义文化控制时具有能动的解码的可能。

大众文化之间的相互渗透延缓了社会的分化,损害了以往的意识形态观念,据此有人主张"意识形态终结"。针对这种观点威廉斯提出了批评,认为意识形态的斗争并未消失,而是不断发生冲突,并且由相互抵触的不平等的文化之间的交流所构成。通过对大众文化的重要组成部分——广告的解读,阐述了大众文化与意识形态在当代社会中的复杂关系,看到大众文化的意识形态属性及其作为日常生活化的意识形态的构建者和主要承载者的作用。威廉斯认为,广告是实现再生产的重要手段和现实社会的主要交流方式,在对真实社会需求和利益做出回应的同时也试图把出于各种背景中的人凸显出来,对深刻的社会矛盾做出想象性的解决,并在意识形态层面把社会主体建构成"消费者",把阶级建构成"大众",它也是"传统家长制模式与强大的市场文化模式"不断斗争的一个重要意识形态场域。这反映出在当代西方社会中,意识形态已经泛化并转向日常生活和文化实践,需要人们正视现实文化和意义生产中的斗争。

威廉斯的霸权理论对于重新认识意识形态提供了启示。威廉斯扩大了意识形态概念,形成了多元化的意识形态批判,改变了经典马克思主义意识形态理论的二元对立模式,使多元化的文化研究得以开展。威廉斯基于"基础与上层建筑"的关系对意识形态进行了新的解读,但未对"意识形态"与"上层建筑"这两个概念进行区别和辨析,这一点也是应该引起注意的。

第四章 作为整体生活方式的文化：文化生产与大众文化

文化研究是威廉斯思想体系的核心，社会批判是其整个思想体系的落脚点，其文化研究的内在逻辑和终极目的在于其社会批判思想，社会批判思想重点体现在文化生产与大众文化理想的阐释中。

一、作为物质生产形式的文化生产

在构建文化唯物主义的过程中，威廉斯将文化视为社会的和物质的生产过程和特殊实践，强调文化具有社会塑造的功能和文化生产在当代社会中的作用，让"文化"进入物质生产，将"文化"作为一个链接来揭示社会生活的总体性关系及文化的构成性作用，通过文化分析来呈现复杂的社会过程，使得其作为一种真实社会力量的文化成为社会主体的活动。

（一）文化活动是物质生产形式

威廉斯指出，"文化活动是物质生产形式，只有理解了这一点，人们才能考虑它们的真实社会关系——只有一种关联性的第二秩序"①。威廉斯将文化活动看作物质生产的一种形式,强调文化所具有的物质性和实践性特征,这也是文化唯物主义的立足点和核心。文化唯物主义对文化的物质性的强调,是对内含于文化的物质性因素的确认和恢复,物质性因素本来就是文化的应有之意,只是在文化的概念化和理想性的发展过程中物质逐渐被抛离到文化的场域以外,而文化被看成一个远离物质世界的精神性存在。

将文化活动理解为物质生产的形式,与威廉斯对文化的界定密切相关。威廉斯在马克思强调人通过自己的活动来创造自己历史的基础上,把文化定义为"整体生活方式",因此文化贯穿和渗透于人的社会整体生活过程之中,必然蕴含着物质性因素,这也就批判了将文化从社会物质生活分离出去的做法。威廉斯在接受《新左派评论》的访谈时澄清了他对文化物质性的强调,主要是为了反对文化研究中的两种倾向:一是完全精神化(spiritualized)的文化生产, 二是将文化贬低至附属的地位。文化活动是人的现实实践活动,是物质活动发展过程的有机组成部分,具有物质性和实践性。物质生产和精神生产是社会历史过程密不可分的两个方面, 二者之间的分离是社会发展到一定阶段在社会分工的条件下才产生的,使文学、艺术、宗教、道德等精神生产活动凸显出来并具有相对独立的外观, 文化活动也展现为相对独立的过程。

威廉斯把文化生产看作一种物质生产形式, 是对当代资本主义社会历史发展的具体现实经验的总结。在资本主义的社会领域中,大规模的经济活动、政治活动与文化活动相互渗透并形成了一个不可分割的整体过程,关于资本主义出版业、电影业以及广播电视业研究,总是同更为宽泛的对于资本主义社会、资本主义经济以及新型资本主义国家的分析联系在一起,对习俗

---

① Raymond Williams, *Politics and Letters:Interviews with New Left Review*, Verso, 1981, p.112.

机构也需放在现代帝国主义和新殖民主义的语境之中加以分析。在当代资本主义语境下,文化生产的物质性特性的凸显,为威廉斯文化唯物主义的建构奠定了现实基础。威廉斯也承认,满足人衣食住行的物质生产在各种物质生产形式中具有基础地位,这已经被马克思主义归结为基本的生产性劳动。而随着资本主义的发展导致社会结构发生变化,传统意义上的生产活动在整个人类生产中所占的比例在减小,娱乐、艺术等传统意义上的非生产活动占据的比例在增长并发挥巨大的作用,现实变化必然导致各种物质生产形式在"等级"上的消解。

贯穿威廉斯的整个研究领域,工业革命的因果关系居于首要地位。作为一种生产方式变革的革命,本身已经包括了许多通常被解释为非经济性的变化,任务不是要去理解工业革命如何影响其他部分,而是要理解它同时还是一种文化生产的工业革命,同时被生产出来的还有读写能力、政治秩序、大众舆论或者大众娱乐。历史因果关系必须主要依据生产方式中的生产和变化来理解,然而这一点被限定于狭隘的经济解释,它实际上已经低估了其本身正确适用的范围。迄今为止,物质生产的各种进程所施加的根本性约束力超越了一切其他进程——它们为一切其他实践构成了支撑的框架,而一切其他实践并未在同样的意义上为经济实践构成支撑的框架。这需要解释政治权力结构、实际生产关系和文化结合形式之间确切的相互关系。

将文化置于物质生产过程之中,并将文化看作物质生产的形式,意味着威廉斯确立了对于物质生产活动与政治制度、文化制度以及意识之间的不可分割的联系的认识。新技术的发展促使文化生产过程的物质性因素发生历史的变化,并引起文化生产方式的变革,对整体的社会历史进程和其他构成性要素产生影响,关涉到广泛的社会、历史和政治等领域。当理解了文化生产的社会性和物质性,将文化与物质生产过程紧密地关联起来,就必然会将社会历史的进程看作一个不可分割的整体,这种认识不是建立在纯粹经验的基础之上,而是建立在各个单独生产过程共同性质的基础之上。

威廉斯在强调"文化活动是物质生产形式"的基础上,进一步探讨社会政治制度的建构和社会斗争也都是一种物质生产。社会政治制度和社会斗争的物质性,不仅表现为实现政治统治秩序的手段,如监狱、法庭、军队等是由物质性因素构成的,而且表现在社会的工业和物质生产活动同国防、法律制度、社会保障体系及大众传播等结合得越来越紧密,社会政治秩序和文化制度的生产都表现出其本身具有的物质性特征,这在像发达资本主义社会这样的较高社会发展阶段里尤为明显。威廉斯认为,所有的文化活动都是社会必不可少的物质生产形式,而作为一种社会和物质生产过程的文化,是一种特殊的社会实践活动,它"强调演变过程——由特殊的社会形成引起的意义和价值的生产,语言和传播作为构成性社会力量的中心性地位,各种制度、形式、社会关系和正式的惯例之间复杂的交互作用"①。

威廉斯文化唯物主义强调文化的物质性和实践性,把文化理解为物质生产的形式,具有重要的理论意义。首先,它批判了唯心主义传统对文化本质的认识,克服了把文化等同于抽象的概念和理论等精神活动及其产物的唯心主义倾向;其次,它驳斥了庸俗唯物主义,克服了将文化看作物质的产物及副产品的狭隘见解;最后,它突破了经济决定论,以文化与社会其他构成要素之间的互动关系,克服了对经济因素的单一强调,批判了将文化从社会物质生活过程中分离开来的做法,阐明了文化在社会发展中的能动作用。

(二)文化的生产方式:文化生产力与文化生产机制、组织方式

"文化活动是物质生产形式"意味着文化具有物质生产活动的特征,即具有自己的生产方式,文化生产表现为文化生产力与文化生产组织方式之

---

① Raymond Williams,Notes on Marxism in Britain Since 1945,in *Problem in Materialism and culture*,Verso,1980,p.243.

间的矛盾运动过程。文化生产是社会有机整体和社会历史过程的重要部分，成为整个社会生产过程的必要环节。威廉斯通过对生产内容的界定和对生产力概念进行历史辨析，恢复了文化的物质性。

威廉斯在反思马克思主义关于生产实践概念基础上，通过对生产内容的重新界定，扩展了生产劳动的范围，把文化活动纳入物质生产之中。马克思主义认为生产实践是人类创造满足自身需要的生存条件和生活资料的社会性的活动与过程，广义的生产实践包括物质生产、人的生产和精神生产三个层次和子系统。马克思主义进一步把文学、艺术等文化观念的生产归入精神生产的行列，甚或将文化生产等同于精神生产，并将精神生产和物质生产对立起来，其结果是把文化生产看作在物质生产之外、与之无关甚至与之相对的一种生产活动。威廉斯认为，人的现实的具体的生产活动兼具物质生产和精神生产的因素，人的生产劳动过程包含着对象化的意识，这是人的活动的特性，因此"'文化的'与'物质的'之间的对立是误导性的，文化的生产手段无可争辩地具有物质性的因素"①。威廉斯通过"整体生活方式"的文化定义，扩展了文化的范围并使文化融入社会和生产劳动过程之中，生产活动既包括经济生产活动，也包括政治活动和社会秩序、文化观念的生产，赋予文化活动以物质性的特征，这就把马克思主义理论中关于物质生产的理论范式延伸到了文化活动领域。

威廉斯通过考察文化生产的物质手段，探讨了文化生产力问题。根据文化生产的物质手段的存在方式的不同，威廉斯主要划分了两种形式：一种是借助于人的身体器官的物质手段，主要包括言语、肢体、手势和表情等方式，所产生的文化形式有舞蹈、演唱等，这些文化与生产主体的行为不可分离，通过生产者主体的运动状态而存在。另一种是借助于人的身体器官以外的

---

① Raymond Williams, *The Sociology of Culture*, Schocken Books, 1982, p.87.

物质手段,使人的本质力量通过这些外在于人的手段传递给对象进行文化生产,它是人的"体外器官",其所产生的文化形式有书籍、绘画、雕塑等,使文化具有离开生产者而独立存在的形式。这些物质手段属于生产力的范畴,体现了文化生产过程中的不同的社会关系。根据生产的物质手段对所涉及的社会关系的不同作用,人体外的物质性生产手段可分为两种基本情况:一是人体外的物质性生产手段所涉及的社会关系是使用人体器官所涉及的社会关系的延续;二是通过使用人体外的物质性生产手段,使之作为中介插入人与人之间来调节人的社会关系,进而引发社会关系的变革并生产出新的社会关系。威廉斯注重文化的物质生产手段的使用对新型社会关系的产生所起的作用,考察了导致新型社会关系的两种类型的人体外的物质性生产手段:一是独立的物质表意系统的发展,其中最具代表性的是标写(将在下一个问题中详细探讨);二是复杂的放大、复制等技术的发展。这两种类型的文化生产手段的相互关联实现了文化生产的功能,推动了知识的传播和教育的普及,推动了民主政治的发展,改变了社会关系和社会结构,并促进了资本主义新型社会关系的建立。

　　威廉斯探讨了文化生产力的变化对文化生产关系的影响。他指出,文化生产手段的进步和发展必然导致文化生产机制和组织方式做出相应的改变,这在现代文化生产中主要体现为两个方面:一是文化生产控制方式的变化,市场逐渐占据主导地位,并逐渐开始取代政府的力量成为控制文化生产过程的主导方式,其中文化产品的成本与利润预期等商业化的选择因素主导着文化的生产过程;二是现代文化生产领域里出现了三次标志性的社会分工(分离),即文化生产的专业化分工、精细的劳动等级分工、所有权和管理权之间的分离。①这两个方面的变化归根结底体现的是文化生产关系方面

---

① Raymond Williams, *The Sociology of Culture*, Schocken Books, 1982, pp.115–116.

的变化。威廉斯通过对作为文化生产力核心构成要素的文化生产手段的探讨,阐释了文化生产力对文化生产关系所产生的影响,他的思路与马克思主义传统对物质生产方式进行分析的思维逻辑是完全一致的。但威廉斯在分析文化生产时所关注的主要是文化生产的手段、条件和文化生产关系等外部因素,对文化生产对象内容的重视和考察不够,未能展开对于文化对象的微观层面的分析。这正如有学者所指出的那样,"应用物质生产的生产方式不可能处理主要作为文化意义载体的文化对象的特殊性"①。这种对威廉斯文化生产的反思性认识,是很有见地的。

"文化活动是物质生产形式"表明文化具有自己的生产机制和组织方式,文化机制与文化构形都是文化生产的组织方式,二者随着历史的发展和时代的变迁而发生变化甚至是根本性的变革。威廉斯根据文化生产关系的历史发展,梳理了文化机制的历史性变化,展示了文化生产的社会机制的作用和所产生的影响,归纳出英国历史发展中的四种文化机制:一是官方体制化的文化机制,二是资助性的文化机制,三是市场性的文化机制,四是后市场化的文化机制。这四种文化机制的演进呈现为相互更替的过程。威廉斯指出,文化机制演进的根本推动力要在文化生产力的发展中去寻找,文化机制的更替过程与总体的文化霸权过程是相一致的。

威廉斯探讨了文化生产组织方式中的文化构形。他所指的文化构形是文化生产者的自我组织形式,是与文化生产联系更为密切的自我组织形式。威廉斯指认了在文学、艺术、哲学和科学等文化领域中文化构形的一些具体形态,阐释了这些领域中的自觉运动和趋势,并强调其对文化构形的分析尤其是对文化群体的阶级、教育、社会立场等外部问题进行分析具有重要的意义。威廉斯指出:"没有对于文化构形的关注,就不可能书写任何

---

① Paul Jones, *Raymond Williams's Sociology of culture*, Palgrave Macmillan, 2004, p.51.

现代文化史。"[1]

威廉斯在对文化总体性结构的动态分析框架中，阐释了文化生产的组织方式。威廉斯指出，只有联系文化霸权问题来探讨文化机制和文化构形，才能深刻地理解文化机制和文化构形在文化生产过程中的作用。在文化霸权的总体性动态过程中，主导文化、残余文化和新兴文化的"收编"与"抵抗"形成有效的社会和文化秩序，文化霸权过程是传统、习俗机构和构形三个文化进程的结合。威廉斯认为，在选择传统、实现文化霸权的过程中，作为文化生产组织方式的文化机制和文化构形具有重要作用，通过文化机制和文化构形，使个体对文化霸权产生认同并构成霸权实现的条件。

威廉斯在文化的物质生产特性基础上，以大众文化为对象，考察了大众文化生产的社会结构和制度机构问题，探讨了文化再生产的种种模式。威廉斯指出，大众文化具有不同于传统精英文化的生产方式。大众文化是物质性的文化生产历史发展的必然结果，其生产方式的变化反映了当代社会的特点，与当代社会政治、经济、科技的新发展密切相关。作为现代工业社会和商业消费社会中产生的文化形式，大众文化通过电子技术和印刷出版等方式进行存储和传播，使得大众文化的意义与作为载体的物质媒介之间呈现出更为复杂的关系。这也进一步表征出，作为物质生产的文化活动的生产方式，伴随着人类社会历史的整体发展进程，而一道获得发展。

二、"创作实践"——写作语言的特殊实践

作为文学批评家和文化研究者的威廉斯，继承了英国文学与文化的传统，特别关注文学与文化的关系，把文学看作文化与社会的重要内容，也是

---

[1]　Raymond Williams, *Culture and Materialism*, Verso, 2005, p.148.

其文化理论所特别关注的重要部分。威廉斯将"文学艺术"视为物质生产资料(从语言到写作技术,直到机械的和电子的信息系统)的社会性使用①,文学是一种生产、一种"写作语言实践"。威廉斯把文学归为写作,让审美回到情境,再把它们放到文化与社会实践的物质生产过程中去,将其视为各种社会活动与物质生产的一部分,这就是威廉斯所要阐明的文化唯物主义立场。

(一)"社会写作"的文化实践

威廉斯认为,写作语言实践体现了文学、文化作为社会实践的物质性。威廉斯集中阐述了文化唯物主义的文学理论,对"创作实践"展开概念的分析,把创作实践看作社会表征活动,把创作看作"文化的物质形式"的表现,并将写作与人的生活方式关联起来。

威廉斯通过对"文学"进行关键词解释学的考察,阐明社会写作的文化实践的发展历程。英语中"文学"的词根是拉丁文中的"littera",意即"字母",指阅读的条件——即具备阅读能力和阅读对象。在其发展中它超出"具有读写能力"的含义,开始指称"高雅的"或"人文的"学识,体现的是上层社会的少数人在文化教养上所达到的水平,隐含着对某种社会差别的认可并在发展中产生一种潜在的并最终转化为现实的文学定义:指代"出版的书籍",通过它体现人的文化教养水平的对象,指出了人应具备的阅读能力。在这一发展中文学的内涵逐渐转向专指"创造性"或"想象性"的作品。威廉斯指出,"专门表达内容丰富的意义重大的人类直接经验"、专指"创造性""想象性"并立足于"民族传统"的"文学",是18世纪特定社会秩序和社会情势所造就的概念。在后来的马克思主义传统中把"基础与上层建筑"的命题实际运用

---

① Raymond Williams,Notes on Marxism in Britain since 1945,in *his Problems in Materialism and Culture*,Verso,1980,p.243.

到文学这一领域,把"文学"纳入"意识形态"中并同社会史及经济史关联起来。"文学"变为一种特殊的社会范畴和历史范畴,"文学"显示着语言的社会性发展的特定形式。这就同那种抽象地把文学化约为一种功能、进而化约为集体劳动的一种(上层建筑)副产品的既往概念区别开来,而这在正统马克思主义那里是十分常见的。生产方式的变化、新技术的出现推动并形成了社会语言自身的许多新的物质实践。社会历史和社会语言本身的发展促使实践意识不断更新自己的活动方式,这对作为恒定持久又运动变化的实践的文学的界定产生重要影响,不仅在理论和定义的层面,而且在实践和物质的层面,文学在其自身的运动中不断超越自身的原有形式。

威廉斯在反思"文学"的传统概念的基础上,以"写作语言实践"概念取而代之,将"文学"设定为语言的物质写作实践。威廉斯反对把创作实践化约为"表现""反映""意识形态"或者抽象地赞颂创造力的观点,认为要从全部社会和历史的物质过程着眼,对创造力做出具体化的解释。威廉斯指出,文学生产具有创造性,这种创造性并不是指在意识形态的意义上能提供"新的形象",而是指在物质社会的意义上它是一种自我造就(self-making)的具体实践,既是一种"自我编纂"又是一种"社会编纂"。这种创造性同物质社会生产过程始终不可分割,创造性一直固有地存在于日常交流传播这类直接的实践之中,因为表意过程本身始终是能动的,它既是所有具有社会性事物的基础场地,也是对那些人们经历的、正在发生变化的环境和关系进行更新的实践。创造性也固有地存在于社会编撰之中,因为这些同自我编纂的创造性相区别的事物依赖于具体的、直接的而且可以更新的形式,它们也始终是能动的过程。创造性还存在于新的接合表述之中,特别是存在于那些一旦获得物质上的耐久性便能超越其时代和场合的局限性而流传下去的事物之中。

威廉斯把"创作"这种多变的能动过程描述成"一种由语言的那种固有

的物质性(因而也是客观化了的社会性)所造成的结果"①,"是一种把语言作为对象性物质材料加以组织的、富有特色的实践"②。写作实践在外部表现为物质符号的操作运演,但就其内在实质来讲是包括传播交流在内的一种物质生产形式,是整个社会物质生活的一个重要构成部分,具有物质性和实践性的特征。

威廉斯把创作的不同方式排成一个广阔系列——从复制仿造和形象化,到体现和表演,再到新的接合表述(articulations)和新的构形(formations),它们都是实践意识(practical consciousness)的重要成分。各种创作过程都是从能动的复制仿造、形象化和不同程度上的典型化直到实际所进行的表演,在此过程中还可以对"人物"或"关系"进行种种新的接合表述、新的构形,因为它们通常会引出某些与众不同的基本标写(notations)和基本惯例(conventions),并超越这些具体的要素而扩展成一种整体的编撰方式。它们作为一种整体社会过程的组成部分在运行,是由那些有关构形和斗争的现实事物所构成的能动的历史,体现于主导性的霸权对各种残余性和新兴意义的方式的收编过程之中。

威廉斯指出了写作这门物质性的社会活动的重要性。写作始终是交流传播(communication),但不能总被化约为简单交流即熟人间的信息传递。写作始终是能动的自我编纂和社会编纂,但不能总被化约为个性的和意识形态的结晶。写作是一种极其广阔并且变化多样的实践意识,是一种新的接合表达,也是一种新的构形,因而具有不断超越其自身的种种方式。写作不能完全超脱于社会过程之上,也不能完全受控于社会过程之下,它就是社会过程,是社会过程中最突出、最持久、最全面完整的形式之一。文化生产运行时

---

① [英]雷蒙德·威廉斯:《马克思主义与文学》,王尔勃、周莉译,河南大学出版社,2008年,第220页。

② 同上,第153页。

不仅是过程,而且是由那些有关构形和斗争现实事物所构成的能动的历史。威廉斯号召,写作实践应该能动地成为我们的实践意识,它应该变为一种斗争,正如马克思主义的自我创造观念强调通过新的关系形成新的意识,这是一种关于精神根基的斗争。

威廉斯将"写作"视为社会过程、将"表意"视作人的存在本身的观念,具有重要的意义。作为文化生产手段和文化实践活动的写作,在人类文明早期和前资本主义社会中体现出明显的社会阶层和阶级差异,它通常掌握在少数统治阶级的手中,并作为统治的工具发挥作用,而社会中的大多数人尤其是被统治阶级则与这种文化技术绝缘。不仅从认知对象上普通大众无法接触到书写的物质工具,而且在书写和阅读能力上也无法受到长期的专门训练,因而书写这种文化技术只能被少数的社会上层人士所掌握和垄断,这造成了社会的文化鸿沟,同时也成为维持阶级统治的一个重要手段。在资本主义社会中,现代化工业生产对劳动者的素质和读写能力提出更高要求,促使整个社会通过普及教育等方式使普通劳动者具备读写能力,这在促进资本主义社会经济发展的同时,也推动了资本主义民主政治的演进,改变了社会统治的关系模式。在此背景下,文化技术和传播手段的发展也为大众接受文化和提高文化素质提供条件和奠定基础,使得大众文化开始兴起,挑战了传统的精英主义文化,大众文化演变为文化发展的趋势。

威廉斯将文学具体创作扩展到一般的表意过程,再把这种过程界定为广义的"社会写作",进而把它视为充满斗争的文化/社会历史实践。威廉斯的这一逻辑推进又始终贯通着对创造性的追求和肯定。这种"文化社会学"其实就是一种"历史语义学",还是一种以肯定人的自由本质、追求人的现实解放为归旨的"实践哲学"和"实践美学"。因此,威廉斯的文化唯物主义为我们昭示了这样的理论前景和实践空间。

（二）多样性的历史情境：媒介、符号与标写

1. 写作的多样性情境

写作是一种把语言作为对象性物质材料加以组织、富有特色的实践，多样性是其明显的特点。写作的多样性在于对各种文学形式和文学种类的确认，在对决定与控制写作大量的、复杂的、或显或隐的命题进行使用的过程中表现得十分明显。对于这些形式和种类界限的划分，是对某种广阔的经验领域进行意义重大的世俗化、理性化乃至最终通俗化的结果，资产阶级基于事实/虚构以及客观/主观的两分法的文学理论控制了写作的实际多样性并使之专门化。

社会物质过程是不可以分解的。这既指在一种不能把物质过程排除在外的普遍社会过程中物质过程在艺术制造和艺术接受的社会情境下是不可以分解的，而且也指物质过程在实际的制造和接受中也是不可以分解的，这种实际的制造和接受在一种以物质化的方式使用和改变物质的社会体系中把多种物质过程联结起来。[①]写作的多样性只能在特定的情境亦即在某种特定的社会语境中才能显现自身，总是随着社会和历史的变迁而不断变化，而且在各种现实情形中都是具体的。

威廉斯关于"情境"的描述是社会性的。在多样性的情境中，特定的目的和反应在可见的构成中相互结合在一起，产生出一系列真正的特定事实与效果。威廉斯指出，只要接触到了写作实实在在的多样性，接触到了那些被物化为文学写作形式的同样实实在在的多样性，就会意识到一系列既持续着又变化着、时而显现时而隐匿的目的和反应，我们必须承认并确实强调那些特殊而多变的目的和特殊而多变的反应。这些情境是特别容易发生变化

---

① 参见［英］雷蒙德·威廉斯：《马克思主义与文学》，王尔勃、周莉译，河南大学出版社，2008年，第159页。

的,那些被设计出来的作品的效用在于引发这些情境,专门机构的效用在于成为造就这种情境的实际场合,作品和机构也相应地发生变化,这正是全部的社会物质过程本身。

所有的写作都具有指涉物、意义和价值,语言和形式都是指涉物、意义和价值的构成过程。关于价值的争论发生在来自各种特定情境的目的和反映的那些变化不定的遭际(the variable encounters)之中。因此,任何分析的关键都在于精确地把握情境。在人类文化不同的历史发展中,"情境"几乎一直是既有序又无序的,并且他们拥有种种精确细致而又极其多变的构型,这些构型或造就着、或维持着、或封闭着、或摧毁着这些情境。

2. 从媒介到社会实践

威廉斯指出,"媒介"(medium)概念可以对文化实践作一种具体说明。"媒介"在其所具有的"中介"(mediation)观念中指一种活动—— 一种能动的关系,或指一种特殊的物质转化。"媒介"观念的两种发展状况值得关注:一是某种社会组织形式媒介成了关于一般传播的社会组织和机构术语;二是中介性物质实体这一观念得到广泛发展, 这是从以某种活性物质作为载体这一相对中性的科学意义上的说法演化而来的。"媒介"的特性被抽象化,在艺术的理想化和媒介的具体化过程中,"媒介"的特定意义得到格外加强,媒介成了"艺术冲动"与"完成了的"作品之间的中介性物质,或成为劳动过程本身的对象化物质。

威廉斯指出,物质文化生产及其媒介的发展经历某种特殊的社会历史。在 17 世纪至 20 世纪中叶这一最典型的物质性文学和文化生产的阶段,作为单一手工劳动者的作者独自同他的"媒介"打交道,随后的印刷、发行等物质程序被视为简单的附属性工作,"文学"被限定为一种与书籍印刷相关、笔与纸的特殊技术。在其后的阶段上,文学和文化生产与其他事物相联系,包括许多种物质程序和物理程序、合作性的物质生产。威廉斯指出,社会发展过程中社会基本物质生产的过程与关系会发生显著变化,如广播、电视、出版等领域的技术革新及叙事的物质形式上的新发展,必将传导到文化中并引发社会的文化危机。这种发展包括复杂技术带来的新的物质记号和物质表现的问题等新的、内在的物质过程,也包括这些复杂的技术赖以存在的新的劳动关系。

媒介实质上已经成为某种社会组织形式,被作为具体化过程加以强化,它们规定着实践而不是实践的工具。特定的艺术总要被分解为媒介,而特定社会关系在特定阶段上又规定着这些媒介,媒介的生产也依赖于对特定的物质生产方式的掌握。这些社会关系的形式与这种物质生产形式被特定地联系起来,在出版发行和写作过程中越来越趋向合作的集体生产同讲究技艺和价值的个体生产之间的矛盾显得尖锐起来。在把文学、艺术等文化形式当作物质生产这一点的基础上,媒介也不可避免地被看作社会实践。因此,语言就不再是一种媒介,而是物质性的社会实践的构成因素。

3. 语言的社会实践性

要理解文化的"结构性的人类过程"这样一种观念所隐含的全部意义,必须转而研究那些关于语言的变化着的概念,这是了解文化现象的切入点和研究"文化"结构性过程的核心问题。

威廉斯指出,马克思主义有关语言的理论思想发展中,应当给予关注的重要之处是两个相互联系的方面:其一,它强调语言是活动;其二,它强调语言有历史。语言是人类所特有的和建构的,体现的是一种建构能力。强调语言是活动的说法始于 18 世纪[①],它与那种认定是人类自己创造着自身社会

---

① 威廉斯指出,对"语言"与"现实"之间关联的哲学探讨始于专门研究逻各斯的前苏格拉底学派,他们把语言看作同时与世界的和自然的秩序、与神的和人的法则、与理性等密切相关的事物。但这种思想传统却早已中断并被人遗忘,人们习惯于把"语言"与"现实"的根本区分对应于"精神活动"与"物质活动"具体的实际的划分。

的观念有着密切的关系,这一观念亦是新的"文化"概念的核心要素。马克思主义对该观点给予了重点强调,在《德意志意识形态》中关于费尔巴哈的章节里, 在总结构成人类原初历史的因素时指出,"语言和意识具有同样长久的历史;语言是一种实践的、既为别人存在因而也为自身存在的、现实的意识。语言和意识一样,只是由于需要,由于和他人交往的迫切需要才产生"①。这里强调了语言是一种活动,具有实践性、构成性的特征,指出了语言是人类自我创造的多种活动的必然部分。语言具有总体性的特征,"原初的历史关系"包含多种因素和方面,不应该把"物质生活的生产"作为某种可以划分出来的活动使其具有时间上的先在性, 人的活动从一开始就包含着作为必要因素的实践意识即语言。语言具有物质性,即语言是由物质性的肉体产生出来的"震动着的空气层、声音"。

威廉斯指出,关于语言的观点,一种居主导地位的马克思主义在其发展中造成了实际的化约, 由于忽略了语言理论而使得这种化约没有直接体现在语言理论中, 而是习惯性地出现在这种马克思主义关于意识形态的论述以及它对于种种实际的语言活动的分析之中, 这些活动被归纳在 "意识形态"和"上层建筑"的范畴之中。在设定"世界"同"我们在其中所论及的语言"("现实"同"意识")实际分离的情况下,语言的物质性就只能被领会为物理性—— 一系列物质材料的性质——而不是物质活动,这就把抽象的物质功能同人类对于它的现实应用割裂开来。这也是马克思在《关于费尔巴哈的提纲》的第一条中所批判的。

威廉斯超越了"对现实的反应""心灵的表现""抽象的客观符号系统"等语言观念,在强调"语言是一种实践的、既为别人存在因而也为自身存在的现实意识"②的基础上,突出语言是一种能动的实践活动,具有构成性的建构

---

① ② ［德］马克思、［德］恩格斯:《德意志意识形态》(节选本),人民出版社,2003 年,第 25 页。

能力。威廉斯认为,符号具有形式因素和意义因素这两个特性,他们都是由社会中的个人在所进行的言语活动中形成的,这表明威廉斯持有的是"社会语言观"。威廉斯的这种语言观是其文化唯物论的核心和关键,打破了传统反映论所惯用的把语言当作交流的"工具"的观念,认识到语言活动和符号表意行为已经成为人的存在方式,通过语言表意活动选择、确立、建构现实生活的"意义"和"价值",人在作为存在方式的语言活动中实现了对外部世界的社会性建构。

威廉斯指出,语言是一种社会的物质实践过程。在这一过程中,从传递信息到互动、从表现到想象、从抽象思维到直接的情感表达都能具体地实现。意义总是生产出来的,在意义的生产方式中,既有对业已确立的意义和意义关系的相对的完全依赖,又有对已有意义的相对的完全重构以及对新的意义结合方式的发现,这些都是语言过程的特质,语言是物质性的社会实践的构成因素。语言并不是人们单纯"流传"社会事实的媒介,它是一种社会性的共享互惠活动,置身于能动的社会关系中使那些已经成为或可以变成共享性和互惠性的事物活化起来,或显或隐地引发和建立某种关系。符号所表现的是一种社会距离,其本身体现的是一种社会历史关系,正是这些曾经存在和现在存在的关系在一个交互关联指涉的世界中,符号才变得有意义、有内涵。正是在社会情境中,特定的构形和特定的个体都在以极其不同的而又可以察觉的方式使用、提供、检测、修正并改变着语言,而语言正是关乎他们自身的物质关系和社会关系的重要因素。威廉斯阐释了语言的社会实践意义,"社会写作"的文学和文化就必然被看作物质性的社会生产,这就为文化唯物主义的文学理论奠定了基础。

4. 物质标写的生产

威廉斯指出,要想理解语言的物质性,必须对口语(言说)和书面语[标写(notation)]进行区分,且这种区分必须同生产方式的发展相联系。口语是人类单纯利用直接的、基本的物质资源的、活动的一种程序，书面语则是那些使非人类的资源合乎人类目的的物质生产的一种形式。

写作的根本特点是物质标写的生产。有些书写形式是对言说的记录或是旨在言说的文本，典型的"文学"形式是那些旨在阅读的书面标写，这些标写的主要特点在于它们可以复制。由于其基本的物质存在方式在于可复制的标写，这些标写从根本上要依赖于文化系统、社会系统和经济系统，因此通过标写的完整复杂过程，人们可以发现特定的物质文化过程和社会过程的现实状态，并表明语言要素是实际的生产关系的标写。

标写涉及能动的、相互作用的社会关系，是在一种整体社会过程中被表现、被提出、被检验、被修正的关系，它并不是简单地摹绘转写（transfer），而是取决于对形象情状和关系的能动把握。关于起源的复杂标写常常同对于情境的各种表示（indication）纠缠在一起，并与身份相结合共同构成对于关系的重要标写，这使得很多有意味的标写都是有其特性的，展现为各自不同的表示方式。所有广泛的阅读和深入的写作都取决于对一系列表示方式的理解，通过种种复杂的标写过程使得这些具体的关系得以实现。在生产的自身过程中，一些重要的标写通过直接的方式成为旨在阅读的书面表示方式，关于种种标写的强调可以说是对特定生产关系的过程进行控制的方式和实现方式，作为标写特征的这种关系过程既是一种写作方式，又是一种阅读方式。

（三）社会表意的情境考察：作者身份、立场与党性

威廉斯通过"文化社会学"的视角，在论述文学的"惯例"（convention）、"体裁"（genre）、"形式"等因素时注重它们与社会历史的物质过程的关联，但并没有把这简单地化作某种"表现-背景"关系。惯例和社会中的种种变更、

动荡、分化、冲突相关联，指某种业已确立的关系和这种关系的背景。[①]"体裁是对社会物质过程中不同层面的事物之间发生的实践的、变化的综合和融合过程的构成性的确证。"[②]"形式总是一种关系和一个社会过程，这种过程在其依赖的那种连续性不断扩展的情况下又成为社会产物。"[③]惯例、体裁和形式强调了文化生产的物质实践中变化着的社会关系，构成了文化实践的历史情境，这又具体地表现在作者身份、立场与党性的分析之中。

1. 作者身份

作者（author）一词带有一种决定性的始创意味，由中世纪和文艺复兴思潮中"权威典籍"的"创始者"转变为在近代出现的作者概念与"文字所有权"概念之间，体现在处于资产阶级市场中的作者为了保护其劳动成果而通过版权等手段建立起来的组织当中。文学中的"作者"这个概念隐藏着能动主体的性质问题，涉及个体自主权和内化在实践个体身上的社会条件二者之间的关系问题。

在马克思主义的主要传统中，"个体"和"社会"是辩证统一的。马克思主义注重作者发展变化着的社会语境，其中最易理解的形式就是从赞助人到图书市场这样一段历史，它把能动的社会关系的意蕴深化一步，首先在于对创作出来的作品的需求，其次表明作者作为生产者所依赖的社会关系对他施加着压力并进行着限制。而在某些"马克思主义传统"中其未能认识到内化在每一实践个体身上的社会条件，却把社会曲解为"集体"，并在"结构主义的马克思主义"中追求获取社会结构及其载体的抽象模式并对个体和社会之间的活生生的、交互性的关系加以贬抑，把那种同个体主体形象相关的

---

① 参见[英]雷蒙德·威廉斯：《马克思主义与文学》，王尔勃、周莉译，河南大学出版社，2008年，第187页。

② [英]雷蒙德·威廉斯：《马克思主义与文学》，王尔勃、周莉译，河南大学出版社，2008年，第194页。

③ 同上，第196页。

个体作者形象看成资产阶级理论的一种典型形式。对此，威廉斯引征戈德曼（L. Goldman）的"集体主体"（collective subject）观念——认为多个个人进行文化创造时彼此保持着能动的，然而又是切实的社会关系——通过共同工作构建有效的社会关系，在这些关系中人们追求个人设计但却引出超个人的结果，不仅分享共有的经验形式，而且创造出新的反应和新的构形。据此，威廉斯强调把作者的个人发展过程视作一种能动的关系纽结，在这种纽结中，个人设计的生成同那种由同时代其他人的设计、由发展变化着的形式和结构所构成的现实历史之间一直发生着实实在在的交互作用。①这才是马克思主义关于文化创造的理论表述中意义最为重大的要素，它既不同于把作者当作某个阶级或某种倾向、情境的"代表"的观点，也不同于那种个人都在进行独立创作而社会只是构成"背景"的资产阶级文化史的说法。

威廉斯指出，只有置身于种种社会关系之中，置身于某种意义重大的普遍情境之中，才能发现活生生的个人的现实意义。不同的个体性以及这种个体性的不同阶段，正是在社会关系中发展起来的，二者是一种交互发现的关系：在个人中发现真正的社会，在社会中发现真正的个人。威廉斯在这里实际上阐述了作者的"主体间性"问题，认为社会构形、个人发展和文化创造这三者紧密相关，这也要求我们必然要把文化创造当作一个整体加以关注，把"作者"这种抽象的形象放回多样的而且原则上是可变的情境、关系和反应中去。

2. 立场与党性

写作和其他实践活动一样，从根本上讲总是有立场（alignment）的，即"写作总是以各种方式隐含着或明示着某种出自特定观点、经过专门选择的经

---

① 参见[英]雷蒙德·威廉斯：《马克思主义与文学》，王尔勃、周莉译，河南大学出版社，2008年，第206页。

验",总是在确认"具体的人总是同具体的情境和经历有着具体的关系"①,这实质上涉及关于写作者与社会的关系问题。因此,那种声称"客观""中立""忠于事实"的说法,不过是想把自己的感觉和做法说成普遍真理而已。

"立场"涉及"党性"(commitment)的问题。"党性"是一种对于立场的选择,是自觉的、主动的、公开的,是一种自觉的立场或对立场的自觉改变。威廉斯指出,就立场和党性而言,关键是要弄清"立场"和"党性"从历史分析到当代实践的转变的性质,因为在作历史分析时每种立场、每种党性都可以从实际作品中看出,而到了当代实践中时所有的立场和党性都变成了飘忽不定的事情,在公开的革命实践中使"党性"变成一种政治归属并渐次收缩的定义,成为某种迄今分立的、同社会和政治保持一定距离或间离化状态的写作所采取的一种行动。

威廉斯指出,从马克思主义的观点看,在作家现实的社会关系同他的作品的"风格""形式"或"内容"之间,存在根本的、不可避免的联系,这些社会关系不仅指"个人的"社会关系,而且指具体社会历史时期中的"写作"的那些普遍的社会关系,社会关系通过写作的特定类别体现出来,"风格""形式"或"内容"是这些社会关系的表现。在社会关系的压力和限制的作用下,党性的行为或态度也必然是被限定着的。在写作的物质性社会实践中,人们的意图实践必然要从属各种实际存在着的或可能发现的现实关系,但社会现实又会对这种意图性实践做出修改、置换或使之变形。人既不能坐待变化,也不应屈从环境,而是要把自己的实践真正变成能动的社会实践。在任何一个具体的社会和具体的时代里,作家都能以其作品来揭示其做出的现实的社会关系,即是在揭示其立场。据此,威廉斯指出,"以不同方式写作就意味着以不同方式生活,而这又意味着以不同方式阅读,在不同的关系中阅读,并

①　[英]雷蒙德·威廉斯:《马克思主义与文学》,王尔勃、周莉译,河南大学出版社,2008年,第209页。

且常常是由不同的人来进行阅读"①。

威廉斯提出写作的"立场"和"党性"的重要意义正在于这种种可能性和种种选择体现出的具体性，承认立场就是要学着领悟党性的那些复杂难解的总体化的具体性。因此，只对"党性"或"立场"作历史分析或只提出关于"党性"或"立场"的一些口号是容易的，而当人们意识到写作就是社会物质过程的成分之一、写作与这种过程具有同构性的时候就要承认：能动的社会实践本身所蕴含的方向才是写作者应该采取的。

三、共同文化与肯定性的大众文化观

威廉斯把文化看作"整体生活方式"，将文化理解为物质生产的形式，为其共同文化理想和大众文化思想奠定了理论基础。威廉斯强调"文化是平常的"，倡导大众共有、共享和共建的文化观，为大众文化的合法性做辩护，追求共同文化的社会理想。共同文化则是各种不同生活方式共在并存的一种多元生活方式，这就突破了精英主义对文化的狭隘理解，开始关注被忽视甚至被蔑视的大众文化和工人阶级文化，深化了对文化的形态和功能的思考。

（一）共同文化的构想

威廉斯坚持文化研究的社会批判和政治批判维度，将大众文化与社会背景、政治背景联系起来，指出了构建共同文化的社会基础。文化的形式与社会构成之间是一种互动的动态过程，文化形式的变化取决于它所处的社会构成的变化，具体文化形式的生成运动又改变和丰富着社会构成，因而社会结构的变化成为具体文化形式的最有力的解释，社会构成对于文化形式

---

① ［英］雷蒙德·威廉斯：《马克思主义与文学》，王尔勃、周莉译，河南大学出版社，2008 年，第217 页。

的演化具有重要作用。在人类历史上,文化尤其是书写型文化曾经长期被社会上层所独占,普通人很难获得受教育从而成为文化人的机会,在这种情况下普遍性的共同文化根本不可能现实地出场。共同文化作为一种新的文化样态之所以被关注和研究,与工业革命所造成的生产力极大提升以及政治民主的兴起有着密切的关系,其本身就是人类社会发展到发达的资本主义这一社会构成阶段的产物。

工业革命改变了人们共同生活的整体环境和活动方式,技术的革新为文化传播提供了条件和新途径,扩展了人们对文化进行选择的范围。发达资本主义社会的工业和科技等社会力量,为文化的兴起、传播提供了必要的物质手段和物质条件,促进大众从更广的范围和更深的程度参与到社会事务之中,提升了文化在社会过程中的作用和地位。同时,越来越多的文化层次被置于识字阅读的普遍情境中进行考虑,技术的变革导致文化越来越依赖于文字的形式。较之于封闭的传统社会中知识被少数精英分子所把持的状况,开放性的现代社会为信息的传播和普及提供了手段和途径,在各种技术手段的推动下,使知识走向大众化和平民化,导致社会结构发生根本变化和社会权力开始发生分散,大众开始参与社会事务,社会格局走向多元化、平等化和民主化,也为多元共存的共同文化提供了生存土壤。在科技推动的民主化的社会构成中,共同文化成了其中最有效和被广泛认同的规划形式和解释方式。

威廉斯指出,英国的生产方式已经社会化,应当疏通并打开关于它文化的所有表达渠道和传媒渠道,这样才能使整个生活产生意义,运用新的资源去创造一种良好的共同文化。

威廉斯共同文化思想是对当代大众文化发展的社会政治效应的反映,这也构成了他文化唯物主义的文化政治学取向,与其政治立场、生活经历紧密相关并融入其实践活动之中。威廉斯很早便从父辈那里接触到了工人阶级运动，工人之间在艰苦的日常生活中所形成的团结互助精神给他的成长带来了很大的影响，这种独特的生活阅历使得政治因素与日常生活相互渗透，因而也使得他对文化的关注从来不是一种纯粹的、去政治化的研究，而是与他的政治立场、英国工人阶级的命运密切相连的。威廉斯对从最底层的工人阶级进入社会上层的精英文化圈产生了不适应之感，虽身处精英文化队伍却反对精英主义文化，极力为大众文化的合法性辩护。威廉斯强烈地感受到不同阶层、地区文化上的不平等，坚决反对精英主义文化观对大众文化采取一种片面的、拒斥的立场，从文化上探讨了工人阶级解放的路径。

　　威廉斯认为，大众文化虽然对英国原有的文化产生了冲击，而且这种冲击也在一定程度上消解了工人阶级的阶级意识，但由于教育向工人阶级敞开，工人阶级获得了更多的教育机会，因此无产阶级应该拥有一种属于自己的文化，而且只有这种文化才可能是真正富有生机活力的并代表着文化未来的发展趋势，通过工人教育，有可能激发无产阶级反抗资产阶级、大众文化冲击精英文化统治，从而使得文化革命得以可能。这些讨论关涉无产阶级知识分子夺取文化领导权这一文化研究的主题，体现出威廉斯文化唯物主义并不是在单一的文化领域内探讨问题，其文化研究具有社会批判和政治批判的维度，其理论关切与现实的政治主张和"左派"的政治立场紧密相连。威廉斯在实践层面通过参与成人教育的方式来证明贯彻精英文化大众化的现实可能性与可行性，并用"文化是日常的"与"复数文化"来为普通人的文化和工人阶级文化存在的合法性进行辩护。

　　威廉斯以他的"越界"①身份直面英国当代社会发展的现实，以广阔的视野立足工人阶级的理论立场，提出了"共同文化"这一具有包容性的社会理

---

　　①　在威廉斯身上体现为城市与乡村、精英与大众生活、不同学科门类之间的交界，他出身于工人阶级家庭，置身于精英文化的学术氛围，为大众文化的合法性做辩护，追求走向共同文化的社会理想。

想。威廉斯共同文化产生的思想基础源自对拒斥大众的精英主义文化的批判。威廉斯指出，"普通文化的概念和共同文化的概念，针对着那时主导的、仅仅在那时主导的文化概念被展开来：我的意思是指文化与高雅文化之间的一种严格对等，普通文化这个词语——共同文化——严格说是针对那种概念的一种主张"①。

威廉斯分析了精英文化产生和存在的政治原因——源于英国的民主状况。在工业革命和民主思潮的推动下，工人阶级和平民开始争取自己的权利，并导致大众文化的兴起。以阿诺德、利维斯为代表的英国文学批评家站在保守主义的立场对在英国出现的大众文化进行了批判，认为由于工业革命，大众文化的出现对传统的政治和文化造成了冲击，17世纪前的有机和谐的社会秩序被破坏并产生了现代社会的文化危机，只有依靠文学批评家的作用并借助精英文学艺术作品来恢复17世纪的有机社会秩序，并"以传统的名义用文化观念来反对民主、社会主义、工人阶级或大众教育"②，因此要重建文学和作为内在的精神的文化的权威，并将其视为解决社会危机的途径，让作为"世界最好的思想和言论"的文学获得传承。

威廉斯反对阿诺德和利维斯的精英主义，他理想中的文化不是由少数的精英建构、由下层阶级或普通百姓接受和体会的精英文化。通过对文化作出"整体生活方式"的界定，文化的含义被不断扩大，指涉的范围扩大到人的生活方式的各个方面，包括作为智性和想象作品的文学和艺术，也包括人在社会生活过程中的日常行为等各种实践活动类型，因此这种文化不是由某一阶级或某一人群创造的，而是由全体社会成员共同参与、创造和建构而成的。

威廉斯看到了传统英国文化论述中所显示出的阶级属性，都是从特定

① ［英］雷蒙德·威廉斯：《现代主义的政治》，阎嘉译，商务印书馆，2004年，第274~275页。

② ［英］雷蒙德·威廉：《政治与文学》，樊柯、王卫芬译，河南大学出版社，2010年，第80页。

的占统治地位的阶级出发,以统治阶级或上层阶级的生活为中心,社会大众和社会底层人的文化被排除在主流讨论之外而未曾受到重视。威廉斯指出:"即使在一个由某一阶级主导的社会里,其他阶级的成员对一般共同资产显然也是可能有所贡献,而且这些贡献可能不受支配阶级的观念与价值的影响,甚至还与之对立。"①威廉斯认为,文化是由社会中的大多数参与和建构的,文化的这种特性在当代社会表现得更为明显,作为曾经社会底层的工人阶级在文化创造中发挥越来越重要的作用,工人文化经验在电影、流行音乐等大众文化形式中获得充分彰显。

　　威廉斯的共同文化,是指大众基于平等权利基础上记载着人们思想、情感、意义价值和实践活动变化的文化,强调的是大众平等地享有、参与和建构的权利,是由不同的个体参与其中不断创造和建构的持续过程。"文化观念有一个比喻,扶持自然的成长(the tending of natural growth)。"②威廉斯在《文化与社会》中指出,共同文化的深层内涵是自然成长的观念与扶持自然成长的观念的结合。共同文化的观念是自然生长的观念和扶持自然成长的观念在特定的社会关系中的结合,这实际上指出了共同文化创造是自由创造与受共同体制约的统一。自然成长的观念与扶持自然成长的观念中的每一方都标志着一个强调,前者单纯是一个浪漫的个体主义的典型,后者则单纯是一种集权主义训练的典型。威廉斯指出,工业和民主是那些已经改变而且仍然在改变我们世界的力量,并造就了支配性的氛围即人类主宰和控制自然的理论与实践,将支配性的氛围扩展到人类自身而使人类被孤立地利用,而在对抗固有的支配性模式方面,作为扶持自然成长的文化观念显得尤为重要。自然生长与对自然生长的扶持作为共同文化的两个关联着的方面,

---

　　① 〔英〕雷蒙德·威廉斯:《文化与社会》,高晓玲译,吉林出版集团有限责任公司,2011 年,第333 页。

　　② 同上,第346 页。

是一个相互协调的过程，在生命平等原则的基础上保障在共同文化的选择上的自由。

威廉斯指出，共同体观念是服务观念(the idea of service)和团结观念(the idea of solidarity)，分别由中产阶级和工人阶级发展而成。中产阶级强调职业观念以及为共同体服务的观念，强调服从和尊重权威，在实践中用来在各个层次上维护和巩固现状，把人的自私理想化为文明的必然形式，或者被合理化为一种与价值、努力与智力相对应的自然分配，充实了职业道德实践和公共服务的伦理实践，抵制了不干涉主义和自我服务的实践。团结的观念把共同利益定义为真正的自我利益，认为个体的发展只有在共同体中才能得到检验，这种观念是社会潜在的真正基础。如何在日益增强的专业化和真正的共同文化之间找到契合点，这个问题只有在物质共同体中通过充分的民主进程才能得到解决，意识到自己的价值、与别人的差别并尊重他人，才能有效参与依赖于共同资源的整个文化并不断扩展共同体。如何既获得多样性又不带来成员之间相互疏离，这需要在共同信念中留出空间、容许变化甚至不同意见的存在。共同体的创造总有一个探索的过程，既会为其成员的发展营造广阔的文化空间，也会支持所有人参与并推进共同体的普遍意识。

威廉斯指出，通过发现共同意义和共同沟通手段，可以实现人类共同体的发展。在某个活动范围之上，大脑所创造的那些模式和那些被共同体所具体化了的模式在持续不断地互动。个人的创造性描述是创造惯例和制度的总体过程的一部分，正因如此，共同体所珍视的意义才能被分享并发挥作用。在社会参与的过程中来分享社会发展整体过程的共同意义，并提供、接受和比较各种新的意义，进而使得共同体成员分享共同的活动和目标。这就是文化的现代定义的真实意义所在，也是威廉斯将文化定义为"整体生活方式"的原因之一，它强调的是这种共享的过程。

威廉斯认为，共同文化应该关注和研究人的共同生活。从人的整体生活过程中分化出来的政治、艺术、科学、宗教、家庭生活，以及我们把它们当作独立领域来谈论的其他范畴，都是一个连续社会进程中不能分解的要素，都该纳入一个由各种活跃的而且不断互动的关系所构成的完整世界中去，这个世界就是我们彼此相连的共同生活。凭借创造性活动在传播和共同体中所展现的那些东西，我们得以反省我们共同生活的性质：怎么来反省，也就是怎么来定义文化。一旦我们掌握了通过创造性的解释和描述而获得的意义与通过惯例和制度具体表现出来的意义之间的基本关系，我们就可以使既作为"创造性活动"又作为"整体生活方式"的文化的各种意义协调一致，这种协调一致意味着我们用以了解自身以及身边社会的力量有了真正的扩展。

威廉斯指出，一种共同文化不是少数人的意义和信念的一般延伸。"如果以某种特殊的方式表述的经验中的某些现存部分，被延伸到——或者被传授给——其他人，并被这些人共同拥有，那也许可以被称为'共同的文化'，但却不是某种共同文化。"①特定时期的特定生活形态的意义是人的共同经验和总体表达，创造意义和价值观的不是某个特殊的阶级或群体。共同文化应该创造条件，让人民作为一个整体参与到表述意义和价值观的活动中来，参与到其后对这样和那样的意义、这样和那样的价值观的决定中来，它"是一种自由的、贡献式的、创造意义和价值观的共同参与过程"②。这需要清除对这种参与形式的所有障碍，改变传媒机构和教育体制的主导模式，使教育成为确定意义和价值观的连锁过程。因此，威廉斯的共同文化是一个动态的、开放的、过程性的文化概念，强调这是一个自由参与的过程，在这个过程中所有社会成员不断创造出并不断重新定义共同的意义和价值体系。

共同文化总是被人们不断地制造，而且只要这个共同体存在，这个过程

---

① ［英］雷蒙德·威廉斯：《希望的源泉》，祈阿红、吴小妹译，译林出版社，2014年，第41页。
② 同上，第43页。

就不会终结,在此意义上共同文化是不可以被继承的。在这个没有终点的共同进程中,共同意义是由所有人来决定的,有必要保持传播渠道和机构的畅通无阻而使所有人都可以做出贡献。但共同文化不是一种统一和一致的文化,人们不可避免地具有文化的差异性,在复杂的社会中人们不愿意、也不可能以平等和统一的方式来共享它,共同文化的思想不是一种简单的"意见一致的社会"的思想和"步调一致的社会"的思想。据此,威廉斯指出,如果意义的创造真是所有人共同参与的活动,那么一个社会在非常明显的文化活动中压制一些群体的意义和价值观,或剥夺他们表达和传播这些意义的可能性,这个社会肯定令人感到震惊,这实际上是对英国社会的教育体制和传媒体制提出批评。同样,如果认为共同文化就是所有人说着同样的东西、重视同样的东西,或者通常在抽象中对文化财产具有平均占有,这样的看法也是危险的。

威廉斯将共同体看作一种伦理原则和一种政治隐喻,看作一个场所和一种生活方式,他坚信社会主义者必须拓宽自己的社会分析范围,并理解社会角色的生活方式、意识与体验之间的相互联系,因此共同体理论为他的思想提供了一个独特的理论框架。威廉斯的共同文化观念与其所持的社会主义规划和无产阶级立场密切相关,这种规划主张大众平等地参与到社会生活的全过程和所有层面中。这就提出了共同生活的人们对这个中心过程的参与能力问题,据此威廉斯提出共同文化是一种有教养的参与式民主,社会主义民主的思想则是牢牢建立在这些价值观基础上的。在当前关于多元主义和共产主义的讨论中,以及在提倡作为一种混杂性和文化作为一种身份或认同的讨论中,威廉斯的共同文化观念显得十分必要,为这些讨论提供了新的契机。威廉斯注重文化的阶级基础,注重对工人阶级文化和底层阶级的文化研究,致力大众与工人阶级的教育事业,批判精英文化及其文化霸权,扩大文化的内涵,反对高级文化和低级文化的二分,实际上是反对精英主义保守的文化观。

共同文化体现了威廉斯对精英文化和大众文化的双重解码。威廉斯一方面承认精英文化和大众文化二者在内容和对象上存在不同,另一方面又否认精英文化和大众文化在价值上存在高低之分。威廉斯的"共同文化"概念对文化研究领域是一种拓展,其本质是对精英主义文化的否定,而不是对精英文化的否定,但也不是仅仅诉诸普通大众的文化,而是强调二者之间共存、共建和共享的多元文化状况。

(二)为大众文化正名:大众文化的理论立场

威廉斯将文化理解为整体生活方式,提倡共同文化的发展,打破了传统的精英文化模式,给大众文化的发展提供了空间。

威廉斯的大众文化立场是对英国精英主义文化传统的反抗。英国文化研究中存在精英主义和大众主义两种对立的传统。精英主义文化以英国保守主义为基础,主张只有社会中的少数精英阶层才能把握文化的方向并引领社会的发展,其主要代表人物是阿诺德、艾略特和利维斯。阿诺德认为,国家由少数超越阶级利益的精英人物来创立,并通过教育、文学和批评等方式来唤醒被遮蔽的"最优秀的自我"。艾略特把文化与"整个生活方式"联系起来,把文化分为"有意识的文化"和"无意识的文化"两个层次,将高级理论文化作为整个社会风尚和趣味的楷模,实质是一种立足精英立场的整体观。利维斯所理解的文化研究是"具有洞察力的艺术欣赏和文学欣赏",把文化主要定位在优秀的文学传统上面,而且坚信文化是少数人的专利,这些人维持着文学传统和最优秀的语言能力,他认为英国原始的有机社会及其共同文化在17世纪开始被工业革命分割成"少数人的文化"和"大众文明",后者是商业化的产物和低劣庸俗的代名词,是威胁和破坏文化传统最大的敌人,大众文化的崛起意味着传统权威的衰落。总之,面对工业化和民主化对传统社会秩序的瓦解,精英主义提出以由某种统一的价值标准构成的"有机文化"作为矫正的手段。

威廉斯有力地回击了以阿诺德、艾略特和利维斯为代表的精英主义文化观念,深刻地指出了精英主义文化是少数派所秉持的观念,它反对和贬低群众的创造性,导致忽视历史并否定真实社会经验。基于大众文化比精英文化更为有效地参与英国社会构型过程的事实,威廉斯指出,文化是人类所有活动的主体,文化保存了这些活动,并使之进入我们共同的生活。因此,威廉斯的文化观是一种立足全人类、回归大众生活的文化整体观。他所说的作为整体生活方式的文化,绝不仅指精英生活,而且指普通大众的日常生活。在实践层面,威廉斯极力主张并亲自投身到全民教育的事业中,通过参与成人教育的方式,真正用行动来证明贯彻精英文化大众化的现实可能性与可行性,并用"文化是日常的"与"复数文化"来为普通人的文化和工人阶级文化存在的合法性进行辩护。

威廉斯通过对"大众"含义的考察重新理解了大众文化。在《文化与社会》和《关键词》中,威廉斯指出了 masses 所具有的正反两方面的含义:在许多保守的思想里它是一个轻蔑语,用来描述"群氓"(mob);在许多社会主义者的思想里它是一个具有正面含义的语汇,指称作为社会主体的群众。在社会历史发展过程中,有三个社会潮流合力确定了 masses 的含义。首先是工业人口的实体性聚集,而总人口的大幅增加又加剧了这一趋势;其次是工人向工厂集中,机器生产必然带来实体性集中,大规模集体生产的发展必然导致生产关系的社会性集中;最后是上述趋势带来了有组织的和自我组织的工人阶级的发展,这是一种社会性的和政治性的集中。

通过对"大众"概念的词源学上的详细分析,威廉斯将其定位到社会意义上的"大众"界定,并尖锐地指出:"大众通常是他者,是我们不知道的人们,也是我们不能知道的人们……对于他人来说,我们同样也是大众……大众是其他人。""事实上没有大众,只有把人们看作大众的方式。"①威廉斯对大众的这种解读方式给予大众文化批判理论以最有力的打击,为对大众文化理论作辩护的思想提供了一个有力的支点。"大众"不再只是一个指称特定人群的固定的实体性概念,而是具有某种社会关系和价值关系的内涵,指称的是持有某种政治立场和关联某种利益关系的群体。"大众"不再只是一个被设计的他者和客体,而是具有主体性、能动性和创造性的社会主体,是自然人群在工业化过程中通过社会聚集而被组织和关联起来的,它是在人类历史发生重大变化的基础上形成的。

威廉斯强调人的社会生活和体验的多元化,认为对大众文化的接受或许更多地表现为一种具有社会意义的集体性文化活动,从中传达出人们对现实生存状况的评价和愿望以及对价值和意义的体认和取向。这种文化观念建立在人们能够进行有效交流的基础上。在威廉斯的视域中,作为人类社会历史发展过程中依次产生且在现代社会共存的文化形态,大众文化和精英文化二者之间并不存在明显的界限,其不同主要表现在功能和受众上。威廉斯并未因大众文化的立场而从根本上反对精英文化,他所反对的是对待文化的精英主义立场,即将精英文化看作高级的上等人的身份标志和唯一具有合法性的文化。在对精英文化与大众文化的认识上,威廉斯并未专注和陷于文化的通俗与高雅的二元对立模式,而是通过文化领域的扩展概念及大众文化理想,平等地对待社会发展中的各种文化现象,取代了大众传媒讨论中非常流行的传统的高级文化与低级文化的二分法,将在文化研究中占主导的二元对立模式消解掉。②威廉斯认为,优秀的文化既可以存在于精英文化之中,也可以存在于大众文化之中,优秀的文化应该是全人类共享的,

---

① [英]雷蒙德·威廉斯:《文化与社会》,高晓玲译,吉林出版集团有限责任公司,2011年,第315页。

② 参见刘进:《文学与"文化革命":雷蒙德·威廉斯的文学批评研究》,巴蜀书社,2007年,第8页。

打消文化的阶级分隔,从而走向共同文化的世界。但共同文化所强调的"共同"概念并不是绝对的"同一"或"等同",而是在"不同"与"共同"对立统一之中的"共同",即包含着差异和争议的"共同",强调的是差异性的和谐共存状态。

威廉斯认为,改变人类世界的力量是工业和民主,二者对大众文化的兴起起到关键作用。工业革命改变了人们共同生活的整体环境和活动方式,技术的革新为文化传播提供了条件和新途径,扩展了人们对文化进行选择的范围。现代发展的普遍趋势是,越来越多的文化层次被置于识字阅读的普遍情境中进行考虑,技术的变革导致文化越来越依赖于文字的形式。从意义层面上看,工业的发展在给人类社会带来多元选择的同时,也造就了人类支配的气氛。人在对自然的征服中虽使自己的利益和需求得到了满足,但也带来了破坏自然环境导致生存危机的后果。当把"支配的气氛"扩展到人类自身,"人群也被孤立地利用剥削","无论暂时获得什么样的成功,最终的结果将会在精神上丧失物质的收获所提供的全部机会。"①资本主义工业革命使生产力获得提升,为社会发展创造了物质基础,但也把物质生产中人对自然的支配性思维方式运用于表征人与人关系的政治过程,导致在推进民主的过程中出现"精神障碍",使得人们在现实中有很多民主的做法都成为固有的支配模式在精神上的重现,这也是人们通向民主路上的最大障碍。要摧毁这种障碍,"文化的观念是十分重要的,正如扶持自然的成长的观念也是必要的"②。威廉斯指出,这实际上是在倡导自然成长与扶持自然成长相统一的共同文化观念,并遵循了生命平等的基本原则。

威廉斯指出,大众文化发展演化过程中会出现淡化阶级差别的"无阶级"文化。现实存在的文化形态都具有阶级性的特征,任何阶级文化都是指特定阶级的机构、行为方式、思维习惯及其基本的集体观念,对不同阶级的

①② [英]雷蒙德·威廉斯:《文化与社会》,高晓玲译,吉林出版集团有限责任公司,2011年,第347页。

文化的区分应该从整体生活方式中去寻找。在整个文化体系和发展过程中，不同甚至对立的阶级的文化及其生活方式，持续地相互作用并产生出交集领域。每一代人作为传统文化接受下来的智性和想象性作品必然不是单单一个阶级的产物，传统文化中相当一大部分不仅仅来自此前紧接着的社会形式的产物，而是来自更早先一些的几个时代的产物，即使在一个特定阶级占主导地位的社会中其他阶级成员也可能对共同文化做出贡献，而且这些贡献可能未受到主导阶级的观念和价值的影响，甚或可能与主导价值的观念和价值相对立。文化范围常与语言范围相对立，而不是与阶级相对立。那些持同一语言的人们所共享的智性的传统遗产，随着经验的每一次改变，必然会不断被重新估价。尤其是在社会力量发生明显变化的社会调整或革命的时期，重估传统就越发显得必要，这就凸显了共同语言的重要作用，通过具有表现力、丰富性和灵活性的共同语言，来表达新的社会体验并能解释历史的变迁，使文化传统得以延续并获得更新。

针对当代社会发展的现实问题，威廉斯提出构建共同社会的"与人为善"原则，其精神实质在于提倡大众文化与精英文化之间的和谐共存。现代社会的分工和技术专门化，在使个人独立性增强的同时也造成了人的片面发展，单靠个人力量无法有效参与社会文化，只能选择整体文化的部分才能进行有效参与。但人在选择过程中会体现出差别和不平衡，这就需要在共同体文化中容纳变化和差异，通过人与人之间的相互理解实现和谐共存的文化共同体。这也表达了威廉斯共同文化理念的核心——民主，即生命的平等，这已经超越狭义上的阶级或政党之间平等的民主概念。①共同文化需要生命存在的平等，否则共同经验将失去价值。威廉斯试图全面理解当代大众文化的发展状况与内部矛盾，看到大众文化在建构政治身份与左派充满矛

---

① See Lisley Johnson, *The Culture Critics：From Matthew Arnold to Raymond Williams*, Routledge & Kegan Paul, 1979, p.72.

盾的复杂组织结构过程中发挥着日益重要的作用。

威廉斯指出,在理解大众文化时要纠正两个错误的等式。一是普及教育和新商业文化之间的等式,认为后者是前者不可避免的产物。威廉斯指出,从历史事实上讲,普及教育和商业文化不是因果关系,一般的普通人也并不是被通常描绘为品味和习惯比较低俗、不上档次的大众形象,"其实并没有什么大众,只有把人看成大众的方法"①。第二个错误的等式认为许多广泛传播的大众文化中存在着明显的糟粕。威廉斯指出,这是对消费者的基本生活质量、心境与情感的真实导向,生活质量的高低并不必然对应高雅文化与低劣文化的区分,普通人与受过全面训练的人具有相同的自然的美好感、敏锐的分辨能力,对自己经历范围内的思想有明晰把握。

威廉斯的共同文化凸显了作为"整体生活方式"的文化的普遍性,摒弃了精英主义文化的观念,打破了精英文化与大众文化的二元对立模式,倡导建立一种全体社会成员参与其中的共有、共享和共建的文化观念,为大众文化的兴起和文化的普及奠定了理论基础。但同时,威廉斯在对共同文化的理解和阐释上也存在忽视文化领域中阶级的对立和冲突的倾向,忽略了经济利益和所有制基础的决定性作用和经济与政治生活中的差异和不平等,从而使其带有浓厚的乌托邦色彩。

(三)大众文化的生产方式及与日常生活的联系

威廉斯的"大众文化"立场和"共同文化"理想,使他在文化研究中聚焦于人的日常生活中的意义和价值,在"整体生活方式"的文化基础上提出"文化是日常的"(culture is ordinary)。Ordinary 一词具有日常的、平常的、平凡的等含义,与高雅的、精致的、特殊的等含义形成对比,展示的是一种平视事物

---

① [英]雷蒙德·威廉斯:《希望的源泉》,祈阿红、吴小妹译,译林出版社,2014 年,第 4 页。

的视角。据此，威廉斯认为文化存在和表现于人的日常生活之中，是在人的整个生活方式和社会的整体进程中的生活实践和生活经验的形式，通过日常生活的表征和实践去实现自己的在场，直接向我们展示生活，它包括每一个平凡人生活的方方面面。作为人的生活方式的文化表现着人生活于其中的社会状况，使得文化与日常生活等同。生活是一种横向多元与纵向延伸的鲜活存在，威廉斯反对结构主义者将其框定在一个统一恒定的共时结构中进行横断面的研究，而是以一种充满历史感和现实感的文化主义视角，坚持将视线投向人类未来的建构。

"文化是日常的"观点，体现了威廉斯对英国当代社会发展的"情感结构"。在二战后的大众文化的发展中，英国下层民众的文化活动和文化观念的变化更为细致和复杂。曾经有过的古老的、以农耕为主的、具有很高价值的传统文化的英国，已经被一个现代的、有组织的工业化国家所取代，电视及跨阶级的观众的出现、年轻人消费能力的不断增长、社会身份的多元化以及获取消费品的途径和方式完全取决于年龄等因素，都改变了以往的行为模式。这些变化威胁着人们在文化领域所维持的稳定的界限，文化的阶级性和地域性逐步被作为消费品的获取途径和消费价值观的文化所取代，原有的生活方式被新城镇、商品消费和大众娱乐所改变。威廉斯在《一种戏剧化社会中的戏剧》一文中，以戏剧为例分析了文化形态和文化传播途径在现代社会中的变化，戏剧等文化样式通过电影、电视、广播等传媒途径开始进入普通大众的日常生活，文化与日常生活的关系变得越发紧密。借助大众传媒，大众文化渗透到人的日常生活体验之中和现实社会生活的各个层面中，并成为日常生活的构成部分。

威廉斯在深入理解了文化与社会、艺术与现实之间关系的基础上，基于英国社会发展的现实经验，阐释了大众文化与日常生活的关联。威廉斯指出，文化是平常的，这已经是一个重要的事实，无论从一般意义上说还是从艺术和信仰的特定意义上说，创造意义和价值观的都不是某个特殊的积极的群体。任何一个人类社会的形态、目的及意义都要通过制度、艺术和学问来进行表达，一个社会的形成过程就是寻找共同意义与方向的过程，它也在每个人的头脑中进行塑造和再塑造，主要有两个方面：一是对各种形态、目的和意义进行缓慢的学习以使研究、观察和传播成为可能；二是在经验中进行验证、新的观察、比较并建立意义。以此形成文化的两个方面，即已知的意义、方向和新的观察、意义。通过这些人类社会和人类思维的普通过程可以认识文化的本质，文化永远同时具有传统性与创新性，永远同时具有最普通的共同意义和最优秀的个体意义。由此可引申出文化一词表达出的两层意思：其一是表示一种完全的生活方式的普通含义；其二是表示艺术和学问的发现和努力创新的特殊过程。

威廉斯提倡普通人的文化，认为文化是日常生活和经验的表现，普通人的文化真正代表了整体生活方式，这才是文化原有的位置。威廉斯指出，"文化是普通的，这是第一个事实……我们在这两个意义上运用文化这一词语：意指整体生活方式——共同意义；意指艺术和知识——具体的发现过程和创造性成果。……我问的关于文化的问题是关于我们的总体和共同目标的问题，但也是关于深刻的个人意义的问题。文化是普通的，在每个团体和每种思想中都如此"①。

威廉斯将文化的范围扩展到人的日常生活经验，表明文化的主体是日常生活中的大众，文化的创造者不再局限于少数文化和知识的精英而是不特定的大多数或全体，文化不是少数人的特权和专利而是社会所有人的共同财产，文化来自人们日常生活和生产，是人日常生活经验的凝聚和现实感受的结晶。"文化是日常的"观点是对文化是"整体生活方式"的社会文化观

① ［英］雷蒙德·威廉斯：《希望的源泉》，祈阿红、吴小妹译，译林出版社，2014年，第4页。

的进一步阐发,表达了威廉斯实现大众民主的追求和"共同文化"理想。"经过威廉斯的重新阐释,文化这一概念本身被民主化和社会化了。"①

从文化的视角审视人的社会实践活动,把文化与日常生活经验关联起来,文化被看作社会生活、经验和身份的完整呈现,使日常生活成为社会中的一个重要的文化层面,体现出威廉斯受到英国经验主义传统的深刻影响。威廉斯把文化理解为"整体生活方式",强调作为"整体生活方式"构成要素之间不可分割的关系,使文化与自然、文化与社会、人与社会的关系得以联通。通过对文化的整体性、过程性、关系性的阐释,表明威廉斯对整个现实生活过程的强调,文化覆盖了日常生活的全部活动和关系,其文化研究就是要阐明人类整体生活方式的意义价值和共同结构。正如霍尔所言:"关于文化的理论,被界定为对总体生活方式中诸要素之间关系的研究,文化不是一种实践,也不只是对于社会的习惯和民俗的描述体系——就像它在人类学的某些类型中那样,它卷入了所有的社会实践,是社会实践的相互关系的总和。"②

威廉斯将文化看作"生活方式"和"日常的",将文化的概念进行了复数化并赋予文化以复杂的特征,使文化进入广阔的社会生活层面,开始了异于英国精英主义文化传统的路线。这种文化观肯定了工人阶级文化的作用和作为文化创造者的地位,包含了威廉斯的阶级社会观念、党派立场和建设共同文化的理想,体现了威廉斯文化研究的社会批判维度,使威廉斯的文化研究从对文化内涵的理解深入到文化的功能与价值的探讨中。

---

① 吴冶平:《雷蒙德·威廉斯的文化理论研究》,甘肃人民出版社,2006年,第86页。

② [英]斯图亚特·霍尔:《文化研究:两种范型》,《文化研究》(一),天津社会科学出版社,2001年,第45页。

第五章　威廉斯文化唯物主义的意义和局限

　　威廉斯的思想犹如一条蕴含生物多样性的河流,经历了文学研究、大众文化研究到大众传媒研究的转变,时间洗礼中的学术轨迹显示了其文化研究的发展脉络。把文化唯物主义放在 30 多年"文化研究"的发展脉络中、放在 80 多年"西方马克思主义"的历史进程中、放在整个 20 世纪西方文化/文学理论的总体格局中加以审视,就会发现威廉斯的文化唯物主义所具有的"承先-启后"性,显示出其思想演进的内在必然性。威廉斯思想在对正统马克思主义的反思中提出了一些具有前瞻性和丰富多样性的问题群,又立足对当下英国具体现实的政治介入,在研究方法上也做到了将英国传统经验论、文艺批评的文本分析和马克思主义强调历史语境和历史辩证法熔于一炉,创立了独树一帜的文化唯物主义。从"文化研究"自身的理论脉络切入,或是从"西方马克思主义"历史进程着眼,甚至进而从西方当代文学理论的整体格局俯瞰,都会发现其呈现为"正—反—合"的辩证发展,而威廉斯的文化唯物论恰处在此三重理论关系之"合题"的位置上。①因此其在当代思想界引起激烈的反响和反驳亦在所难免,而正是在批判与反驳中,威廉斯的文化唯物主义不仅经受住了思辨论证的考验,而且不断地修缮,产生了深远的影响。

一、文化唯物主义与唯物史观的当代接合

在论及英国文化研究与马克思主义理论的关系时,斯图亚特·霍尔说:"在马克思主义周围进行研究,研究马克思主义,反对马克思主义,用马克思主义进行研究,试图进行发展马克思主义的研究。"②这也是英国文化研究的特点,体现了英国文化研究与马克思主义之间欲拒还迎的复杂关系。英国文化研究一方面在接近和研究马克思主义的过程中, 吸收和利用马克思主义的思想资源;另一方面又立足于英国的文化传统和现实经验,对马克思主义尤其是在英国占主导地位的苏联模式的马克思主义进行反思并提出批判。这亦指示出了威廉斯文化唯物主义与马克思主义唯物史观的总体关系。

从威廉斯思想的发展轨迹看,早期威廉斯对正统马克思主义文化观保持着一定的距离,侧重对其进行批判和反思,这种"调整自己对迄今所知的马克思主义本意的尊敬以及同马克思主义之间的距离"③的做法旨在摆脱僵

---

① 从西方当代文学理论的整体格局来看,20 世纪 70 年代以来一系列后现代文论流派方法包括"文化研究",就是 19 世纪的历史主义、实证主义的文艺学和 20 世纪以后的语言论、心理学文艺美学的合题;从西方马克思主义的两条理论进路来看,"人本主义的马克思主义"与"结构主义或科学主义的马克思主义"两种理路的"合题"集中体现在威廉斯的文化唯物论;"文化研究"内部也出现了文化主义和结构主义两种范式合题于威廉斯的文化唯物主义。参见王尔勃:《回望跨世纪的理论接驳者——关于威廉斯和"文化唯物论"的断想》代译序。[英]雷蒙德·威廉斯:《马克思主义与文学》,王尔勃、周莉译,河南大学出版社,2008 年,第 5~6 页。

② Stuart Hall,Cultural Studies and its Theoretical Legacies,in L. Grossberg et al.,ed.,*Cultural Studies*,Routledge,1992,p.279.

③ [英]雷蒙德·威廉斯:《马克思主义与文学》,王尔勃、周莉译,河南大学出版社,2008 年,第 3 页。

化模式,把马克思主义看作积极的辩证发展的理论,尽管不可避免地出现了误解和偏颇。但随着思想的发展和研究的深入,以及在马克思主义理论内发现了越来越多的思想资源可以利用后,威廉斯与马克思主义越来越紧密。概言之,威廉斯的根本立场经历了一个从早期英国正统马克思主义("经济学上的推理""政治上的允诺")向后期新左派的马克思主义转变的过程,其所创立的文化唯物主义发展了唯物史观并体现了他对马克思主义的认识过程,既包括对正统马克思主义的反思和批判,也包括对经典马克思主义的接驳和发展。

(一)威廉斯与马克思主义传统的基本关系

马克思主义传统是威廉斯文化唯物主义的一个重要思想资源。从威廉斯思想发展历程看,威廉斯与马克思主义传统具有复杂且矛盾的关系,对此约翰·希金斯(John Higgins)有比较深刻的描述:从以"鄙视的论调"指出马克思主义批评的缺陷,到宣称马克思主义文化理论是"混乱的"并进行严厉批评,再到将其描述为"现代思想中一个最重要的进步"①。随着思想的发展和工作的深入,尤其是作为国际性参照的欧陆的"西方马克思主义"引入英国,威廉斯与马克思主义的关系变得越发复杂,既表现为对正统马克思主义的疏远,又表现为与经典马克思主义的紧密结合。

从威廉斯接触的马克思主义的过程来看,威廉斯对马克思主义的认识随着他接触到的马克思主义传统的文献资料的变化而变化。在 50 年代中期以前,他所接触的主要是在剑桥读书时所接触到的马克思主义传统,1937 年阅读了马克思的《共产党宣言》,1939 年进入剑桥参加了社会主义俱乐部后所接触到的则是以考德威尔为代表的英国马克思主义传统以及恩格斯和列

① John Higgins, *Ramond Williams: Literature Marxism and Cultural Materialism*, Routledge, pp. 151–152.

宁的著作,①而对马克思的著作阅读和讨论得较少。他在《文化与社会》一书中"马克思主义与文化"一节的内容是对这一时期所接受的马克思主义的理解及态度。50 年代后期威廉斯开始广泛阅读马克思主义的历史,接触到普列汉诺夫对马克思主义的理解,并更多地深入阅读了马克思本人的著作和文献。②60 年代之后,威廉斯有机会接触到更多马克思主义新著,包括卢卡奇、葛兰西、本雅明、萨特和阿尔都塞等人的著作。西方马克思主义学者对马克思思想的阐释,尤其是马克思的《大纲》(*Grundrisse*)成为威廉斯重新审视自己思想的一个重要契机。威廉斯指出,"当我能更为广泛地阅读马克思主义作品的时候,我对什么是马克思主义思想的主要部分有了新的理解"③。威廉斯逐渐熟悉马克思的著作和欧陆马克思主义的理论,扩展了他的理论视野,使他对马克思主义传统的整体面貌豁然于胸,并从马克思主义传统中汲取所需的资源进行重写。

随着对马克思主义传统认识的逐渐深入,威廉斯对马克思主义传统进行了区分。在《你是马克思主义者,对吗?》④一文中,威廉斯指出从马克思到马克思主义的转变本身就是一段非常复杂的历史,马克思是社会主义传统中无与伦比的最伟大的思想家,他的著述中的许多部分仍然充满着活力,但这也是一个有数以百万计的人参与的战斗传统和知识传统。威廉斯所批判和反对的是英国及以苏联马克思主义为代表的"正统的马克思主义",他所理解、接受和吸收的是马克思、恩格斯创立的"经典的马克思主义"。威廉斯在《论 1945 年以后的英国马克思主义》(*Notes on Marxism in Britain Since 1945*)

---

① 包括恩格斯的《社会主义从空想到科学的发展》《反杜林论》和列宁的《国家与革命》、斯大林的《联共(布)党史简明教程》等。

② 包括《〈政治经济学批判〉导言》《路易·波拿巴的雾月十八日》《〈黑格尔法哲学批判〉导言》《德意志意识形态》等。

③ [英]雷蒙德·威廉:《政治与文学》,樊柯、王卫芬译,河南大学出版社,2010 年,第 324 页。

④ 参见[英]雷蒙德·威廉斯:《希望的源泉》,祈阿红、吴小妹译,译林出版社,2014 年,第 72~84 页。

一文中提出用"文化唯物主义"来指称他的文化理论,在总结自己的文化研究中表达了自己的马克思主义立场,但这种立场是不从属于其他任何教条式马克思主义传统的马克思主义立场。[①]

我们不能简单地判断威廉斯与马克思主义传统的关系,不能抽象地说威廉斯是马克思主义传统的支持者、赞同者、阐释者或者反对者、批评者、篡改者。威廉斯在50年代对马克思主义传统的批判主要针对的是正统马克思主义,从这个意义上与其说是反对马克思主义传统还不如说是试图重构新的马克思主义传统,而这恰恰在经典的马克思主义那里找到了答案。威廉斯受益于马克思主义传统,重视大众尤其是工人阶级的力量,认为经过长期的政治革命、经济革命和文化革命才能取得面对资本主义的胜利,实现"共同体"的理想。在对正统马克思主义的批判和吸收中,威廉斯逐步重构着这一传统,毫无疑问,新旧马克思主义是一脉相承的,因为其包含着相同的问题意识和问题框架,都重视文化在社会中的构成性地位和作用,突出强调了文化的物质实践性,从而构建起"文化唯物主义"理论。虽然威廉斯"文化唯物主义"呈现出鲜明的英伦文艺批判底蕴,但它亦是在马克思主义的框架内对英国经验的理论化重写。新旧更替并非是完全的断裂,同时也是新旧接续。

(二)威廉斯文化唯物主义对正统马克思主义的反思和批判

威廉斯深受英国经验主义传统的影响,力图将马克思主义理论与英国现实、社会实践相结合,从而使其对正统马克思主义有一定程度上的拒绝。这里所谓的"正统马克思主义"是指以斯大林为代表的苏联模式的马克思主义及其在英国的变体。威廉斯认为正统马克思主义表现为经济学上的推理和政治上的允诺,对它的反思主要体现在对经济决定论和反映论的批判。威

---

① See John Higgins, *Raymond Williams: Literature, Marxism and Cultural Materialism*, Routledge, 1999, p.173.

廉斯对"正统马克思主义"的反思批判与英国马克思主义对以斯大林为代表的苏联马克思主义传统的理论盲从直接相关。英国共产党未经反思的理论态度呈现出教条化和机械化问题，而这在现实实践中导致大批英国知识分子退出共产党。威廉斯发现，"经济基础决定上层建筑"的公式在解释文化问题时显得乏力并引起混乱，"马克思主义文化理论一片混乱，因为我感到，在不同的场合和在不同的作家中都各取所需地使用那些命题"①。这种照搬和简单挪用造成理解文化问题上的困难，意味着承认经济上占统治地位的资产阶级所主导的精英主义的文化是合理的，这显然与大众文化兴起的事实及无产阶级革命的理想相矛盾。

1. 对"经济决定论"的批判

威廉斯的文化唯物主义是在马克思主义下强调文化生产的物质性的理论，马克思主义对文化问题思考的影响所涉及的基本问题是经济因素是否真的具有决定作用。威廉斯反思和重读"基础与上层建筑"关系的根源就在于对正统马克思主义经济决定论的反对，批判了正统马克思主义的经济决定论和经济还原论的倾向。

经济决定论源自对经济基础–上层建筑模式的教条化和固定化理解。正统马克思主义教条化地理解了经济基础–上层建筑的模式，将社会划分为经济基础和上层建筑两个领域，经济基础是社会结构中的决定性因素，文化属于思想上层建筑的范围因而是被"决定"的。同时由于不理解马克思是在肯定"人是自己历史的创造者"的基础上使用"决定"概念的，正统马克思主义往往在"神学观念上的预见、控制"的意义上来使用"决定"概念，把作为上层建筑的文化看作由经济基础所决定、随其发展变化并以观念的方式反映这种变化，因而是被经济基础"决定"的存在和对经济基础的"反映"，并用经济

① 　[英]雷蒙德·威廉斯：《马克思主义与文学》，王尔勃、周莉译，河南大学出版社，2008年，第289页。

还原论的方式来解释文化现象,"经济决定论"和"反映论"就成为正统马克思主义的基本主张。"生产方式发展的规律,即生产力和生产关系发展的规律就是社会物质文化和精神文化发展的基础。"①苏联教科书的"就是"一词显示了"经济决定论"文化观的孔武有力,与之相配套的"反映论"也不可避免地抽象掉了文化自身的诸多特殊性规律以及文化与经济基础之间的曲折复杂的互动关系。

正统马克思主义继承了马克思对经济主线的强调,却将其错误地片面化、绝对化为经济决定论的具体理论,成为正统马克思主义理论体系的根基和解释问题的根本点,而这种情况在20世纪上半叶的英国马克思主义中依然存在。也正是在这种理论下,许多人对马克思主义在经济、政治方面的作用确信无疑,但在试图阐述"上层建筑"的作用、特别是艺术的想象力的作用时,陷入了所谓的"唯心论的泥淖"。威廉斯以及当时在政治上认同马克思主义却受到英国文化传统影响的作家和文艺评论家尤其不能接受英国正统马克思主义的文化观,因为在实际的文化实践中,他们明显感受到了这种文化观的弊端所在,在这种文化观下,创作主体的智性和想象力等非常重要的因素很明显地被忽视。

威廉斯致力于恢复文化实践中的主体性、动力性因素以及文化与经济基础之间的动态、历史关系。他认为,基础是一个过程而不是一种状态,处于下面的"经济基础"和处于上面的"上层建筑"绝不是一种固定不变的板块式结构堆积,而是在具体历史活动中相互交织并呈现出一种动态的相互作用过程。威廉斯指出,正统马克思主义者把在马克思那里是"隐喻性的"基础和上层建筑概念理解为某种凝固的、界限分明的空间关系,将经济和技术概念固定化、抽象化,将文化视作对前者的模仿式再现或者反映,这种做法是不

---

① [苏]罗森塔尔、尤金等:《简明哲学词典》,中央编译局译,人民出版社,1958年,第55页。

恰当的,"决定论"需要进行重构。此外,威廉斯还指出,马克思所分析的是特殊种类的生产即资本主义的商品生产,是在特殊而专门的意义上来考察对应于资本主义生产方式的"生产劳动",这也表明他质疑正统"经济决定论"对马克思"生产"概念忽视具体状况而做出的抽象界定。

　　威廉斯认为,正统马克思主义文化观"引入了时间的延迟,即著名的滞后概念;引入了各种技巧性的复杂概念;引入了间接性——在这种间接性中,文化领域内的有些活动(如哲学)都被置于更加远离第一性的经济活动的地方"[①]。威廉斯以对"决定"概念的重新理解阐释了"基础"与"上层建筑"的关系,提出将上层建筑定义为一个与文化实践相关的范围,是与社会实践范围相关联因而具有了"基础"性的意义,使其不再是仅仅指代单纯由经济所决定的领域。由此,威廉斯指出,马克思把"决定"的起源置于人的活动之中,具有"设定界限"和"施加压力"的含义,是存在于人类社会历史实践活动过程中由各种压力和限制构建的动态复杂过程。基础与上层建筑处在历史性的建构过程之中,这样才能理解社会的整体运动和现实的文化活动过程,摆脱文化被"决定"的宿命。威廉斯批判了把文化化约为对决定性的经济或政治内容的反映的"经济决定论",提倡把人在创造历史的文化活动中的主动性、能动性、创造性彰显出来。

　　威廉斯指出"正统决定论"在解释文化现象和文化问题时存在致命的缺陷,"作为考察文化活动、考察有关现代文化活动的经济学的一种方法,这显然是一条死胡同"[②]。据此,威廉斯对英国马克思主义者考德威尔提出的从经济史入手研究民族文学的观点进行了批判,对他将现代诗歌描述为"资本主义诗歌"(capitalist poetry)的做法提出质疑。威廉斯认为,考德威尔的做法导致人们以一般性结论来代替就事论事的具体论断和一种值得怀疑地对文化

---

①　Raymond Williams, *Culture and Materialism*, Verso, 2005, p.37.

②　Ibid., p.39.

的整体描述,等于是把现实牺牲成为公式。威廉斯指出:"即便经济因素具有决定作用,它所决定的是整体生活方式,而文学所涉及的是这个整体生活方式,而非单单与经济制度关联。这种阐释方式中依据的不是社会整体,而是经济状况和研究对象之间随意建立的武断关联,很快就导致了研究的抽象化和脱离现实的问题。"①

文化问题是威廉斯反思批判在马克思主义发展中占主导的经济决定论的切入点。针对苏联式"决定论"的问题所在,威廉斯提出作为"整体生活方式"的文化概念,文化从根本上说是一种整体性的生活方式,赋予文化以物质性和社会实践性的特征,强调社会现实中所有因素处于运动变化状态且相互依赖,对文化做出了整体性的解释,这样就可以杜绝所批评的经济决定论的机械做法。当文化也被看作一种可以介入社会生产和实践中的物质性力量,一方面文化不再处于被动的"被决定"地位,另一方面这种文化观也成为文化唯物主义提出的重要一环。借助于此,威廉斯突显了文化和文化主体的作用,体现出对人民群众作为文化的主体和创造者的重视,肯定了人们创造社会历史的全部生活方式的合理性。从文化唯物主义的政治含义上讲,这就强调了工人阶级在文化创造中的作用,体现了马克思主义的基本政治立场。

2. 对"反映论"的批判

威廉斯认为,正统马克思主义对"基础-上层建筑"命题进行简单的机械理解,必然导致对文化问题的"反映论"模式的解读。"伴随着对生产力和决定过程所做的特定的、限制性的解释,基础-上层建筑模式又常常导致将艺术和思想描述为'反映'(有时甚至还形成某种理论)。"②威廉斯指出,在马克

---

① [英]雷蒙德·威廉斯:《马克思主义与文学》,王尔勃、周莉译,河南大学出版社,2008年,第296~297页。

② 同上,第102~103页。

思主义传统的许多地方,对上层建筑被决定的特性进行了限制,将上层建筑理解为直接或间接地对基础进行反映、模仿或再现,这种关于反映和再现过程得到了实证主义观念的支持,使得文化领域内的活动被置于离经济活动很远的地方,形成了马克思主义传统中理解文化的"反映论"的主导模式。

斯大林的《论辩证唯物主义和历史唯物主义》一文被当作苏联式教科书体系的基本框架,而在这个体系中,文化概念在"反映论"的框架中被确定下来。从广义上讲,"文化是一种社会现象,它反映社会发展到一定历史阶段上技术进步、生产经验和人们的劳动技能方面,教育、科学、文化、艺术以及与之相适应的机构方面所达到的水平"。在"反映论"的基础上,狭义上的文化也自然而然地被视作一种仅仅具有"形式"的东西,从狭义上讲,"文化就是在一定的物质资料生产方式的基础上发生和发展的社会精神生活形式的总和"①。当文化被界定为一种"反映论"的"形式",进而做出了一种照镜子式的机械物理式理解,文化在整个社会结构中被界定为"被决定"的地位也就成为逻辑的必然。

威廉斯明确"反映论"是一种物质功能论,"镜子"比喻更是割裂了文化与现实之间内在的、活生生的互动性关联。"反映论"关于"虚假"反映和"真实"反映的区分,基于对物质世界的真实认知而把意识看作"科学真理"的解释受到了有力的强调。但这种解释对"艺术"相当忽视,建立在"实证主义"或"自然主义"基础上的"反映论"在关于艺术的常见表述中,把艺术比喻为"用镜子映照自然",或对现实世界表象背后的"真实"(reality)反映,抑或艺术家用心灵看到的世界,"反映"比喻扮演了核心角色。艺术"按照它们的本来面貌"展示客体对象(包括作为客体对象的人的活动),使艺术创造被一种静态客观主义的教条笼罩。"客观对象–反映模式"的"反映论"是建立在机械唯物

---

① ［苏］罗森塔尔等:《简明哲学词典》,中央编译局译,人民出版社,1955年,第54页。

主义之上的,这种反映论割裂了"文化"与"现实"之间内生性的互相联系,未能对人活动于其中的现实世界作动态性的把握,也就否认了人的创造性在社会实践过程中的价值。而当这种理论把艺术界定为对物质的社会过程的根本真实的东西——规律的反映时,艺术就呈现出意识形态的属性,出现了"真实"与"歪曲""虚假"的对比,将其区分为进步的与反动的、社会主义与资本主义的。威廉斯指出,这种理论一般被认定为唯物主义世界观的一种破坏性后果,而实质上这种理论观念的缺点恰恰是作为唯物主义还不够彻底。这种理论的"镜子"的物理比喻遮蔽了物质材料的实际运作,艺术活动的社会特性和物质特性也被遮蔽起来了。

威廉斯在对"基础和上层建筑"进行重新解读的基础上批判了正统马克思主义的反映论观点。威廉斯指出,"如果把'基础'理解为一种过程,那么原来这种貌似强大的"客体对象-反映模式"立刻就会陷入复杂的纠纷当中"①。把"现实世界"当作一种具有一定内在性质和倾向的、物质性的社会过程来把握,就会出现完全不同的表述。

威廉斯提出以"中介论"来修缮"反映论"。威廉斯指出,"中介(mediation)一词旨在描绘一种能动过程……从对直接(mediate)或间接(immediate)的区分中,发挥对中介(mediation)的强调——强调中介是位于彼此分离的不同活动类别之间的一种间接性联系环节或代理者"②。"中介"概念揭示出了艺术与现实、基础与上层建筑之间相互影响、相互作用的动态过程,能够说明文化与社会现实之间的互动过程,突显了文化的社会实践性,进而挑战了正统马克思主义建立在机械唯物主义基础上的静止的、被动的和机械的反映论观念。威廉斯通过对正统马克思主义反映论的批判,强调了文化活动对社会

① [英]雷蒙德·威廉斯:《马克思主义与文学》,王尔勃、周莉译,河南大学出版社,2008年,第104页。

② 同上,第106页。

生活的价值和参与社会物质实践的可能性和重要性。这与威廉斯的理论关怀和政治诉求相耦合,站在工人阶级"大众文化"的立场拒斥和批判了精英主义的文化理念,建立和维护以普通大众为主体的真正的大众文化。

通过对正统马克思主义的批判,威廉斯清算了斯大林主义对英国马克思主义研究的影响,使文化走出机械决定论和经济还原论的误区,从人的实践活动出发赋予文化以"整体生活方式"的内涵,在马克思所强调的"人类自己创造自己的历史"和"社会存在决定社会意识"观念基础上重新理解了文化的本质,实现了文化唯物主义与唯物史观的接合。

(三)文化唯物主义与唯物史观的接合:威廉斯对经典马克思主义的再阐释

威廉斯构建文化唯物主义的目标是为了完善历史唯物主义,其中必然涉及对历史唯物主义最基本原理的重新阐释。威廉斯在坚持马克思唯物史观的前提下反对经济决定论,实现了文化唯物主义与唯物史观的接合,将马克思主义的影响和英国的文化与社会传统相结合,开创了一种非还原论的、唯物主义的文化解释,扩展了文化的定义并为其文化分析提供了新的工具,重塑了英国的文化研究。

1. 文化观与历史观的内在关联

威廉斯文化唯物主义通过"整体生活方式"的文化界定,探讨了文化的本质及其作用,是一种唯物主义的文化观。马克思主义唯物史观以物质生产实践为基点阐述了人类社会历史的发展规律,是一种唯物主义的历史观。文化唯物主义与唯物史观的接驳实际上关涉到威廉斯的文化观与马克思主义的历史观的关系问题,即文化观能否替代或引领历史观,或文化观能否从根本上回答历史观的问题,抑或文化观对于构建历史观有何意义?

马克思和恩格斯在物质生产实践活动的基础上,创立了唯物史观,阐释了人类社会历史的发展进程。唯物史观理论尤其是从"经典马克思主义"向"正统马克思主义"转变之后,在解释社会历史的过程中存在诸多争议问题。一是注重对宏观历史过程及其规律的理解,忽视微观历史过程的多样性、差异性,作为历史主体的人变成了历史规律的执行者,只是从宏观的角度阐释人的自觉能动性和社会历史的规律性的关系,强调人是在既定的前提和条件下进行创造历史的活动,人的实践活动服从历史发展的内在规律;二是马克思、恩格斯之后的"正统马克思主义"在阐发唯物史观的过程中,把马克思、恩格斯在特定情境下对经济、政治等要素的强调转变成关于经济因素具有绝对优先性的"经济决定论",并使本来表征物质世界联系的确定性和规律性的"决定"演变为严格决定论或机械决定论,唯物史观被化约为具有"自然科学的精确性"的抽象理论体系,使其必然忽视对文化等因素的探讨并否定人的能动性和自由,为人类社会历史的演进规划出一条一般道路。

就理论层面而言,虽然许多当代的马克思主义者在马克思实践观的基础上对经济决定论提出过修正,以辩证决定论、多元决定论、实践决定论、"相互作用""有机统一"等观点来克服线性的机械决定论的缺陷,或用"偶然性与必然性的统一""人活动的自由自觉特性与客观制约性的统一"、恩格斯的"合力论"等一般性的论述来解决这一问题,却都没有揭示出作为人的活动的历史运行机制和历史内涵的丰富性,他们关注的主要对象还是社会的经济和政治现象及其因果联系,缺少分析社会历史的文化维度,无法解释复杂社会历史要素之间的内在关联。

在实践层面上,资本主义社会的发展进入了新阶段,社会的经济结构和阶级结构发生显著变化,社会生活和文化领域呈现出复杂联系和迅速变化的特征,产生出一些新的社会现象、传播领域的革命以及大众文化兴起,文化普遍渗透到社会生活的各个领域和各个层面,使得文化成为一个必须被关注的领域。面对资本主义社会发展所产生的新的社会现象和问题,唯物史观需要给予关注并做出解释和回答。

　　社会历史在任何时候都不是通过单纯的经济因素发挥作用的，它要和政治、文化等活动构成一种总体性的关系，人的意识活动是现实社会活动的组成部分，体现着文化力量的作用。文化制约着人的活动和生存，也影响着社会历史运动。正是在构成社会历史的多种要素的复杂联系和相互作用过程中，社会历史的发展才表现为合目的与合规律、偶然与必然、自由与决定的辩证统一进程。文化体现了社会历史运行的内在机理和价值维度，从文化的微观视域来分析社会历史的运行机制，可以发现社会历史内在构成要素之间的相互作用，扬弃历史发展的经济决定论观点。因此，从文化的维度分析社会历史现象，可以更突出呈现社会历史发展的复杂性、构成性、创造性、过程性和有机性，与社会发展过程中所彰显的文化现象相契合，克服以往唯物史观在解释社会历史时产生的争议问题，对唯物史观做出补充和完善。从这个意义讲，文化观对于构建科学的历史观有积极的意义。

　　威廉斯认为，建立在基础–上层建筑固定模式之上的文化观不足以说明文化实践在社会有机系统中的地位，也不能解释现实文化实践的复杂过程。威廉斯从文化的维度上进行社会批判，提出作为"整体生活方式"的文化概念，赋予了文化概念以复数化的形式和复杂的特征，扩展了文化的内涵和范围。文化不是仅指狭义上外在于经济、政治等领域的包括文学、艺术、宗教、哲学等独立的精神领域，而是指广义上人的实践活动在历史中凝结成的生存方式和活动方式，因而内在于人的经济、政治等社会层面和人的各种活动之中。文化作为"整体生活方式"，是物质生产的基本形式，将政治、经济等社会要素整合起来，展示着包括经济、政治在内的社会整体的多元变化和丰富的历史内涵。在"主导文化""新兴文化"与"残余文化"的交织中，文化将社会存在及其活动关联起来，恢复和展示了文化作为构成性的社会物质力量是人类社会的有机构成部分。

威廉斯文化唯物主义将文化活动看作物质生产的形式，突出强调了文化生产的物质性和文化实践的创造性，揭示了文化与政治的关系，重新将文化融入社会过程之中，作为一种理论范式推进了对文化内涵、功能和价值的理解，克服了单一的线性决定论的历史观。因此，作为文化观的文化唯物主义重新阐释了作为历史观的唯物史观中潜在地对文化不可或缺的重视，在当代英国的现实语境中扩展和深化了马克思主义的唯物史观，并在一定意义上实现了二者在理论上的接驳。

2. 对社会生活整体性和过程性的强调

威廉斯把唯物史观的"社会存在决定社会意识""人创造自己的历史"这两个命题看作文化唯物主义的出发点，借此来确立文化在社会和历史总体性过程中的地位和功能。威廉斯指出，"我认为马克思所界定的历史唯物主义的基本方法是非常行之有效的。人类在特定的局限环境中创造自己的历史，这个环境是由他们的社会发展条件所决定的，而这些条件则深受与生产方式的特定阶段有关的经济关系状况的影响"①。

威廉斯的文化唯物主义坚持文化是"整体生活方式"，将唯物主义扩展到文化实践中，批判了对基础-上层建筑模式的机械论理解，强调文化的物质性和实践性，认识到文化的有机整体、动态过程及其能动作用，这与经典马克思主义从实践观点和整体的社会关系出发研究文化问题相一致。

马克思、恩格斯从社会存在决定社会意识出发，用基础和上层建筑的隐喻来解释社会历史：一定的经济关系决定和制约着社会政治、法律的关系以及精神活动过程，用一定时期的物质经济生活来说明历史事件和观念发生的变化，对文化的最终解释必须考虑到与之相关的基本生产体制。社会历史的演进是社会有机系统的整体运动过程，在人的实践活动基础上呈现为辩

① ［英］雷蒙德·威廉斯：《希望的源泉》，祈阿红、吴小妹译，译林出版社，2014年，第78页。

证发展的动态过程。

威廉斯文化唯物主义从经验的视角强调文化的总体性，将文化看成一个整体范畴，一种文化就是一种完整的生活方式，强调从总体性角度解决问题而不是从经济运行、政治行为和文化发展等有限范围解决问题，强调社会发展过程中不同要素之间相互联系。威廉斯重新理解"基础和上层"的关系，将"基础"视为动态的过程，文化本身包含在"基础"之中，作为"整体生活方式"的文化活动揭示了社会构成要素之间的有机联系，构成"生活方式"的社会活动是一个互为联系的有机体系。

威廉斯文化唯物主义是在历史唯物主义视域下考察文化的生产特性，强调了文化的实践性及其动态发展过程。威廉斯通过总体性的霸权概念阐释了文化的动态发展过程，"主导文化""新兴文化"和"残余文化"之间的"收编"与"抵抗"展示了争夺文化霸权的复杂的动态过程，将之与工人阶级的生活方式和文化创造关联起来，注重日常实际关系、社会秩序结构及社会历史变迁过程中对普通人民群众及其日常生活的分析与研究，关注具有时代特征和生活内容的大众文化，深化了对唯物史观的理解。

威廉斯文化唯物主义通过对文化活动的整体性动态过程的考察，强调社会生活的整体性和动态过程，这与唯物史观以实践活动为基础对社会有机系统的整体演进规律的阐释相一致，实现了与唯物史观在理论上的接驳。

3. 对经典马克思主义阐释问题的历史语境的分析

随着思想的发展和对马克思主义认识的深入，威廉斯区分了马克思主义发展的不同阶段，指出从马克思到马克思主义的转变是一段非常复杂的历史，这需要分析马克思主义生成和转义的历史语境和思想语境。

威廉斯认为，要了解马克思向马克思主义的各种转变过程，需要回到历史唯物主义生成的历史语境中，了解创立这一理论所要解决的历史任务。威廉斯深知马克思由于受到资本发展阶段和所要解决的基本问题的影响以及当时的政治形势所迫,未来得及深入研究文化问题。威廉斯指出,人们熟知马克思、恩格斯以经济运动和政治运动为核心来阐述其革命理论并论证人类解放的理想,但却没有意识到,马克思、恩格斯所处的并作为考察对象的社会背景是 19 世纪资本主义发展过程中普遍出现的经济剥削和政治压迫的局面,其政治经济学批判和社会革命的理想指向非常明确。

在理论层面,马克思、恩格斯创立唯物史观,为了抵御和批判各种唯心主义历史观在解释历史发展进程时片面夸大主观随意性的做法,借鉴自然科学的严谨化和普遍化的方法而尽可能排除不确定性和偶然性,基于社会历史发展中的共同性和决定性的因素,抽象出社会历史发展的普遍规律,以经济运动的必然性解释社会历史发展的一般过程。在马克思、恩格斯之后的马克思主义者对唯物史观进行了简化和抽象化,将这些普遍性规律体系化甚至教条化,将二人在特定社会历史条件下对唯物史观的普遍性维度的强调推向极端,突出强调经济因素对社会发展的构成性和决定性,离开了人的实践活动而未能展示社会历史中的文化的丰富性和复杂性。

20 世纪后半叶,资本主义在其发展中出现一系列社会现象和问题,如资本主义在新的经济政治条件下获得新的发展,种族主义、与权力相关的文化和意识形态问题突显,消费主义对工人阶级及其文化产生重要的影响。威廉斯指出,当资本主义生产方式走向成熟时,人们就会感受到生产意义性质的改变。①面对英国在二战后的生产关系、阶级结构、民主政治和文化实践的显著变化,当时在英国占主导的正统马克思主义却不能合理解释社会历史发展变化所呈现的问题,文化研究趁势兴起,重新理解了文化与经济、政治之间的关系,将之视为解释和探索社会问题的一种新的途径,这也是左派介入社会政治问题的方式。威廉斯通过对基础-上层建筑命题的重新解释并把文

---

① 参见[英]雷蒙德·威廉:《政治与文学》,樊柯、王卫芬译,河南大学出版社,2010 年,第 128 页。

化看作物质生产形式,把文化与经济、政治等社会过程联系起来,建构了文化唯物主义。

因为有了威廉斯的文化唯物主义以及与之相辩驳、争论的同行者和后来的研究者,英国理论界逐渐打破了原来德法理论称雄的局面,独具特色的研究使得英国在马克思主义理论方面开始发声,并占有一席之地。威廉斯将马克思主义方法整合到英国的理论传统和知识文化之中,使之在与英国理论传统进行创造性对话的过程中实现了马克思主义的意识形态"本土化"①,扎根本土方能使得马克思主义落地生根,茁壮成长。而威廉斯所提出的一些问题和所关注的一些领域,有助于对当代一些社会问题的认识和解释,对传播、电视等大众文化现象的关注和分析,扩展了文化的内涵,发展了马克思主义的文化观。

从马克思主义发展过程的历史语境看,威廉斯文化唯物主义就是马克思主义在英国的一种当代形态,文化唯物主义在当代实现了对唯物史观的接驳。

4. 对马克思主义传统的重建

威廉斯挖掘了作为社会有机体重要组成部分的文化生活的重要性,弥补了"传统马克思主义"偏重"经济基础决定上层建筑"、对文化生活及其能动作用强调不足的缺陷,从而丰富了马克思主义的社会有机体理论。威廉斯坚持文化研究的社会批判和政治批判维度,采取"至下而上"的观察视角、文本解读和词源谱系学的方法,通过经验性研究展现自己的理论思考,敏锐感知到了无产阶级文化和大众文化的兴起,并对流行的精英主义文化观念提出挑战和批判,建构并践行了以"文化是一种整体生活方式"的英国式文化唯物主义思想,从社会化和经验化的视角将文化定义为"整体生活方式",通

---

① [英]玛德琳·戴维斯:《英国新左派的马克思主义》,张亮编:《英国新左派思想家》,江苏人民出版社,2010年,第2页。

过总体性的霸权概念阐释了文化的动态发展过程,以主导文化、新兴文化和残余文化的"收编"与"抵抗"揭示了文化的运行方式、文化实践与意识形态接合的动态过程,把文学创作看作"在社会意义上提供自我创作的具体实践"并以此说明文化是一种特殊的物质生产形式,将其上升为"生活方式"的高度和具有文化哲学意味的人类存在方式的问题。在强调作为生活方式的文化的前提下,威廉斯对"基础和上层建筑"的关系进行了历史审视和重新建构,强调文化本身的动态过程性,突出文化在"基础与上层建筑"之间的能动的、独立的地位和作用。

威廉斯从文化的维度进行社会批判,采取在社会和历史语境中分析文化的研究模式,描述了文化的动态发展过程,在经济、政治、文化的三维关系中重新定位文化在社会中的作用,突出强调文化的物质性、能动性、创造性和实践性,这就将唯物主义扩展到文化实践中,认识到文化的有机整体、动态过程及其能动作用,展示了文化作为构成性的社会物质力量是人类社会的有机构成部分,突出强调了文化在当代社会中的社会塑造功能和文化生产的作用,发掘并凸显了历史唯物主义的文化向度,丰富了马克思主义的社会有机体理论。

威廉斯强调"文化是平常的",倡导建立一种全体社会成员参与其中的共有、共享和共建的文化观念,从而强化了在文化的维度上弘扬马克思主义的群众史观。马克思主义认为人民群众是历史的创造者,这不仅体现在人民群众从事物质生产从而创造物质财富上,也包括人民群众是社会革命的主体,是精神财富的创造者。但是人民群众创造精神财富的唯物史观的重要观点并没有得到充分重视,即使是以文化研究蜚声海内外的法兰克福学派也只是主要批判了大众文化,并没有充分肯定人民群众作为文化主体的重要性。与法兰克福学派极力批判大众文化不同,突破了精英主义对文化的狭隘理解,威廉斯消解了大众与精英、文化与文明的二元对立模式,阐释了"共同文化"的社会理想和肯定性的大众文化观,开始关注被忽视甚至被蔑视的大众文化和工人阶级文化,使被忽视的大众文化和工人阶级文化成为理论研究的对象和主题,丰富了历史唯物主义对文化形态及其功能的理解,使作为"整体生活方式"的文化获得了理论的归宿。

威廉斯为马克思主义传统注入了英国元素,使唯物主义获得一种具有英国本土特色的重构形态,并推动了历史唯物主义在英语世界的传播。身处冷战前沿的英国,如何在苏联式马克思主义和西方马克思主义之间寻找自己应有的特色,使得其能契合英国本土的文化传统,成为威廉斯文化唯物主义研究的关键问题。威廉斯文化唯物主义的理论建构带有强烈的批判成分,这种批判体现出典型的"英国式"的特征,但这种批判绝不是完全否定、彻底颠覆、推倒重来,而是在深刻剖析反思、吸收借鉴的基础上进行的扬弃和超越。因此,威廉斯在20世纪50年代对马克思主义传统的批判主要针对的是"正统马克思主义",在这个意义上他并不是反对整个马克思主义传统,而是试图在英国理论传统基础上重构新的马克思主义传统,而他恰恰在经典的马克思主义那里找到了答案,使得"文化与社会"传统与马克思主义传统之间相互对话和融合,从而使得马克思主义在英国获得了一席之地,并推动了历史唯物主义在英国的传播。

二、批评与反批评:威廉斯文化唯物主义的当代效应

有学者指出,威廉斯留下了两大贡献:一是他宝贵的学术思想,二是他所引发的对他的这些思想的批判。任何有价值的理论在坚持自己维度并成为其理论特色的同时,也可能成为其思想的最大局限,从而引起批判。在开创了英国文化研究的先河并形成文化主义的理论范式时,威廉斯的文化唯物主义也在新左派内部受到批判,引发巨大的理论争议。理性之间的批评与

反驳,不仅不会有损理论本身,可能恰好构成理论不断前进的动力。英国文化马克思主义理论谱系内部思想家以及结构主义马克思主义者们对威廉斯的非议非但没有将其思想淹没,反而成为促进他修缮的动力,最终成就了威廉斯的当代魅力。

(一)英国文化马克思主义的理论谱系

英国学者玛德琳·戴维斯在《英国新左派的马克思主义》①一文中指出,在英国产生的这种新左派的马克思主义是一种"独立的"马克思主义或"新马克思主义",而美国学者丹尼斯·沃德金则采用了"文化马克思主义"这一概念并将其划分为不同的阶段。从英国思想发展的角度看,"文化马克思主义"比较准确地概括了英国马克思主义发展的特征,在完整的思想图景上揭示出英国马克思主义发展中思想冲突和斗争的主题,是一个具有很大包容力和解释力的概念。

英国文化马克思主义是一个连贯的思想传统,是英国社会、经济、政治、教育等多种力量长期纠缠和耦合的产物。在这些众多的作用因素中,英国新左派与英国文化马克思主义的关系是无法绕过去的一个问题。英国文化马克思主义的兴起和发展必须放在二战后英国左派危机的背景下进行研究。英国文化马克思主义无论在渊源上还是在发展过程中,都表明 20 世纪英国马克思主义的发展史是非常复杂的,既涉及英国共产党历史学家小组、两代新左派与《新左派评论》,又包括文化研究与一些激进政治运动,其中尤以新左派运动最具标识性。

在最宽泛的意义上,"新左派"这一术语与 20 世纪 60 年代世界范围内青年激进主义的高涨联系在一起;在意识形态的意义上,它通常被用以描述

---

① 参见张亮:《英国新左派思想家》,江苏人民出版社,2010 年,第 1~36 页。

50 年代后期发端的那种旨在开辟新的理论-政治空间、寻找斯大林主义和社会民主主义的替代选择的努力。①英国的新左派是一场由法国传入英国的、旨在反对英国共产党和英国工党这两个传统左派政党并努力开辟不同于前者的"第三种政治空间"的社会运动、政治运动和思想运动。②英国新左派的出现，直接关系着英国左翼知识分子在二战前后的生活经验以及二战之后的英国社会形势。作为一种政治运动，英国第一波新左派运动于 1956 年到 1962 年之间兴起，是战后社会主义运动的一个不同寻常的历史阶段，掀起了一场深刻的社会政治变革，并对英国当时主流政治家的观念以及工人运动的各主要流派都产生了影响。英国新左派之新主要在于：英国新左派成员多为左翼知识分子，他们团结在《新左派评论》、伯明翰当代文化研究中心等出版与研究机构的文化阵地周围，与苏联模式的"正统马克思主义"保持距离，对经典马克思主义进行必要的补充和修正。

在围绕社会主义如何在发达资本主义国家取得胜利的核心议题展开争论的过程中，英国马克思主义理论传统逐渐形成，开创了以英国新左派早期思想家汤普森、威廉斯、霍加特为核心的文化研究领域，引起了英国马克思主义的文化主义转向。而这一转向之所以可能，不得不提起文学批评在英国思想界的重要地位，因为没有德法式的古典社会学传统，文学批评实际上是英国人文科学的中心，是大学教育教学的核心，充当了"社会学在英国的等价物"③的重要地位。在一定意义上，文学批评可以说创造了现当代英国社会的思想总体图景。而《文化与社会》《识字的用途》《英国工人阶级的形成》等

①　参见［英］玛德琳·戴维斯：《英国新左派的马克思主义》，张亮编：《英国新左派思想家》，江苏人民出版社，2010 年，第 3 页。

②　参见张亮、熊婴：《伦理、文化与社会主义——英国新左派早期思想读本》，江苏人民出版社，2013 年，第 1 页。

③　［美］丹尼斯·沃德金：《文化马克思主义在战后英国》，李凤丹译，人民出版社，2008 年，第 112 页。

著作标志着英国文化马克思主义传统的确立,并在新左派内部引起共鸣。在考虑到二战后英国社会变化的基础上,英国文化马克思主义将"文化"视为社会斗争的核心和政治斗争的场所。①这样,英国的马克思主义研究就与文化研究相融合,并在随后的政治实践和文化实践中逐步形成了一种文化马克思主义的理论体系。

英国新左派马克思主义在发展过程中,形成了既不同于正统马克思主义又不同于传统自由主义的研究风格。这种独立性是就其与其他国家、地区、流派的比较而言的,在这种比较的意义上,被统称为英国新左派。但是这绝不意味着英国新左派是一个围绕一个纲领和原则而生长的单一体。事实上,英国新左派在理论上和政治上存在着明显的内部分歧、代际差异甚至冲突,这在很大程度上可以追溯到《新左派评论》的两种不同来源,即《新理性者》和《大学与左派评论》,二者在关注点和办刊风格上都存在着不容忽视的差异。②《新左派评论》在其合并洽谈的初期就存在着不可忽视的意见差异,这预示着合作之路并非坦途,来自两个团队的英国新左派成员,在理论背景、理论关注点和剖析解决问题的方式方法上存在的诸多差异不久就显露出来,并呈现出一定程度的冲突。首先,二者的问题关注点不同,这表现在以汤普森为首的原《新理性者》团队更加关注与工人阶级的关联;而以霍尔为首的原《大学与左派评论》团队则更加关注资本主义文化所出现的新现象,比如艺术先锋派等。其次,二者在对待马克思主义的态度上也存在很大分歧,汤普森团队虽然对正统马克思主义和英国共产党不满而退党,但是他们并不打算放弃马克思主义,而是想通过新的方式复活马克思主义,创建一种真正的马克思主义;而霍尔团队则质疑马克思主义是否具备理解现代社会

①　参见[美]丹尼斯·沃德金:《文化马克思主义在战后英国》,李凤丹译,人民出版社,2008年,第5页。

②　See Peter Sedgwich,The Two New Left,*International sosialism*,17,August 1964,pp.15–23.

复杂性的可能性。这些重大的分歧由汤普森对霍尔的持久批判表现出来，而后演变为互相指责。①

除了上面提到的汤普森、霍尔等这些合并之前曾在两个刊物担任编辑的人物外，《新左派评论》还将威廉斯等人纳入其中。威廉斯在谈到自己加入《新左派评论》的情形时，分别剖析和表达了自己对合并之前的《新理性者》和《大学与左派评论》的评价。这说明虽然作为《新理性者》的成员，威廉斯却在思想上更加倾向于《大学与左派评论》，威廉斯向两个刊物都曾投过稿。因而，德沃金认为威廉斯虽然属于原《新理性者》团队，但是他在思想上却与《大学与新左派》的文化批判更加契合。

新左派内部的这种分歧在 1962 年安德森担任主编之后更加明确化，以至于这种分歧经常被学者们看成一种代际区别，也就是两代新左派分野的标志。安德森担任主编是由汤普森推荐的，但是安德森在走马上任之后立马改变了《新左派批评》，这使得汤普森颇为不满。而刚刚 20 岁出头血气方刚的安德森对这种指责当然也不会缄默不语，而是立刻做出了回击。这就是新左派历史上著名的汤普森-安德森争论，这个争论较为鲜明地表征着两代新左派之间的差异。新左派运动的发起者和最初的思想核心威廉斯、汤普森等人，由于拥有较为相似的成长经历、教育背景、社会阅历以及对很多理论和政治问题采取的立场和态度，人们把他们称为第一代新左派。从社会阅历和政治背景上来看，第一代新左派成员成长于 20 世纪 30 年代后期的反法西斯主义运动中，主要受到老一辈英国共产党及早期社会主义思想家的影响。而从思想关注点和思考问题的方式方法上来看，第一代新左派更加重视与政治现实问题的关联，重视理论与现实的互动，以各种各样的方式积极参与到时代的社会和政治运动实践之中。

---

① 参见[美]丹尼斯·沃德金：《文化马克思主义在战后英国》，李凤丹译，人民出版社，2008 年，第 93~96 页。

正是在围绕社会主义如何在发达资本主义国家取得胜利的核心议题展开争论的过程中，英国马克思主义理论传统逐渐形成，开创了以英国新左派早期思想家汤普森、威廉斯、霍加特为核心的文化研究领域。从研究主题和解决问题的范式上来看，文化成为第一代新左派关注的核心问题，也正是在这个意义上，第一代英国新左派的诸多代表人物也被称为文化马克思主义者。

但是这种第一代、第二代的区分只是在分类学的意义上进行的，对于具体的学者而言，由于其思想并非一成不变，而在具体的时代背景和历史变迁中呈现出了演变的特点，因而并不能将某个学者抽象地断定为属于某个单一的学派。如果依据代际或建制性倾向①来定义和理解英国新左派，会发现威廉斯并不正式隶属于任何一个团体，其著作也会切断任何明确的代际区分。威廉斯以各种方式为新左派运动的发展提供学术支持，20世纪50年代他是《大学与左派评论》的支持者，作为《新左派评论》的创始人所投的18篇稿件涵盖了该杂志的每一个发展阶段，20世纪60年代后期是《五一宣言》的编辑，80年代早期是社会主义协会的创始人，并在各种工作小组、运动、计划中担任作家、演讲人和参与者等角色。威廉斯的著作影响了佩里·安德森及其他一些人，并且在理论上为两代新左派架设了一道重要的桥梁，为年轻一代新左派提供了理论工具、指导和重要的精神鼓励，以使他们积极应对社会生活的多元化发展并对当代世界做出独具特色的评价。

---

① 林春鉴别出在1963年之后构成新左派的四种"建制性倾向"：《新左派评论》；理查德·霍加特创建、斯图亚特·霍尔推进的伯明翰当代文化研究中心；由牛津大学罗斯金学院在1966年发起的历史工厂运动和《历史工厂杂志》。参见 Lin Chun, *The British New Left*, Edinburgh Univertsity Press, 1993.

（二）文化主义的形成：第一代新左派内部的争论

英国新左派成员多为左翼知识分子，他们团结在《新左派评论》、伯明翰当代文化研究中心等出版与研究机构的文化阵地周围，批判精英主义的文化路线，与苏联模式的"正统马克思主义"保持距离并批判了其所主张的经济决定论。虽然在反对苏联模式、强调政治批判和政治参与、重视文化研究等诸多问题上，第一代英国新左派呈现出了诸多一致性，因而被称作第一代新左派，但是英国新左派成员之间也存在差异和分歧，也出现过争议甚至是论战。正如斯图亚特·霍尔在回溯英国新左派的历史时所指出的："新左派远不是政治上的铁板一块，而且从未在文化或者政治上变得具有同质性……因此，极为错误的是，试图回溯性地重构某种固有的'新左派'，以及给它强加上某种它从未拥有过的政治一致性。"①

1. 汤普森"作为整体斗争方式"的文化

汤普森在肯定威廉斯的文化唯物主义的同时也对威廉斯提出了批评。虽然汤普森无论在脾气性格还是在思想风格上，都是第一代新左派的战将，充分展现了他的"战斗"风格，但是汤普森对威廉斯还是十分敬重的，从主观意愿上来看他并不想批判威廉斯，他认为一旦对威廉斯的批判发表出来就可能会加剧新左派的分裂。但是汤普森最终还是对《文化与社会》和《漫长的革命》进行了批判，而他的批判主要是历史性的和政治性的。

汤普森认为，"《漫长的革命》的第二部分提供了一个新的方向和创造性定义，将文化理论发展为'整体生活方式要素间的关系理论'。他的这些定义无疑澄清了问题，并指出了解决问题的方向。但我必须讲出我的看法，他仍然没有发展出一个足够普遍的文化理论"②。"整体生活方式"概念被汤普森

---

① Stuart Hall, The First New Left, in *Robert Archer et al.(eds)Out of Apathy*, Verso, p.23.

② E.D.Thompson, The Long Revolution Ⅰ, *New Left review 9*, May–June 1961, p.28.

看作受到艾略特对宗教问题的论述和有关"生活方式"定义的影响因而具有唯心主义的元素，而其"生活方式"概念容易滑向资产阶级文学与社会传统的"生活样式"概念，它不能显示出威廉斯对作为生活方式基础的物质生产的关注，也不足以表达总体的社会过程和冲突过程，没有考虑文化得以存在的阶级和历史背景，因而其致力于寻求的"共同文化"理想也不可能在资本主义社会中实现。

在威廉斯发表《漫长的革命》这部著作之后，汤普森在《新左派评论》上连续发表两篇长文[1]，批评威廉斯过于强调文化在社会中所起的作用，却抛弃了斗争、权利、意识形态和唯物主义等重要观念，从而忽视了阶级冲突和意识形态的意义，违背了历史唯物主义的原则。汤普森认为威廉斯的著作不敢"直接面对唯物主义"，并批评他过分自信地以"整体生活方式"作为社会分析和文化分析的首要理论工具，指出威廉斯文化唯物主义所表现出泛文化主义和唯文化论的倾向。汤普森认为任何社会的文化都是在不同和对立的生活范式之间的斗争中形成的，如果社会经济结构依然故我，没有发生实质性改变，"共同文化"何以能够得到实现？ 这是汤普森对威廉斯"共同文化"提出的重要质疑。

尽管汤普森也把文化变革看作政治论争的一个重要场域，但他怀疑威廉斯夸大了文化问题的重要性，认为威廉斯未能令人信服地解释社会冲突问题。在文化的定义上，汤普森提出"文化是一种整体的斗争方式"，强调斗争性的重要，借以批评和修正威廉斯的文化概念。汤普森一贯着重强调工人阶级的主体实践活动的地位，他赞同威廉斯把文化视作值得重视的研究领域，但是他更加主张把文化看作一个战斗场，而这里面毫无疑问不能缺少了工人阶级的主体实践活动。因此，汤普森把威廉斯的生活方式修改为斗争方

---

[1] See E.D.Thompson, The Long Revolution Ⅰ, *New Left review 9*, May–June 1961, and The Long Revolution Ⅱ, *New Left review 10*, July–August 1961.

式,并认为只有这样才能将文化与社会主义传统、与工人阶级的实践活动重新勾连起来并为之助力。

面对汤普森的质疑,威廉斯做出了理论的回应。威廉斯指出,"整体生活方式"的文化定义并未将斗争排除在外。1977 年威廉斯在接受《新左派评论》的系列专访时解释道,强调文化是整体生活方式,并不是否认阶级冲突的存在,冲突是文化作为一种整体生活方式的结构性前提,不包含冲突的文化定义必定是错误的。从这个意义上讲,汤普森"作为整体斗争方式"的文化界定,完善了威廉斯对于"整体生活方式"的文化的理解。威廉斯区别了阶级斗争(资本主义生产方式的结构性组成部分)和阶级冲突(论争的积极的和自我意识的形式),指出在资本主义社会秩序中围绕着利益的阶级冲突是不可避免的,同时又强调冲突未必始终以阶级之间的强对抗形式而存在,在某些时候冲突也可能以其他形式得到斡旋。如果把整个历史过程定义为斗争,就回避或略过了暂时解决冲突和只存在临时性冲突的那个时期。

威廉斯指出,20 世纪 50 年代的英国就是这么一个时期,阶级斗争明显减弱而阶级冲突仍然存在。[1]威廉斯认为汤普森的观点还停留在工业革命初期工人运动频繁的时期。

威廉斯在《马克思主义与文学》中,阐述了"文化霸权"复杂多样的整体过程,统治阶级和从属阶级之间存在着"霸权"与"反霸权"之间的斗争,也体现为主导、残余和新兴文化之间的"收编"与"抵抗"。可见,威廉斯的"文化霸权"概念包含着明确的斗争含义,这也有力回应了汤普森对他的批评。

2. 理查德·霍加特与威廉斯文化研究的不同路径

在创立文化研究的过程中,理查德·霍加特和威廉斯都起到了重要的作用,而且他们有相似的工人阶级出身、求学经历,都曾经深受利维斯文学批

---

① 参见[英]雷蒙德·威廉:《政治与文学》,樊柯、王卫芬译,河南大学出版社,2010 年,第 122 页。

评的影响，并且在职业上都曾经在 20 世纪 50 年代担任工人教育协会的成人教育老师，这使得他们在思想关注点也多有相似。在反对保守主义所主张的文化与民主、社会主义与大众教育不相容的观点时，霍加特和威廉斯是一致的，但是霍加特和威廉斯之间还是存在着不容忽视的差异，"他（威廉斯）与霍加特一样颠覆了'传统'，但采用了与霍加特不同的方式"①。

霍加特对传统文化观念的颠覆与他对工人阶级文化的关注密切相关，在福利时代，工人阶级在生活上变得较为富裕，霍加特不同意工人阶级能够自动中产阶级化的观点。霍加特坚持认为工人阶级生活方式的连续性和变化只有通过比较性分析才能理解。《识字的用途》（又译作《有文化的用途》）面对大众传媒对传统工人阶级文化形成威胁之势，将如何重建工人阶级的文化和生活方式作为主题。霍加特提出用青年的工人阶级文化取代利维斯旧的英国有机体社会，而他采取的具体路径是一种自传式的方式，将文学心理图像和批判情感相结合，试图重新创造工人阶级生活的味觉、声音、嗅觉和情感。霍加特的这种自传式批判和民族志式的文化批判对早期的文化研究所产生的影响主要在于：第一，他将活生生的生活经验当作文本来进行阅读，这是大众文化研究的一个突破；第二，他所采取的跨学科研究方法，模糊了社会学、文学批判主义和政治学之间的区别，也是一个重要贡献。②

但是霍加特的文化研究存在着明显的缺陷，其中最主要的两点是：第一，没有将主题放到大的社会背景之下进行研究；第二，对马克思主义过多的批判从而在很大程度上忽视马克思主义在文化研究上所能起到的重大作用。这两点引起了威廉斯的注意，也体现了威廉斯和霍加特文化研究的差异。威廉斯在面对以利维斯为代表的英国文化传统和马克思主义时，采取了

---

① ［美］丹尼斯·沃德金：《文化马克思主义在战后英国》，李凤丹译，人民出版社，2008 年，第 123 页。

② 参见［美］丹尼斯·沃德金：《文化马克思主义在战后英国》，李凤丹译，人民出版社，2008 年，第 117 页。

一种双向借用的路径。在从利维斯那里借用文学批判的同时,威廉斯同样重视马克思主义的文化观。虽然在文艺与经验的关系上利维斯有其优势,但是在对英国社会和历史的更深刻理解方面,马克思主义显然必须得到充分的重视。威廉斯孩提时代既有的生活经验,使得他很容易认同马克思主义关于文化最终必须在与根本的生产体系中的相关性中得到解释的观点。因此在《漫长的革命》中,威廉斯将决定、维持、教育和学习、生殖和养育看作四个相互关联的社会系统,提出一种更加复杂的社会组织理论。这显然与霍加特的研究路径大不相同。此外,威廉斯对霍加特的不满还体现在,他认为霍加特设想了工人阶级文化和多数人、"劳工运动"与"少数人"的双重对立,而且对工人阶级的描述过于理想化。

但总体来看,霍加特和威廉斯同为英国文化研究的肇始者,其分歧和争论小于共识,而且由于二者在解释文化实践上的相似之处,二者的代表性作品《识字的用途》和《文化与社会》在相近的时间出版,导致他们的名字经常被联系在一起出现。可见,作为英国文化研究的起源和代表性人物,在诸多方面他们都是相互认同的,他们之间的对话推进了文化主义的形成。

(三)文化主义与结构主义范式之争:第二代新左派眼中的文化唯物主义

从英国新左派发展的历史过程和历史渊源上看,第二代新左派走上政治和文化舞台受到第一代新左派的影响。但二者之间无法忽视的差异甚至是对立,导致其渐行渐远,并最终走向决裂。这种决裂的深刻表现在两代新左派所代表的不同的文化研究范式的差异,第二代新左派把威廉斯作为第一代新左派的文化主义路线的代表进行了批判。斯图亚特·霍尔在《文化研究:两种范式》一文中指出,英国的文化研究划分为文化主义和结构主义两种范式,文化主义范式在20世纪五六十年代的威廉斯、汤普森等第一代英国新左派中占据主导地位,结构主义范式在20世纪60年代中期以后的安德森等第二代新左派中占据主导地位。围绕着文化主义和结构主义两种范式的争论，形成了两代新左派的矛盾与对立，并在这一过程中推动了英国文化马克思主义的发展。

威廉斯在《马克思主义与文学》中提出自己的文化唯物主义主张，就是为了回应和反击第二代新左派的批判，申明自己的"唯物主义"和"马克思主义"立场。第二代新左派对于威廉斯的"文化唯物主义"的态度，也是对威廉斯文化唯物主义的理论反思。

1. 斯图亚特·霍尔对"文化主义"范式的批判

葛兰西霸权理论对英国文化研究产生了巨大影响，主要体现在英国文化研究的文化主义和结构主义之争中，二者的差异在于对主体与结构的关系认识不同。①而明确提出英国文化马克思主义之间存在两种范式的就是斯图亚特·霍尔。虽然在第一代新左派的争论中，霍尔明确地选择了站在威廉斯一边，但是这并不意味着霍尔终生是威廉斯的信徒，霍尔在关于文化研究的两种范式的阐释中隐含着对威廉斯的批评。

霍尔对威廉斯的批评在很大程度是因为受到结构主义的影响。阿尔都塞的结构主义被引入英国之后，对第二代新左派的思想者们产生了很大的冲击力，并在一定程度上影响了他们对待文化马克思主义的态度，从而也在一定程度上改变了霍尔对威廉斯思想的态度。结构主义的分析使得霍尔看到文化主义马克思主义者普遍重视的总体性概念所存在的问题，对威廉斯的社会总体性文化批判路径产生了质疑，并对威廉斯作为文化主义的代表进行了批判。

霍尔认为，文化主义和结构主义都不足以单独承担文化研究的重任，需

---

① 参见李凤丹：《英国文化马克思主义研究——基于大众文化与政治的关系》，江西人民出版社，2010年，第101~137页。

要结合葛兰西的文化霸权理论去建构新的理论范式。在霍尔看来,以威廉斯为首的文化主义理想化地肯定人的能动性,片面强调文化结构尤其是意识形态在人的价值文化观念中的作用。霍尔据此指出,"文化研究路径已经尝试利用文化主义和结构主义中的最好元素,并通过葛兰西阐明的一些概念来推进思考,这种路径最接近于满足文化研究领域的需要……文化主义和结构主义的确占据其他竞争者所不具备的中心地位,因为在它们之间提出了文化研究的核心问题。它们使我们回到文化和意识形态这两个既紧密联系但又不相互排斥的概念所表示的领域。它们一起提出了这样的问题:既考虑不同实践的特殊性,又考虑由它们所构成的被接合的统一体的形式"①。这里面隐含着对威廉斯的批评,认为他没有意识到结构的决定性。但事实上,霍尔对威廉斯的批判也并非完全客观,因为威廉斯把文化定义为"整体生活方式"的同时,也把作为解释基础与上层建筑之间关系的"决定"理解为"设定界限"和"施加压力",也具有强烈的结构感,只不过威廉斯所强调的是文化整体中的结构,而霍尔所强调的则是结构中的独立、冲突和斗争,而不是整体过程,因而二者对结构和整体的理解所存在的偏差,使得霍尔认为威廉斯对结构重视不足。

可见,霍尔对威廉斯的不满主要在于威廉斯更加重视"总体性""主体""经验",而对结构主义所强调的文化结构没有充分重视。霍尔并不是要走到文化主义的对立面——结构主义,而是要在二者之间实现调和,他所选择的最大路径则是葛兰西的思想。霍尔对威廉斯的批判以及结构主义对威廉斯的冲击,也对此后威廉斯的思考产生了有益的影响,在一定意义上也可以说推动了威廉斯对自己文化唯物主义理论的进一步完善。

----

① Stuart Hall,Cultural Studies:Two Paradigms,in John Storey ed.,*What Is Cultural Studies?:a Reader*,Arnold,1996,p.48.

2. 佩里·安德森结构主义的文化研究范式

佩里·安德森是第二代英国新左派当之无愧的领军人物。在第一代新左派理论家们陷入分裂时,来自盎格鲁-爱尔兰富裕之家的安德森凭借其资产和出色的才华成为《新左派评论》的主编,并以迅雷之势改变了这个新左派核心刊物的研究主题和风格。这种改变使得第一代新左派的很多人感到震惊,尤其是汤普森,除了震惊也更加愤恨,他更由于安德森将第一代新左派从《新左派评论》中排除出去的行为而大为光火,于是写了《英国人的性格》一文对安德森及其哲学和政治的假设进行了最尖锐的谴责,而安德森也坚决反击,此后二者分别作为第一代和第二代冲突中的代表人物进行了持久的交锋。

如果说安德森与汤普森之间的争论稍微还有点性格因素,那么与包容性很强的威廉斯之间,则毫无疑问更多是理论上的冲突。与强调英国经验的威廉斯等人不同,从小就随其父亲生活在中国、曾在美国上学并喜欢游历欧洲的安德森无疑具有更多的国际眼光。在寻找发达国家革命战略的过程中,他毫不迟疑地将目光投向了欧洲大陆的思想家们,其中葛兰西和阿尔都塞尤其引起了安德森的注意。安德森效仿葛兰西的意大利史研究方式,重释了英国近现代史,并于1968年发表了《国民文化之构成》(又译作《民族文化的组成部分》),此书堪称英国文化积弊的反思和诊断书。安德森在此断言,抱残守缺的英国人的理论水平远远落后于欧陆其他国家,英国文化由于缺乏对资本主义的总体批判,先天不足,却培养了一套以崇尚经验与传统的改良主义意识形态。因此,在安德森看来,迷信经验、仇视理论、拒绝系统是英国文化的顽疾,这一点就连威廉斯等强调变革的第一代新左派也深受其害。

在以安德森为代表的第二代新左派看来,以威廉斯为代表的第一代新左派的本土的马克思主义范式是一种"传统主义"和英国"经验主义"的混杂物,是一种不合时宜的、不科学的东西。因此,作为第二代新左派的代表,佩里·安德森坚决反对再以经验主义为基础研究文化,再也不能把英国马克思主义研究的眼光过多地回溯到英国的文学文化史传统中,而是要真正地反思英国文化存在的弊端。而要消除英国文化研究存在的弊端,大量地翻译和引进理论发达国家的经典著作就成为当务之急,短短十年内,他所领导的新左派书店出版了欧陆思想家的经典著作上百部,试图以西方马克思主义之手术刀对英国文化之顽疾进行刮骨疗毒。

在这一时期,阿尔都塞的结构主义思想被安德森介绍和引进英国并将之运用于文化研究中,提出安德森–奈恩论题。安德森从结构主义出发强调应从社会实践的总体结构来考察基础和上层建筑之间的关系,并据此对威廉斯提出批评,认为威廉斯对过程性的强调使他把上层建筑看成一系列的文化实践,把社会看成一系列构成性实践,这种看法导致威廉斯只注重文化和社会的历史性过程而忽略共时性结构的困境。可见,安德森对威廉斯的批判体现了结构主义与文化主义两种理论范式在对文化问题的理解上所存在的根本差异。

安德森接手《新左派评论》后,对之前英文研究的弊端进行了激烈批判,凭借其卓越的译介出版工作展现出一系列成果,都对威廉斯造成了一定的冲击。威廉斯等人检讨了以往理论与实践的得失,发表了《五一宣言》,试图找到一条能更加有效地参与现实政治的新的有效路径。这个时期威廉斯的思想也发生了很大的转变,开始有意识地将自己描述为文化唯物主义者。在《文化与社会学:纪念卢西恩·戈德曼》一文中,威廉斯坦言他从戈德曼的"遗传学结构"中发现了文学、哲学与社会历史学在结构上的同源关系,并将之发展为"情感结构"概念,这个概念在威廉斯文化唯物主义中占据重要位置。

可见,安德森的批评和翻译出版工作引起了威廉斯的重视,思想的交锋对威廉斯思想的发展产生了良性的结果,在结构主义的冲击下,威廉斯部分修正了自己的文化观,从而使得其思想更加完善。总的来看,威廉斯文化唯物主义的文化主义范式与安德森的结构主义范式的差异在当代已经开始趋同，许多西方学者开始走出文化问题上的二元对立模式，关注文化的主体间性和经验本性，强调文化和社会的互为构成和相互作用。

3. 特里·伊格尔顿的"意识形态"与文化政治批评

特里·伊格尔顿曾经深受威廉斯的影响，即使在《纵论雷蒙德·威廉斯》中对威廉斯也是满怀敬畏，并多有褒奖之词。但是这并不意味着二者在思想观点上没有差异，伊格尔顿对于文化唯物主义的批评中，最关键的是指出了威廉斯将社会制度各种因素的物质性等量齐观而忽视了某些因素的优先性。特里·伊格尔顿在《批评与意识形态》中指出，威廉斯坚持经验的重要性，强调文化活动是物质生产形式，这既是他全部著作的中心主题，也是他著作的可怕力量和严重缺陷。

伊格尔顿坚持文化研究应与政治实践紧密结合，文化是与我们的日常感觉紧紧联系的具体的、实在的政治现实问题，是一种社会力量和现实政治斗争的场所，因而他特别强调文化的意识形态属性和批判的秉性，赋予文化以资本主义批判的功能。在《批评与意识形态》中，伊格尔顿坚持认为感觉结构所指的实际上就是意识形态。威廉斯不同意将感觉结构等同于意识形态。在他看来，意识形态与"社会性格"和"文化模式"一样都太抽象了，而"感觉结构"这个概念强调的是经验性，是对活的经验的微妙的感受，所以他强调感觉结构"截然不同于一个时代的官方思想或是被普遍接受的思想，后者总是在它之后出现"①。换言之，威廉斯认为，感觉结构是先于意识形态而存在的。尽管威廉斯巧妙地使用了"感觉结构"这个概念，并且也可以看出他试图在超越经验主义和现象学的方法，但他仍然缺少一套可以用来详细说明这种结构的接合方式（articulations）的理论术语，于是感觉结构就只能简化为一

---

① ［英］雷蒙德·威廉：《政治与文学》，樊柯、王卫芬译，河南大学出版社，2010年，第153页。

种"模式"了。也因于此,在《漫长的革命》最后那部分里,对英国资本主义的结构分析就变成了对言语习惯的印象式评论,而没有哪怕是最基本的方法。①

伊格尔顿对威廉斯的"大众"观念提出批评,认为威廉斯的大众观念忽视了其阶级性和革命性,"在反对他所认定的操控性抽象概念,为人们进行辩护的时候,威廉斯用人道主义的短暂变化代替了革命变化的理论工具……在拒绝资产阶级的'大众'定义时,威廉斯同时拒绝了革命的定义"②。在发表于《新左派评论》的《批评与政治:雷蒙德·威廉斯的著作》一文中,伊格尔顿指出,"威廉斯的创造一种共同文化的观点具有乌托邦色彩,因为共同文化本身是一种通过对富有浪漫色彩的目的论进行逻辑推演而得出的结果"③。

威廉斯认为马克思主义传统的"基础和上层建筑"是一个物质与非物质区分的问题,并据此把文化从上层建筑和意识形态中解放出来,赋予文化以物质性和实践性。而这种认识在伊格尔顿看来偏离了马克思主义的道路,不符合马克思主义,基础与上层建筑的区分并不在于其是否具有物质性,从功能解释的思路来区分并阐释二者之间的关系更为合理。

伊格尔顿对威廉斯的批判,受益于结构主义的影响,与结构主义对威廉斯的本质主义批判相似。伊格尔顿认为"情感结构"和"经验"都是意识形态作用的结果,文化是一个充满政治斗争的场所,文化研究不能离开实践的政治语境。

综上,第二代新左派对第一代新左派所采取的理论反驳,在马克思主义思想史的意义上看来是有其合理性的,但是这并不意味着第二代新左派的结构主义是对第一代新左派文化主义研究范式的完全取代,第二代新左派

---

① See Terry Eagleton, *Criticism and Ideology*, Verso, 1976, p.33-34.

② Terry Eagleton, *Criticism and Ideology*, Verso, 1976, p.32.

③ Terry Eagleton, Criticism and Politics: the Work of Raymond Williams, *New Left Review*, 95, 1974, p.10.

也并非毫无缺憾。总的来看,威廉斯文化唯物主义的文化主义范式与安德森的结构主义范式在当代已经开始趋同,许多西方学者开始走出文化问题上的二元对立模式,关注文化的主体间性和经验本性,强调文化和社会的互相构成和相互作用。

在威廉斯的思想发展过程中,他始终抱着兼收并蓄的态度和求同存异的策略,无论是与汤普森等第一代新左派的对话,还是与安德森等第二代新左派的交锋,在坚持自己的理论立场的同时,通过不断吸收、同化其他理论观点或进行坚决地批判来进行自我扬弃,进而系统地阐发自己的文化唯物主义理论。在此意义上,威廉斯与两代新左派之间的对话和回应,推进了威廉斯文化唯物思想的发展。经历过第一代和第二代内部理论争议的威廉斯的文化唯物主义思想,在批判、对话、冲击和修正中,并没有被时代淹没,恰恰相反,威廉斯的文化唯物主义所开创的研究领域,已经形成了声势浩大的"团队":斯图亚特·霍尔的伯明翰学派、布迪厄的文化场理论、鲍德里亚的符号政治经济学、拉克劳与墨菲的"后马克思主义"、戴维·哈维的后现代时空分析、默多克的传播政治经济学等,以及在更广的意义上,福柯、拉康、巴尔特、德里达以及哈贝马斯、赛义德、斯皮瓦克、德勒兹、齐泽克等人的学说也在与之交流和汇聚。这些都说明威廉斯的文化唯物主义思想在当代引起了广泛的回响,也反映了威廉斯思想的当代价值和魅力。

三、威廉斯文化唯物主义的局限性

威廉斯从英国经验主义传统和马克思主义传统中汲取养分创立了文化唯物主义,一方面反对正统马克思主义的经济决定论,另一方面批判了以利维斯为代表的精英主义文化,表明了威廉斯对英国文化传统和正统马克思主义的"双重反叛"。

作为文学批评家的威廉斯,长于经验分析而拙于经济学方面的知识,在对马克思主义政治经济学批判的理解和解释上,基本采用文本解读和词源谱系学方法,缺乏实证的分析和理论的论证,在理解文化内涵和凸显文化作用的同时,使他的文化唯物主义理论显现出不足。

(一)文化乌托邦倾向:夸大了文化的作用

威廉斯文化唯物主义肯定文化的中心地位,在反对经济决定论时存在着否定经济基础的客观存在和物质生产的基础地位的倾向,出现了矫枉过正的情形。由于过度突出文化的社会作用,关注文化霸权的过程及其与无产阶级革命的关系,使其对文化功能的分析呈现出一定的乌托邦倾向,这一点与法兰克福学派虽然看似南辕北辙,但其实都由于过于重视文化而忽视了马克思主义中原有的政治经济学批判和社会政治斗争因素。英国历史发展的实践表明,威廉斯未能现实地解决资本主义的阶级性质和文化的关系问题,对当代资产阶级的意识形态霸权及其作用缺乏准确的把握。

尽管威廉斯所处的发达资本主义社会结构发生了明显的变迁,物质生产形式的"等级"发生了"翻转",文化和物质生产不再处于截然二分的外在关系,而且二者在社会整体结构中的比例也发生了巨大变化,但威廉斯还是承认满足人类衣食住行等最基本需要的物质生产形式具有基础性地位,这些生产形式被马克思主义归结为"物质生产实践",其优先性和重要性在早期资本主义获得充分的表现。威廉斯对于文化和意识形态物质性和优先性的强调源自现实社会经济结构的变化,有其现实语境和现实土壤,但并未真正在理论上回应人们对他把包括文化在内的上层建筑与以经济为核心的基础等量齐观的质疑。威廉斯未能准确地把握到物质生活的生产方式是文化的基础,18世纪以来英国社会生活经验、整体生活方式的变化以及随之而来的大众文化的兴起,都是物质生产方式变化的结果。

威廉斯对文化作用的重视及过甚夸大与新左派的发展历程和现实生活的变化是一致的。新左派的马克思主义者在 1956 年后声称要将英国马克思主义思想从官方共产主义中解放出来,围绕在《理性者》《大学与左派评论》周围拒斥斯大林主义和经济主义,指出了主体性活动和文化这一对关注焦点,表露出对新文化形式和发展中的消费资本主义的兴趣。人们需要面对斯大林主义及福利资本主义对社会主义价值所做的破坏,认识到大众文化的发展使得工人阶级被整合进资本主义社会的可能性,看到对工人阶级激进潜力的消解,发展中的消费主义以及传播技术的进步被确认为一种能潜在地重塑和加强资本主义控制的现象。在这些新的条件下,可行的社会主义方案必须从文化领域入手,强调应该抛弃对经济基础−上层建筑关系的"简单化的经济主义解读",去实践一种新的左派文化政治。威廉斯继承了英国激进文学和文化传统,强调文化在社会主义思想中的理论和战略地位,拒斥精英主义的文化传统和具有还原论倾向的正统马克思主义,把文化视为对社会的建构而不仅仅是社会秩序的简单反映。威廉斯与马克思主义的结合是由当时英国的文化所决定的,一方面在于文化在英国新左派知识文化中的突出地位,另一方面在于厘清文化问题在马克思主义理论中的"混乱"状况。这一工作是漫长曲折的,第一代新左派的"文化主义"范式由此形成,并在对第二代新左派的反思和批判中逐渐得到修正和发展。

威廉斯立足于大众文化的立场提出了"共同文化"的理想,希望通过人与人之间平等的交流保证人的发展和民主的实现,通过全体人员的共同努力来平等地参与和实现共同文化的基石。这种文化观使得他反对文化中的集权和专制,这也成为英国新左派坚持的一个重要原则,但是这种原则在成为其优势的同时,恰恰暴露了它的弊端,那就是文化多样性暗含的文化冲突没有被充分重视,构建"共同文化"由于缺乏共同目标和有效组织而成为镜花水月。在构建"共同文化"理想和阐释大众文化理论的过程中,威廉斯虽然看到精英文化与大众文化的相互关联及相互转化，认为精英阶层与大众阶层具有平等进行社会互动的能力及可能，他们能够作为平等的实践主体融入"作为整体生活方式"的文化之中。威廉斯将这种全体平等参与共享的文化置于一个中性的场域之中，但人的能动的文化创造过程是在各种差异、对立甚或冲突和斗争中进行的，这样就把共同文化置于非历史化、去政治化的语境中，忽视了人的阶级属性及其社会地位的差距，抹杀了文化的等级性、阶级性和意识形态的属性，缺乏对当代资产阶级意识形态霸权的属性和功能的正确认识，有一种试图构建文化乌托邦的倾向。这种倾向也与威廉斯的"文化霸权"思想和社会主义革命的立场相左，使得他的"共同文化"的理想缺乏革命性，"整体生活方式"的文化忽视社会冲突斗争的意味而表现出历史感的缺乏。

威廉斯认为，社会主义的战略应该关注文化霸权的争夺，而不只是国家政权。威廉斯关注到了文化现象中的政治和权力问题，但并不是从经济利益、阶级关系和国家政权的角度来讨论文化中的权力，而是从文化霸权出发，过分强调文化的社会决定性作用。威廉斯对社会其他决定性的构成要素的作用及相互之间的辩证关系不够重视，缺乏与社会、政治、经济理论的互动，体现出文化优先论的倾向。这与他在《漫长的革命》中对民主革命、工业革命和文化革命三位一体的强调有一定差距。

文化唯物主义所呈现的文化乌托邦蕴含着威廉斯的政治情怀，是威廉斯作为左派知识分子参与社会革命的方式。它为人们提供了批判地介入现实政治的武器和道路，以文化革命的方式改写了以左派为代表的传统马克思主义的政治主题，突出强调了文化活动对现实政治的物质性参与和改造的功能，提出了在无产阶级革命处于低潮时期的一种革命策略，在这个意义上也可以说，体现了威廉斯的学术立场与政治立场的统一性。

威廉斯强调文化并赋予文化以过度的价值，这与其特定的时代背景和英国的历史状况密切相关。二战后稳定的社会环境和工业革命促进了经济持续快速的发展和福利国家的形成，文化领域的活跃和大众文化的兴起使文化的重要性日益突显，传统工人运动形式走低，期冀于社会改良和文化运动来实现无产阶级革命的理想就成为左派的政治选择。在这种情况下，威廉斯的文化唯物主义可谓是应运而生。威廉斯的文化概念所隐含的乌托邦倾向，是其文化唯物主义的理论缺陷。但从另外一个意义上看，也包含着一定的积极意义，它可以在社会中变成一种内在批判的批判形式，以其为标准去衡量现实的文化状况，以判断现实存在的不足之处并做出理想的预示。

(二)只关注整体意义上的文化

威廉斯倾注毕生精力深入进行文化研究，这得益于他对文化的观察和体知能力，受经验主义倾向的影响，威廉斯关注英国社会发展的经验事实并从英国模式中看到 20 世纪后半叶文化的一般性问题。也正是在经验主义的视域下，威廉斯从人类学和社会史的视角理解和阐释文化，凸显文化概念的社会学意义，在恢复了文化的整体性同时却走向极端化，只关注和强调整体意义上的文化。

威廉斯文化唯物主义关于"整体生活方式"的文化定义，在文化与社会互动关系的框架中强调了社会过程的整体性，避免了孤立的文化分析而造成对社会某些方面或要素的遗漏，克服在解释社会历史问题时的线性决定论。威廉斯提出作为"整体生活方式"的文化概念，文化贯穿于社会历史之中并涵盖了社会生活的大部分，展现了文化的有机整体性，体现了威廉斯的整体主义的文化观。威廉斯强调文化的整体性和动态性，标识其文化核心范畴的"整体生活方式"旨在强调文化构成了总体性的社会过程，是对不可分割的整体性社会关系的动态表达。在这种表述中，文化与人的实践活动结合起来展示了社会过程的动态性质，因而它"既不是集合体，也不是构成单位，而是一个不可分割的完整进程"①,这种文化观在一定意义上颠覆了传统的静止文化观念。

威廉斯以"整体生活方式"来定义文化,关注整体意义的文化,使得文化的界定比较模糊。对于强调文化定义清晰性、确定性的伊格尔顿而言,威廉斯的文化概念过于宽泛或泛化,超出了文化概念的可辨识和区分的范围,使得其在解释社会的文化活动时较为乏力。伊格尔顿颇有微词地质疑威廉斯:第一,"'整体生活方式'这个短语中的'整体'一词在事实与价值之间含混不清地漂浮,既意味因为你站在圈外就可以把握的圈内的一种生活形式,又意味有着你自己的生活中所缺少的完整性的一种生活方式"②。这段话表明伊格尔顿质疑威廉斯文化改变的不确定性,但是对于威廉斯而言,事实与价值的二元分立可能本身就是一种值得质疑的理论架构。第二,伊格尔顿质疑威廉斯文化概念的外延,"作为生活方式的文化中究竟包含多少呢? 一种生活方式会不会要么太大而且多样,要么太小而不能作为一种文化谈起呢?"③这主要是质疑了威廉斯文化改变的外延含混不清以及由此引起的划界困难问题。但是威廉斯却一直坚持在一种非固定的范围内谈论文化问题,这可能恰好是威廉斯动态文化观的内在要求。第三,也是最根本的一个问题是,伊格尔顿一直在追问威廉斯到底什么是具有"决定性"的东西,而威廉斯却一直竭力避免强调唯一的"决定性",他更强调多种因素之间的动态互动。威廉斯认为,"如果我们认为社会是由许多构成具体的社会总体的社会实践构成,如果我们承认每种实践,而后只是补充说各种社会实践极其复杂地相互作用、相互联系和相互结合,那么我们一方面是在更明显地讨论现实,但另一

---

① [英]雷蒙德·威廉斯:《现实主义和当代小说》,葛林译,《二十世纪西方文论选》(上卷),朱立元、李钧编著,高等教育出版社,2003年,第650页。

② [英]特里·伊格尔顿:《文化的观念》,方杰译,南京大学出版社,2003年,第30页。

③ 同上,第38页。

方面却抛弃了存在着任何决定性过程的主张"①。

可见,将着力点放在反对一元决定论和强调文化多样性、历史性以及与其他社会因素的互动性之上的威廉斯的文化观,不可避免地面临着要求清晰、确定的现实操作层面的缺点。这些问题导致在现实操作的层面上,威廉斯文化唯物主义的文化分析被认为更适于把握较为简单的前现代社会而不是复杂的现代社会。在高度发达的现代社会中,社会在物质层面和关系层面上变得越发多样和复杂,把文化定义为"整体生活方式"的方法在理论的应用上遇到了困难。

(三)导致文化与社会的混同

威廉斯广义地看待文化,强调文化就是社会过程本身,是经济和政治的内在组成部分,探讨社会生活构成要素间的不可分割的联系,把文化与社会实践结合起来展示社会历史的整体性,使文化融入社会实践的关系过程中。这就扩大了"文化"的范围:除文学作品、艺术产品、知性想象的创造之外,作为社会构成要素的生产组织、家庭结构、社会制度等也都被纳入毂中。这使文化几乎涵盖了社会生活的所有方面,因而突破了正统马克思主义对上层建筑的界定和把文化限定在上层建筑之内的主张。

威廉斯对文化的广义理解和宽泛界定,使得"文化"与"社会"成为同义的概念和涵盖相同的领域,几乎所有的社会现象都可以被当作文化去理解和说明。威廉斯对文化的宽泛界定,与他试图在文化方面寻求工人阶级政治诉求的愿望相关联,"作为整体生活方式"的文化使社会的构成要素融合为一个整体,既反对英国文化传统中普遍存在的精英主义文化对大众生活方式的蔑视,又反对苏联式马克思主义的"决定论",试图走出一条从文化教育

---

① Raymond Williams, *Culture and Materialism*, Verso, 2005, p.40.

角度探索马克思主义新形态的道路。但是由于忽视文化的意识形态属性，也会带来"忽略文化中的权力和斗争"的问题[1]。威廉斯在作为"整体生活方式"的文化概念的基础上，把工人阶级的文化阐释为有组织的工人运动，指出工人阶级虽没有创造出个人性的知识和作品，却创造了社会性的集体性的民主机构，如工会、政党等，这些工人阶级的生活方式和历史创造构成了独特的文化类型。对此，伊格尔顿曾一针见血地指出，这种主张体现了威廉斯的政治动机和理论立场，消解了将文化局限到艺术和智力生活而导致将工人阶级排除在外的危险。

"整体生活方式"的文化观在拓展文化研究、强调文化的动态历史性方面，当然是卓有成效的，但是其模糊性和过于宽泛的外延也使得其文化与"非文化"，尤其是"文化"与"社会"这两个概念之间几乎等同，难以区分。任何事物都是包含差异性的统一，文化存在的意义和价值也在于它是包含多种规定性的统一体，"任何文化理论都是文化和非文化参照物之间的辩证互动"[2]，把社会所有构成要素融合为一个有机总体的文化概念在某种意义上是对文化特殊性的自戕。这意味着将文化的边界无限扩大，成了威廉斯文化定义的一个缺陷，使他陷入文化主义的泥潭之中，其泛文化论的倾向受到了批评。伊格尔顿对威廉斯的文化界定给予了批判，认为威廉斯的文化概念几乎等同于生活世界并把所有的社会系统都吸纳进去，难怪伊格尔顿指责其"华丽但虚空"。

面对此种困境，后期的威廉斯将文化活动看作物质生产的一种形式，在总体性的框架内揭示了文化生产与文化霸权的内在联系，用马克思主义传统的物质生产方式来分析文化生产过程。在《文化社会学》中，威廉斯提出

---

[1]　See Jessica Munns and Gita Rajan, *A Cultural Studies Reader：History，Theory，Practice*，Longman，p.184.

[2]　E.D.Thompson，The Long Revolution Ⅰ，*New Left review 9*，May—June 1961，p.32.

"作为一种实现了的表意系统"的文化定义,通过对社会和物质层面的表意系统的分析,考察政治、经济实践中的文化性因素,从而探讨文化生产、复制、构形中机制和组织等问题,这一文化的定义可以看作是对'整体生活方式'的文化定义的补充。这个补充在一定意义上表明虽然文化与社会两个概念在外延上是重合的,即凡是文化现象都是社会现象,但侧重点不同,文化侧重观念生活、符号、规范和价值,社会侧重物质生产、实体、硬件和组织。

在回答《新左派评论》编辑所提出的文化与社会混同的问题时,威廉斯给予的解释可能从一个方面回答了这个问题。"首先,文化以与社会这个词不同的方式显著强调了社会秩序肌理:通过与内在经验的联系,它比社会这个词更精密。其次,文化的另一含义是它能表明社会秩序在一个特定领域内的同化作用,倾向于接近一种文化主义观点。最后,也是最重要的,文化这个词具有社会所没有的强烈的规范性成分。"[1]威廉斯在回答这个问题时做了两点补充:第一,文化是一个表示过程和活动的词汇,而社会这个词看上去则相对固定,这就使得威廉斯选择动态的"文化"而放弃静态固定的"社会"概念,突出强调了文化的"活动"性质,并以此阐释"漫长的革命"过程;第二,文化概念被赋予意识形态的含义,成为解释社会现象和意义价值的关键词汇,如果不争夺占有像文化这样的词汇,就意味着放弃自己的立场。[2]从文化唯物主义理论来看,威廉斯使用"作为整体生活方式"的文化概念,来说明一种整体的人类秩序,表明了自己的大众文化立场,这也是针对精英主义采取的一种斗争策略。概言之,威廉斯文化观不可避免地存在着缺陷,引起了不少的质疑,但是质疑之声一方面促使威廉斯更加深入细致地修缮,另一方面它所引起的广泛讨论本身也说明了其原创性和生命力。

---

① [英]雷蒙德·威廉斯:《政治与文学》,樊柯、王卫芬译,河南大学出版社,2010年,第 143 页。

② 参见[英]雷蒙德·威廉斯:《政治与文学》,樊柯、王卫芬译,河南大学出版社,2010年,第143~144页。

结　语

在文化成为大众性、生产性、政治性和物质性的社会实践活动的情境下,威廉斯立足英国的文化传统,通过对苏联式"决定论"和"反映论"文化观的改造,探讨了文化与社会之间的复杂联系,成为文化马克思主义和文化研究的主力军,既回应了社会政治实践的需要,也奠定了他的思想史地位。

威廉斯将自己的文化研究和文学研究最终自我定位为"文化唯物主义",这概括了其理论的某些特征:从社会化和经验化的视角将文化定义为一种"整体生活方式",强调了社会生活的整体性,扩大了文化所指称的范围,在经济、政治、文化的三维关系中重新定位文化在社会中的作用,指出了文化的物质性和社会实践的特性,文化生产是社会物质生产的形式和部分,采取在社会和历史语境中分析文化的研究模式,描述了文化的动态发展过程,突出强调文化的物质性、能动性、创造性和实践性,倡导大众共有、共享和共建的文化观,确立了文化批判的地位,在文化领域重建历史唯物主义。

威廉斯的文化唯物主义之路并非一路笔直,早期威廉斯的文化研究主要致力于立足英国自身的文化传统,反思和批判以"决定论"和"反映论"为核心的机械性文化观。威廉斯认为"基础"是一个动态的变化过程而不是一个凝固的状态,在扩大"基础"的内涵和外延基础上将作为物质生产形式的"文化"纳入"基础"之中,文化本身就是"基础"的组成部分。威廉斯赋予文化以物质性和实践性,恢复了文化在社会发展和演进过程中的构成性力量,将其看作社会生产过程不可或缺的环节,看到了物质生产与文化生产、社会实践与观念意识之间的不可分割的联系。威廉斯反思和批判了正统马克思主义的经济决定论,以"文化和社会"为研究视域,将卢卡奇的总体性和葛兰西的文化霸权思想引入文化研究,对大众文化及日常生活进行批判,力图摒弃经济决定论的分析模式,重建历史唯物主义的当代形态。

"文化唯物主义"概括了威廉斯文化研究的主题和性质,尽管威廉斯在70年代才使用这一术语,但它却贯穿于威廉斯思想发展过程的始终。文化唯物主义在威廉斯思想发展中呈现为一个动态发展的过程,这也是"文化"被不断重新思考和界定的过程。《文化与社会》把"文化"定义为"整体生活方式",将文化从少数人的精英主义文化观中解放出来,通过"生活方式"倡导一种共同文化的发展。在《文化是日常的》一文中,威廉斯指出文化具有最普通的共同意义与最优秀的个体意义,聚焦于日常生活的意义。在《漫长的革命》中,威廉斯阐述了文化"理想的""文献的"和"社会的"定义,着重强调了文化"社会的"定义即对"一种特殊的生活方式"的描述,文化分析需要考察人在特定时空中的具体生活。在《马克思主义文化理论中的基础和上层建筑》一文中,在总体性的霸权的启示下,威廉斯区分了主导文化、新兴文化和残余文化并展示了其动态过程。在《关键词》中,威廉斯通过"历史语义学"的方法审视了"文化"词义演变的历史过程,探讨各关键词在语言演变过程中词意的变化以及彼此之间的相关性和互动性。在《马克思主义与文学》中,威廉斯在"文化""语言""文学""意识形态"四个基本概念基础上阐述了文化理论和文学理论,揭示了文化的物质性和实践性。在《文化社会学》中,威廉斯探讨了文化生产和再生产的模式,提出作为"一种实现了的表意系统"的文化的定义,这既在一定程度上表征着文化与社会的区分,又是对此前的"整体生活方式"概念的适当补充。围绕着文化的界定及其作用的阐释,威廉斯阐述了社会平等的社会理想和"共同文化"的政治理念,文化唯物主义理论也逐渐获得丰富内涵。

威廉斯将马克思主义理论重心聚焦到文化研究,转向文化生产、文化政治学批判和文化斗争领域并论证文化实践的逻辑,这一方面源于对过度强调经济实践逻辑的反对,另一方面是对当代大众文化发展的社会政治效应的反应,这也构成了威廉斯文化唯物主义的文化政治学取向。作为社会实践方式的文化活动,与经济实践、政治活动相关联,工业革命、民主革命和文化革命共同构成了相互联系的长期革命的整体过程,以各自的方式或快或慢地影响着社会的变迁。文化在社会变革中不可或缺的能动作用,使得威廉斯关注大众文化的微观政治实践意义,他把大众文化的兴起与无产阶级革命结合起来,揭示了"文化霸权"的动态过程,立足大众文化提出"共同文化"的理想,使他的文化分析带有明显的政治倾向。

威廉斯恢复了历史唯物主义的实践本质,坚持在历史唯物主义的指导下进行具体的经验研究,重视人在历史发展过程的创造作用,关注普通人的日常生活,实现了对精英文化主义的批判,开创了"自下而上"的文化研究路径。文化唯物主义不仅具有宏观的社会历史维度,而且兼具微观的文化关怀和身份关切。文化唯物主义较为成功地定义了文化并界定了文化危机,将过去被精神化的文化变成一种现实的社会物质力量并得到现实社会发展的印证,聚焦文化领域的社会斗争,从而开拓了一个新的政治视野——文化研究与政治权利场相结合。威廉斯的文化唯物主义突破了精英主义对于文化的狭隘理解,使得过去被轻视的工人阶级文化成为研究的对象并建立起大众文化理论,超越了英国文化保守主义的理论,丰富了历史唯物主义对于文化的社会功能的理解。

文化唯物主义具有浓厚的民族性和本土化色彩,具有崇尚经验分析、强调传统的延续性等特点,促使英国的马克思主义研究形成"文化马克思主义"的流派。根植英国社会生活变迁中人的实践经验,威廉斯的文化唯物主义体现了基于英国本土经验和理论传统来发展马克思主义的独特视角,反映了发展马克思主义理论的内在要求和实现道路。这些历史贡献使得威廉斯成为马克思主义思想史不可或缺的思想明星。

此外,从思想内容上看,威廉斯不仅被视作文化唯物主义者,而且批判继承了多种理论传统。无论是文化唯物主义对各种理论传统的继承,还是他所提出的理论范式,都显示出其巨大的包容性。比如,由于威廉斯一直在文化与社会的关系中研究文化问题,因而他的文化概念带有明显的人类学色彩和社会史视角。威廉斯的研究涉及哲学、文学、社会学、政治学、经济学等学科和领域,打破了学科壁垒,提供了多视角、跨学科和综合性的研究方法,实现了视界的融合和对文化的总体性考察。因而,本书对威廉斯的研究仅仅将聚焦点放到了文化唯物主义之上,而对其他方面则采取了"有选择性地"暂时忽略。而要展开对威廉斯思想的整体研究,毫无疑问仍是一场"漫长的革命"。

附录：威廉斯年表①

1921 年　出生于格温特郡阿伯加文尼镇潘迪村的勒韦德伍，亨利·约瑟
　　　　　夫·威廉斯和以斯帖·格温多琳(伯德)的独子。父亲是大西铁
　　　　　路的铁路信号员，出生于 1896 年，是农场工人(尔后是筑路工
　　　　　人)的第三个儿子。母亲出生于 1890 年，是农场管家的第三个
　　　　　女儿。

1925 年　就读于朗菲汉吉尔·克鲁考尼(威尔士圣公会)小学。

1926 年　父亲参加大罢工，任工党支部书记。

1932 年　获得郡奖学金，入阿伯加文尼的亨利八世文法学校。

1935 年　拒绝威尔士教会坚信礼。

　　　　　在大选中为工党候选人迈克尔·富特工作。

1936 年　获威尔士中央管理委员会授予的中学结业证书；大学考试免试。

1937 年　加入阿伯加文尼的"左派图书俱乐部"。

　　　　　8 月：获威尔士国联协会奖学金，赴日内瓦参加青年大会。

---

① 摘自雷蒙德·威廉斯的《政治与文学》中译本，并从 1978 年开始做了适当的增补。

1938 年　7 月：获得高中毕业证书（英语、法语、拉丁语科目）、政府奖学金。

9 月：在阿伯加文尼的公众集会上是反对慕尼黑协定的发言人。

1939 年　春季：在补缺选举中为工党候选人弗兰克·汉考克（和平誓言同盟成员）做全职工作。

10 月：入剑桥大学三一学院；加入剑桥大学社会主义俱乐部。

12 月：加入共产党学生支部。

1940 年　剑桥大学社会主义俱乐部作家小组成员；短篇小说《小教堂里的母亲》和《赤土》；论文《空袭防御》和《文学与感性崇拜》；合写关于苏联入侵芬兰的活页文选。

4—6 月：《剑桥大学校报》编辑。

6 月：英语文学荣誉学位预备考试。

7 月：加入潘迪 LDV（地方志愿军）。

1941 年　《瞭望》编辑。

剑桥人民大会艺术与教育部主席。

三一学院学生联盟的联合创立者。

6 月：参加英国文学荣誉学位考试，第一部分。

7 月：应征入皇家信号部队；在普瑞斯泰顿作为无线报务员进行训练。

写作《解雇工人》（发表于《英国小说》）。

1942 年　1—6 月：在丘奇斯特莱顿和拉科希尔成为训练部队的士官学员。

6 月：被委任到皇家炮兵部队服役；派驻位于萨默塞特的护卫装甲师第 21 反坦克团。

6 月：与乔伊·达琳结婚。

1943 年　皇家炮兵部队中尉；学习谢尔曼坦克教导课程。

1944 年　6 月：随军团奔赴诺曼底。

7月:女儿梅琳出生。

9月:参加先头部队解放布鲁塞尔;参加奈梅亨—阿纳姆行动。

1945年　参加阿登斯行动、汉堡行动和基尔运河行动。

4—10月:编辑军队报纸《第二十一》(笔名迈克尔·蒲波)。

10月:B级复员,重返剑桥;列于Z级后备军官名单。

1946年　6月:参加英国文学荣誉学位考试,第二部分;获三一学院高级奖学金。

9月:被牛津大学辅导课程委员会(由远程教育代表团和工人教育协会组成的联合委员会)委任为指导教师,讲授国际关系课程。

9月:儿子艾德林出生;移居苏塞克斯郡的希福德。

1947年　写作《布莱恩勒韦》(《边村》的第一个版本)、《美好的疗养场所》(1948年发表于《英国小说》);开始写《戏剧:从易卜生到艾略特》。

讲授文学课程。

1947—1948年　与沃尔夫·曼考维兹和克里夫特·考林斯一起编辑《批评家》和《政治与文学》(后者合并了《批评家》),文章包括《关于演员的对话》《圣徒,革命者和投机家》《苏联文学论争》《圣哈瑞家的第四等级》《詹姆斯·乔伊斯的流亡》《广播剧》《政府与大众文化》……还有《叛国者的讥讽》《如何在流血的时候优雅》。

1948年　完成《戏剧:从易卜生到艾略特》(出版于1952年)。

为保罗·罗沙写作关于英国农业革命和工业革命的纪录片剧本(电影没有拍摄)。

写作广播剧剧本(被拒),后来形成小说《莱德伊尔》(未出版),

描写关于育空地区的淘金潮。

因为资金土地困难和编辑之间的个人争执，《政治与文学》停办。

1949 年　写作第二版《布莱恩勒韦》。

写作《阅读与批评》（出版于 1950 年）。

讲授文化理论课程。

1950 年　开始写《文化的观念》（后来的《文化与社会》）。

写作《阿达姆森》（未发表的小说）。

在大选中为工党工作。

儿子麦道出生。

1951 年　作为 Z 级后备军官，受列返回军队赴朝鲜战争服役的征召。拒绝征召。富勒姆法庭听证会之后，作为有原则的反对者被正式记录在案。被军队除名。

写作《靠近边境的村庄》（对《布莱恩勒韦》的修订）。

写作《蝗虫》（未发表的小说）。

1952 年　3 月：移居哈斯汀。

重写《靠近边境的村庄》。

1953 年　发表《文化的观念》（《批判评论》，第三卷，第一期）。

写作《表演中的戏剧》（出版于 1954 年）并与麦克·奥洛姆合写《电影序言》（出版于 1954 年）。

《大路》《成人教育》和《批评评论》的撰稿人。

1954 年　把《靠近边境的村庄》改写成《边境村庄》。

写作《文化与社会》第一部分，第 2—6 章。

1955 年　写作《文化与社会》第一部分第 1 章和第 7 章，第二部分第1—4 章。

在大选中为工党全职工作。

1956 年　完成《文化与社会》(出版于 1958 年)。

1957 年　把《边境村庄》改写成《边村》。

写作《麦克白国王》(未出版的戏剧)。

参加奥尔德马斯顿示威游行。

参加伦敦"高校与左派评论俱乐部"。

1958 年　完成《文化是日常的》(发表于《信念》)。

重写《边村》(出版于 1960 年)。

开始写《尝试与原则》(后来的《长期革命》)。

1959 年　完成《长期革命》(出版于 1961 年)。

写作《考巴》。

加入《新左派评论》编委会。

《新左派评论》《论坛报》《明智》《批评评论》《批评季刊》《凯恩评论》《党派评论》《守卫者》《新政治家》和《观点》的撰稿人。

1960 年　开始写《第二代》。

7 月:作为远程教育代表团的常驻指导教师,迁往牛津。

在全国教师联合大会上以《大众文化》为题发言,《传播》因此得到企鹅出版社的授权写作。

1961 年　写作《传播》(出版于 1962 年)。

被任命为剑桥大学基督学院英文系讲师。

1961—1966 年　核裁军运动成员;工党成员。

1962 年　完成《第二代》(出版于 1964 年)。

1963 年　开始写《现代悲剧》(发表于 1966 年)。

写作《大卫·休谟:推理与经验》(1964 年发表于《英国思想家》)。

1964 年　完成《第二代》(发表于 1966 年)。

全职为剑桥郡的工党候选人工作。

1965 年　开始写《为马诺德而战》(小说)。

开始写《乡村与城市》。

剑桥"左派"论坛成员;越南团结运动成员。

1966 年　写作《乡下的来信》(由 BBC—2 台制作成广播剧)。

把《戏剧:从易卜生到艾略特》修订为《戏剧:从易卜生到布莱希特》(出版于 1968 年)。

2 月:为剑桥的工党候选人工作。

7 月:辞去工党中的职务。

8 月:筹备会议。

1967 年　写作《公共调查》(由 BBC—1 台制作成广播剧)。

5 月:第一版《五一宣言》出版。

《五一宣言》工作组的会议召集人。

修订《传播》(新版本出版于 1968 年)。

1968 年　写作《乡村与城市》的前半部分。

5 月:企鹅版《五一宣言》出版。

在斯堪的纳维亚半岛和意大利演讲。

1968—1972 年　《听众》的撰稿人。

1969 年　根据授课笔记写作《英国小说:从狄更斯到劳伦斯》(出版于 1970 年)和《糖鹅故们图书Ⅱ:英国散文》。

"左派"全国大会主席;大会纪律委员会主席。

写作《为马德诺而战》。

写作《激进或是可敬》(发表于 1970 年《我们应得的媒体》)。

1970 年　写作《奥威尔》(出版于 1971 年)。

写作《志愿者》(小说)。

因为对于大选期间采用策略的不同意见,大会纪律委员会在5月份终止。

写作《关于自然的观念》(发表于1971年的《正在形成的疑问》)。

1971年　写作《乡村与城市》。

开始写《兄弟》(小说)。

发表纪念吕希安·戈德曼的演讲(发表于1971年的《新左派评论》)。

在意大利演讲。

1972年　写作《自愿者》《马克思主义与文学》。

写作《文学与社会思想中的社会达尔文主义》(发表于1973年的《人类天性的局限》)。

年底赴美国斯坦福大学做政治科学访问教授。

1973年　在美国和加拿大演讲。

写作《电视:科技与文化的形式》(发表于1974年)。

1974年　2月:在大选中为工党工作。

写作《马克思主义与文学》《关键词》《为马诺德而战》。

升任剑桥大学戏剧教授。

1975年　完成《关键词》(出版于1976年)。

写作《马克思主义与文学》《为马诺德而战》。

修订《传播》(新版本,出版于1976年)。

1976年　完成《马克思主义与文学》(出版于1977年)。

完成《志愿者》。

写作《1926年的社会意义》(发表于1977年的《拉弗尔》)、《英国自然主义的情况》(《英国戏剧:形式与发展》中的一部分,发表于1977年)、《我的剑桥》中的随笔(发表于1977年)。

在意大利、南斯拉夫、德国和法国演讲。

1977 年　写作《改革小时》(《泰晤士报文学增刊》)、《科幻小说与乌托邦》(发表于 1978 年的《科幻小说研究》)。

1978 年　完成《为马诺德而战》《唯物主义诸问题》(《新左派评论》第 109 期)、《威尔士工业小说》(加迪夫出版社,1979)、《作为生产工具的传播手段》。

出版小说《志愿者》。

1979 年　接受《新左派评论》访谈,形成《政治与文学》。

修订出版《现代悲剧》,并增补后记。

出版小说《为诺曼德而战》。

1980 年　写作《唯物主义和文化中的问题》。

写作《文化》。

1981 年　编写出版《联系:人类传播和它的历史》。

1982 年　在美国出版《文化社会学》。

1983 年　写作《走向 2000》。

写作《柯贝特》。

退休。

1984 年　修改并扩充《关键词》的第二版。

修订出版《奥维尔》,并增补后记。

发表《社会中的写作》。

1985 年　出版小说《忠诚》。

1988 年　1 月 26 日突然病逝,时年 67 岁。

参考文献

一、威廉斯的主要著作及部分论文

（一）中文版

1.［英］雷蒙德·威廉斯：《文化与社会》，高晓玲译，吉林出版集团有限公司，2011年。

2.［英］雷蒙德·威廉斯：《马克思主义与文学》，王尔勃、周莉译，河南大学出版社，2008年。

3.［英］雷蒙德·威廉斯：《关键词：文化与社会的词汇》，刘建基译，生活·读书·新知三联书店，2005年。

4.［英］雷蒙德·威廉斯：《政治与文学》，樊柯、王卫芬译，河南大学出版社，2010年。

5.［英］雷蒙德·威廉斯：《现代悲剧》，丁尔苏译，译林出版社，2007年。

6.［英］雷蒙德·威廉斯：《现代主义的政治——反对新国教派》，阎嘉译，商务印书馆,2004 年。

7.[英]雷蒙德·威廉斯:《电视:技术与文化形式》,冯建三译,台湾远流出版事业股份有限公司,1992 年。

8.[英]雷蒙德·威廉斯:《希望的源泉:文化、民主、社会主义》,祁阿红、吴晓妹译,译林出版社,2014 年。

9.[英]雷蒙德·威廉斯:《乡村与城市》,韩子满、刘戈、徐珊珊译,商务印书馆,2013 年。

10.[英]雷蒙德·威廉斯:《马克思主义文化理论中的基础和上层建筑》,傅德根译,《马克思主义美学研究》,1999 年。

11.[英]雷蒙德·威廉斯:《文化分析》,《文化批评教程》,上海大学出版社,2008 年。

12.[英]雷蒙德·威廉斯:《马克思主义美学研究》(第 3 辑),广西师范大学出版社,2003 年。

13.[英]雷蒙德·威廉斯:《二十世纪西方文论选》(上卷),高等教育出版社,2003 年。

14.[英]雷蒙德·威廉斯:《布鲁姆兹伯里派》,《当代马克思主义文学批评》,刘象愚、陈永国、马海良译,北京大学出版社,2002 年。

15.[英]雷蒙德·威廉斯:《现实主义与当代小说》,顾栋华译,文艺理论研究,1987 年第六期。

16.[英]雷蒙德·威廉斯:《意识形态概念的三种含义以及"文化唯物论"的相关评析》,石晶华译,齐齐哈尔大学学报,1995 年第四期。

17.[英]雷蒙德·威廉斯:《社会写作》,邱建国译,齐齐哈尔大学学报,1996 年第二期。

(二)英文版

1.Raymond Williams, *The Long Revolution*, Chatto&Windus Ltd, 1961.

2.Raymond Williams, *Culture and Society 1780–1950*, Penguin Books, 1963.

3.Raymond Williams, *Modern Tragedy*, Chatto&Windus, 1966.

4.Raymond Williams, *Communications*, Penguin Books, 1968.

5.Raymond Williams, *The Country and the City*, Oxford University Press, 1975.

6.Raymond Williams, *Marxism and Literature*, Oxford University Press, 1977.

7.Raymond Williams, *Politics and Letters*, Verso, 1981.

8.Raymond Williams, *The Sociology of Culture*, Schocken Books, 1982.

9.Raymond Williams, *Keywords: A Vocabulary of Culture and Society*, Oxford University Press, 1983.

10.Raymond Williams, *Writing in Society*, Verso, 1983.

11.Raymond Williams, *The Year 2000*, Pantheon Books, 1983.

12.Raymond Williams, *The Politics of Modernism*, Verso, 1989.

13.Raymond Williams, *Resources of Hope*, Verso, 1989.

14.Raymond Williams, *Television: technology and cultural form*, Routledge, 1990.

15.Raymond Williams, *Who Speaks For Wales*, University of Wales Press, 2003.

16.Raymond Williams, *Culture and Materialism*, Verso, 2005.

二、马克思主义哲学相关著作

1.《马克思恩格斯选集》(第一卷),人民出版社,1995年。

2.《马克思恩格斯选集》(第二卷),人民出版社,1995年。

3.《马克思恩格斯选集》(第三卷),人民出版社,1995年。

4.《马克思恩格斯选集》(第四卷),人民出版社,1995年。

5.马克思:《1844年经济学哲学手稿》,人民出版社,2000年。

6.马克思、恩格斯:《德意志意识形态》(节选本),人民出版社,2003年。

7.《列宁选集》(第一卷),人民出版社,1995年。

8.《列宁选集》(第二卷),人民出版社,1995年。

9.《列宁选集》(第四卷),人民出版社,1995年。

10.普列汉诺夫:《论一元论历史观的发展》,生活·读书·新知三联书店,1964年。

三、中文译著

1.[法]阿尔都塞:《保卫马克思》,顾良译,商务印书馆,2010年。

2.[英]阿尔文·古尔纳德:《新阶级与知识分子的未来》,杜维真译,人民文学出版社,2001年。

3.[法]埃米尔·涂尔干:《乱伦禁忌及其起源》,汲喆译,上海世纪出版集团,2003年。

4.[法]埃米尔·涂尔干:《社会分工论》,渠东译,生活·读书·新知三联书店,2000年。

5.[巴]爱德华·W.萨义德:《东方学》,王宇根译,生活·读书·新知三联出版社,2000 年。

6.[英]安东尼·吉登斯:《为社会学辩护》,周红云、陶传进、徐阳译,社会科学文献出版社,2003 年。

7.[意]安东尼奥·葛兰西:《论文学》,吕同六译,人民文学出版社,1983 年。

8.[意]安东尼奥·葛兰西:《狱中札记》,曹雷雨等译,中国社会科学出版社,2000 年。

9.[德]奥斯瓦尔德·斯宾格勒:《西方的没落》(上、下),吴琼译,商务印书馆,1995 年。

10.[美]巴伯:《科学与社会秩序》,顾昕等译,生活·读书·新知三联书店,1991 年。

11.[英]鲍曼:《后马克思主义与文化研究》,黄晓武译,江苏人民出版社,2011 年。

12.[英]鲍曼:《立法者与阐释者》,洪涛译,上海人民出版社,2000 年。

13.[美]本尼迪克特:《文化模式》,王炜译,浙江人民出版社,1987 年。

14.[法]波德里亚:《消费社会》,刘成富译,南京大学出版社,2000 年。

15.[法]布迪厄:《实践与反思》,李孟等译,中央编译出版社,1998 年。

16.[法]布尔迪厄:《国家精英》,杨亚平译,商务印书馆,2004 年。

17.[英]布莱恩·S·特纳、克里斯·瑞杰克:《社会与文化》,吴凯译,北京大学出版社,2009 年。

18.[美]戴维·哈维:《新自由主义简史》,王钦译,上海译文出版社,2010 年。

19.[英]戴维·麦克莱伦:《马克思思想导论》,郑一明、陈喜贵译,中国人民大学出版社,2008 年。

20.[美]戴维·斯沃茨:《文化与权力》,陶东风译,上海译文出版社,2006 年。

21.[美]丹尼斯·德沃金:《文化马克思主义在战后英国——历史学、新左派和文化研究的起源》,李凤丹译,人民出版社,2008 年。

22.[瑞士]费尔迪南·德·索绪尔:《普通语言学教程》,高名凯译,商务印书馆,1980年。

23.[奥地利]弗洛伊德:《图腾与禁忌》,文良文化译,中央编译出版社,2009年。

24.[奥地利]弗洛伊德:《自我与本我》,林尘、张唤民、陈伟奇译,上海译文出版社,2011年。

25.[德]伽达默尔:《真理与方法》,洪汉鼎译,商务印书馆,2007年。

26.[德]格罗塞:《艺术的起源》,蔡慕晖译,商务印书馆,1996年。

27.[德]哈贝马斯:《交往行为理论》,曹卫东译,上海人民出版社,2004年。

28.[德]哈贝马斯:《重建历史唯物主义》,郭官义译,社会科学文献出版社,2000年。

29.[德]哈贝马斯:《作为意识形态的技术与科学》,李黎等译,学林出版社,1999年。

30.[美]华勒斯坦:《开放社会科学》,刘锋译,生活·读书·新知三联书店,1997年。

31.[德]霍克海默、阿多诺:《启蒙辩证法》,渠敬东等译,上海人民出版社,2003年。

32.[德]卡西雷尔:《语言与神话》,于晓等译,生活·读书·新知三联书店,1988年。

33.[美]克利福德·格尔兹:《文化的理解》,那日碧戈译,上海人民出版社,1999年。

34.[法]孔狄亚克:《人类知识起源论》,洪洁求、洪丕柱译,商务印书馆,2011年。

35.[英]拉斐尔·塞缪尔:《英国共产主义的失落》,陈志刚、李晓江译,社科文献出版社,2010年。

36.拉克劳、墨菲:《领导权与社会主义的策略:走向激进民主政治》,尹树广、鉴传今译,黑龙江人民出版社,2003 年。

37.[德]蓝德曼:《哲学人类学》,阎嘉译,工人出版社,1988 年。

38.[美]理查德·沃林:《文化批评的观念》,张国清译,商务印书馆,2000 年。

39.[法]列维-布留尔:《原始思维》,丁由译,商务印书馆,1981 年。

40.[匈]卢卡奇:《历史与阶级意识》,田时纲译,商务印书馆,1999 年。

41.[美]罗伯特·戈尔曼:《"新马克思主义"传记辞典》,赵培杰等译,重庆出版社,1990 年。

42.[英]马林诺斯基:《科学的文化理论》,黄建波等译,中央民族大学出版社,1999 年。

43.[美]马文·哈里斯:《文化唯物主义》,张海洋、王曼萍译,华夏出版社,1988 年。

44.[加]马歇尔·麦克卢汉:《理解媒介:论人体的延伸》,何道宽译,商务印书馆,2000 年。

45.[英]马修·阿诺德:《文化与无政府状态》,韩敏中译,生活·读书·新知三联书店,2002 年。

46.[美]迈克尔·肯尼:《第一代英国新左派》,李永新、陈剑译,江苏人民出版社,2010 年。

47.[德]曼海姆:《意识形态与乌托邦》,黎鸣等译,商务印书馆,2000 年。

48.[苏]米哈伊尔·巴赫金:《陀思妥耶夫斯基诗学问题》,刘虎译,生活·读书·新知三联书店,1992 年。

49.[法]米歇尔·福柯:《知识考古学》,谢强、马月译,生活·读书·新知三联书店,1998 年。

50.[英]尼克·史蒂文森:《媒介的转型:全球化、道德和伦理》,顾宜凡译,北京大学出版社,2006 年。

51.[英]齐格蒙特·鲍曼:《作为实践的文化》,郑莉译,北京大学出版社,2009 年。

52.[美]萨林斯:《文化与实践理性》,赵丙祥译,上海人民出版社,2002 年。

53.[美]塞缪尔·亨廷顿、劳伦斯·哈里森:《文化的重要作用》,程克熊译,新华出版社,2002 年。

54.[英]斯图亚特·霍尔、保罗·杜盖伊:《文化身份问题研究》,庞璃译,河南大学出版社,2010 年。

55.[英]汤普森:《英国工人阶级的形成》,钱乘旦等译,译林出版社,2001 年。

56.[英]特里·伊格尔顿:《二十世纪西方文学理论》,伍晓明译,陕西师范大学出版社,1986 年。

57.[英]特里·伊格尔顿:《马克思为什么是对的》,李杨、任文科、郑义译,新星出版社,2011 年。

58.[英]特里·伊格尔顿:《马克思主义与文学批评》,方宝译,人民文学出版社,1980 年。

59.[英]特里·伊格尔顿:《美学意识形态》,王杰译,广西师范大学出版社,1997 年。

60.[英]特里·伊格尔顿:《文化的观念》,方杰译,南京大学出版社,2006 年。

61.[英]托尼·本尼特:《文化与社会》,王杰、强东红译,广西师范大学出版社,2007 年。

62.[德]瓦尔特·本雅明:《发达资本主义时代的抒情诗人》,张旭东译,生活·读书·新知三联书店,1989 年。

63.[德]瓦尔特·本雅明:《机械复制时代的艺术作品》,王才勇译,浙江摄影出版社,1996 年。

64.[意]维科:《新科学》,朱光潜译,安徽教育出版社,2006 年。

65.[俄]谢·弗兰克:《社会的精神基础》,王永译,生活·读书·新知三联书店,2003 年。

66.[英]约翰·菲斯克:《理解大众文化》,王晓珏、宋伟杰译,中央编译出版社,2001 年。

67.[英]约翰·斯道雷:《文化理论与通俗文化导论》,杨竹山等译,南京大学出版社,2001 年。

68.[英]约翰·斯道雷:《记忆与欲望的耦合——英国文化研究中的文化与权力》,徐德林译,北京大学出版社,2014 年。

69.[美]詹姆逊:《快感:文化与政治》,王逢振等译,中国社会科学出版社,1998 年。

四、中文著作

1.陈修斋:《欧洲哲学史上的经验主义和理性主义》,人民出版社,1986 年。

2.冯宪光:《"西方马克思主义"文艺美学思想》,四川大学出版社,1988 年。

3.林骧华:《当代英国文学史纲》,辽宁教育出版社,1993 年。

4.刘进:《文学与"文化革命":雷蒙德·威廉斯的文学批评研究》,四川出版集团,2007 年。

5.陆梅林:《西方马克思主义美学文选》,漓江出版社,1988 年。

6.陆扬等:《大众文化研究》,生活·读书·新知三联书店,2001 年。

7.罗钢、刘象愚:《文化研究读本》,中国社会科学出版社,2000 年。

8.马驰:《"新马克思主义"文论》,山东教育出版社,2001 年。

9.马驰:《马克思主义美学传播史》,漓江出版社,2001 年。

10.欧阳谦:《人的主体性与人的解放——西方马克思主义的文化哲学初探》,山东文艺出版社,1987 年。

11.钱乘旦、陈晓律:《在传统与变革之间:英国文化模式溯源》,江苏人民出版社,2010年。

12.乔瑞金:《马克思思想研究的新话语——技术与文化批判的英国新马克思主义》,书海出版社,2005年。

13.乔瑞金等:《英国的新马克思主义》,人民出版社,2013年。

14.商文斌:《战后英共的社会主义理论及英共衰退成因研究》,中国社会科学出版社,2010年。

15.舒开智:《雷蒙德·威廉斯文化唯物主义理论研究》,学苑出版社,2011年。

16.陶东风:《文化研究:西方与中国》,北京师范大学出版社,2002年。

17.陶东风:《文化研究精粹读本》,中国人民大学出版社,2006年。

18.汪民安:《文化研究关键词》,江苏人民出版社,2007年。

19.王晓明:《在新意识形态的笼罩下——90年代的文化和文学分析》,江苏人民出版社,2000年。

20.王岳川:《后现代主义文化研究》,北京大学出版社,1992年。

21.王佐良、周钰良:《英国二十世纪文学史》,外语教学与研究出版社,1994年。

22. 吴晓明:《当代学者视野中的马克思主义哲学——西方学者卷》(上、下),北京师范大学出版社,2008年。

23.吴冶平:《雷蒙德·威廉斯的文化理论研究》,甘肃人民出版社,2006年。

24.萧俊明:《文化转向的由来——关于当代西方文化概念、文化理论和文化研究的考察》,社会科学文献出版社,2004年。

25.徐德林:《重返伯明翰——英国文化研究的系谱学考察》,北京大学出版社,2014年。

26.杨击:《传播·文化·社会——英国大众传播理论透视》,复旦大学出版社,2006年。

27.衣俊卿:《文化哲学——理论理性和实践理性交汇处的文化批判》,云南人民出版社,2001年。

28.衣俊卿等:《20世纪的文化批判:西方马克思主义的深层解读》,中央编译出版社,2003年。

29.张华:《伯明翰文化学派的领军人物》,山东大学出版社,2008年。

30.张亮:《英国新左派思想家》,江苏人民出版社,2010年。

31.张亮、熊婴:《伦理、文化与社会主义——英国新左派早期思想读本》,江苏人民出版社,2013年。

32.张一兵、胡大平:《西方马克思主义哲学的历史与逻辑》,南京大学出版社,2003年。

33.赵国新:《新左派的文化政治:雷蒙·威廉斯的文化理论》,外语教学与研究出版社,2009年。

34.赵一凡等:《西方文论关键词》,外语教学与研究出版社,2006年。

35.郑一明:《"西方马克思主义"的文化哲学思想研究》,重庆出版社,1998年。

五、学术论文

1.曹莹莹:《雷蒙德·威廉斯国内研究综述》,《文学界》(理论版),2010年第6期。

2.何萍:《美国"文化的唯物主义"及其理论走向》,《武汉大学学报》,2004年第3期。

3.胡为雄:《马克思、列宁的上层建筑观比较》,《中共浙江省委党校学报》,2005年第5期。

4.黄华军:《雷蒙德·威廉斯大众文化思想的理论立场》,《广西师范大学学报》,2005年第2期。

5.亢海梅:《大众文化:新的文化生长点——析威廉斯的文化唯物主义美学观》,《甘肃社会科学》,2006年第4期。

6.李凤丹:《英国文化马克思主义的本质和研究逻辑》,《现代哲学》,2009年第9期。

7.李凤丹:《英国文化马克思主义形成的现实背景分析》,《西北工业大学学报》(社会科学版),2016年第3期。

8.李林洪、杨兰:《文化活动是物质生产形式——"文化马克思主义"的文化理论研究》,《广西社会科学》,2012年第1期。

9.李永新:《文化批评和美学研究中的领导权理论——兼论威廉斯和伊格尔顿对葛兰西领导权理论的接受与发展》,《文艺理论研究》,2008年第2期。

10.李永新:《文学与社会:以表意为实践中介——论雷蒙德·威廉斯的历史符号学理论》,《江西社会科学》,2010年第11期。

11.李兆前:《文化研究与"物质性"——威廉斯的文学研究的启示》,《文艺争鸣》,2006年第4期。

12.刘继林:《雷蒙德·威廉斯的文化理论及关键词研究给予中国的意义》,《武汉科技大学学报》,2011年第8期。

13.刘进:《雷蒙德·威廉斯与马克思主义传统》,《文艺理论研究》,2011年第1期。

14.欧阳谦:《"文化唯物主义"的理论建构及其现实意义》,《教学与研究》,2010年第10期。

15.欧阳谦:《从文本到文化——西方马克思主义研究的路径问题》,《求是学刊》,2006年第5期。

16.欧阳谦:《大众文化与政治实践——法兰克福学派与伯明翰学派之比较》,《马克思主义与现实》,2008年第8期。

17.欧阳谦:《卢卡奇与"文化主义"》,《哲学动态》,2012年第12期。

18.欧阳谦:《马克思主义与"文化研究"》,《教学与研究》,2009年第12期。

19.欧阳谦:《文化的辩证法——关于文化主义的马克思主义的几点思考》,《马克思主义与现实》,2008年第4期。

20.庞晓明:《英国马克思主义研究中的若干倾向述评》,《国外社会科学》,2018年第1期。

21.乔瑞金:《论英国新马克思主义的思想特征》,《理论探索》,2006年第4期。

22.乔瑞金:《我们为什么需要研究英国的新马克思主义》,《马克思主义与现实》,2011年第6期。

23.乔瑞金、王萌:《英国新马克思主义文化意识形态思想探析》,《马克思主义哲学研究》,2019年第1期。

24.乔瑞金、薛稷:《雷蒙德·威廉斯唯物主义文化观解析》,《马克思主义与现实》,2007年第3期。

25.沈江平:《文化转向与历史唯物主义的"重建"》,《东南学术》,2017年第3期。

26.盛立民:《雷蒙德·威廉斯文化唯物主义的理论传统探究》,《内蒙古社会科学》(汉文版),2017年第1期。

27.[英]斯图亚特·霍尔:《文化研究:两种范式》,傅德根译,《马克思主义美学研究》,2000年。

28.[英]特里·伊格尔顿:《审美的意识形态导言》,傅德根译,《国外社会科学》,1994年第1期。

29.[英]特里·伊格尔顿:《意识形态》,马海良译,《20世纪外国文论经典》,北京大学出版社,2004年。

30.[英]特里·伊格尔顿:《再论基础和上层建筑》,张丽芬译,《马克思主义美学研究》,2002年。

31.[英]特里·伊格尔顿:《纵论雷蒙德·威廉斯》,王尔勃译,《马克思主义美学研究》,1999 年。

32.王尔勃:《从威廉斯到默多克:交锋中推进的英国文化研究》,西北师大学报,2005 年第 2 期。

33.王晗:《雷蒙德·威廉斯的文化体制理论研究》,《学习与探索》,2011 年第 3 期。

34.王淑琴:《威廉斯的文化思想诠释》,《山东大学学报》,2006 年第 3 期。

35.王淑琴:《威廉斯对马克思关于经济基础和上层建筑关系的解读》,《理论学刊》,2006 年第 5 期。

36.文吉昌、冉清文:《历史与结构:英国战后文化马克思主义的内部纷争》,《国际理论动态》,2018 年第 12 期。

37.徐莎莎:《马克思的审慎——经济基础与上层建筑的辩证关系的解释学路径》,《科教导刊》(中旬刊),2013 年第 6 期。

38.许继红:《试论威廉斯文化唯物主义的整体论研究范式》,《山西大学学报》(哲学社会科学版),2013 年第 5 期。

39.薛稷:《20 世纪 50 年代以来英国马克思主义的主体理论流变》,《江西社会科学》,2018 年第 1 期。

40.薛稷:《雷蒙德·威廉斯的文化人道主义思想探析》,《马克思主义与现实》,2011 年第 1 期。

41.薛稷:《试析英国新马克思主义知识分子的政治意识及其价值》,国际理论动态,2017 年第 10 期。

42.薛稷:《英国马克思主义意识形态理论释义》,《南京师大学报》(社会科学版),2017 年第 4 期。

43.薛睿:《关于马克思意识形态概念的理解——访英国马克思主义学者戴维·麦克莱伦教授》,《马克思主义理论学科研究》,2019 年第 3 期。

44.杨击:《雷蒙德·威廉斯和英国文化研究》,《现代传播》,2003 年第 2 期。

45.杨击:《情感结构——雷蒙·威廉斯文化研究的方法论遗产》,《传播与中国》,2008 年第 12 期。

46.杨俊蕾:《文化研究在当代中国》,《北京大学学报》,2002 年第 1 期。

47.衣俊卿:《异化理论、物化理论、技术理性批判——20 世纪文化批判理论的一种演进思路》,《哲学研究》,1997 年第 8 期。

48.衣俊卿:《作为社会历史理论的文化哲学》,《哲学研究》,2010 第 2 期。

49.殷晓旭:《文化唯物主义的理论尝试——评雷蒙德·威廉斯的马克思主义》,《青海师范大学学报》,2009 年第 9 期。

50.约翰·斯道雷:《文化研究中的文化与权力》,周敏译,《学术月刊》,2005 年第 9 期。

51.张亮:《"英国马克思主义"的"文化唯物主义"及其当代评价》,河海大学学报,2012 年第 12 期。

52.张亮:《"英国马克思主义"的历史、理论道路和理论成就》,《马克思主义研究》,2012 年第 7 期。

53.张亮:《从苏联马克思主义走向文化马克思主义:英国马克思主义理论传统的战后形成》,《人文杂志》,2009 年第 2 期。

54.张亮:《从文化马克思主义到"结构主义的马克思主义"——20 世纪60 年代初到 80 年代初英国马克思主义的发展历程》,《文史哲》,2010 年第 1 期。

55.张亮:《雷蒙·威廉斯"文化唯物主义"视域中的电视》,《文艺研究》,2008 年第 4 期。

56.张亮:《英国马克思主义关于当代工人阶级的争论及其理论反思》,《福建论坛》(人文社会科学版),2020 年第 6 期。

57.张平功:《雷蒙德·威廉斯的文化阐释》,《国外社会科学》,2001 年第 2 期。

58.张平功:《历史之镜:析雷蒙德·威廉斯的文化唯物主义》,《学术研究》,

2003 年第 8 期。

59.张平功:《论文化研究的兴起与发展》,《东南学术》,2000 年第 6 期。

60.张彤:《从文化唯物主义主义的视角重新审视历史唯物主义》,《求是学刊》,2018 年第 4 期。

61.张文喜:《文化在社会和大众社会中的不同境遇》,《吉林大学社会科学学报》,2014 年第 1 期。

62.张秀琴:《威廉斯的"文化唯物主义"意识形态论研究》,《哲学动态》,2011 年第 2 期。

63.张秀琴:《英语世界对马克思意识形态理论的解读方式》,《中国社会科学》,2012 年第 6 期。

64.赵传珍、刘同舫:《英国新左派思想家对历史唯物主义研究的拓展》,《福建论丛》(人文社会科学版),2011 年第 5 期。

65.赵传珍:《威廉斯对文化"经济决定论"的批判与修缮》,《江西社会科学》,2014 年第 5 期。

66.赵国新:《文化唯物论》,《外国文学》,2003 年第 4 期。

67.赵国新:《新左派》,《外国文学》,2004 年第 3 期。

68.赵国新:《英国文化唯物主义的思想源流》,《杭州师范大学学报》(社会科学版),2017 年第 9 期。

69.赵金平:《雷蒙·威廉斯共同文化思想对发展中国特色社会主义文化的启示》,《马克思主义文化研究》,2018 年第 2 期。

六、学位论文

1.陈磊:《走向大众文化:伯明翰学派的大众文化研究》,南京大学硕士论文,2013 年。

2.邓建:《雷蒙德·威廉斯文化唯物主义思想研究》,湖南师范大学硕士论文,2013年。

3.樊柯:《走向文化社会学——威廉斯文化思想研究》,中国社会科学院研究生院博士论文,2010年。

4.付振玲:《雷蒙德·威廉斯的文化思想研究》,大连理工大学硕士论文,2008年。

5.傅德根:《走向文化唯物主义》,中国社会科学院博士论文,1998年。

6.黄华军:《雷蒙德·威廉斯的大众文化思想及其意义》,广西师范大学硕士论文,2001年。

7.黄丽萍:《雷蒙·威廉姆斯的文化唯物论》,上海大学硕士论文,2007年。

8.姜华:《大众文化理论的后现代转向》,黑龙江大学博士论文,2004年。

9.李林洪:《雷蒙德·威廉斯的"文化唯物主义"研究》,中国人民大学博士论文,2010年.

10.李巧霞:《雷蒙德·威廉斯的"文化唯物主义"研究》,河南大学硕士论文,2010年。

11.李三达:《雷蒙德·威廉斯"感觉结构"的批判性考察》,华东师范大学硕士论文,2011年。

12.李兆前:《范式转换:雷蒙德·威廉斯的文学研究》,首都师范大学博士论文,2006年。

13.梁锦才:《雷蒙德·威廉斯文化唯物主义理论研究》,广西师范大学硕士论文,2008年。

14.刘进:《文学与"文化革命":雷蒙德·威廉斯的文学批评研究》,四川大学博士论文,2007年。

15.刘水平:《大众文化:意义的生成与理论的张力》,华中师范大学博士论文,2005年。

16.路莉侠:《论雷蒙德·威廉斯对文化研究的贡献》,新疆大学硕士论文,2009 年。

17.孙颖:《走向文化批判的英国马克思主义批评》,吉林大学博士论文,2010 年。

18.辛春:《论雷蒙德·威廉斯的文化唯物主义思想》,黑龙江大学硕士论文,2009 年。

19.徐懿然:《作为生活方式的文化——威廉斯的马克思主义文化观研究》,南京大学硕士论文,2011 年。

20.许继红:《雷蒙德·威廉斯技术解释学思想研究》,山西大学博士论文,2010 年。

21.薛稷:《雷蒙德·威廉斯文化唯物主义思想探析》,山西大学硕士论文,2007 年。

22.晏萍:《威廉斯文化研究视阈中的文学理论及意义》,辽宁师范大学硕士论文,2008 年。

23.杨东篱:《伯明翰文化的文化观念与通俗文化理论研究》,山东大学博士论文,2006 年。

24.杨炯斌:《雷蒙·威廉斯和文化研究转向》,南开大学博士论文,2009 年。

25.张玉娟:《雷蒙德·威廉斯电视理论解析》,河北大学硕士论文,2011 年。

26.赵国新:《背离与整合:雷蒙·威廉斯与英国文化研究》,北京师范大学博士论文,2001 年。

27.于文秀:《"文化研究"思潮中的反权力话语研究》,黑龙江大学博士论文,2002 年。

28.赵金平:《雷蒙·威廉斯共同文化思想研究》,黑龙江大学博士论文,2015 年。

七、外文文献

1.Alan O'Connor., *Raymon d Williams.*, Rowman&Littlefield Publishers, Inc., 2006.

2.Andrew Milner and Jeff Browitt, *Contemporary Cultural Theory*, Routledge, 2002.

3.Catherine Gallagher, Raymond Williams and Cultural Studies, In *Social Text*, No.30, 1992.

4.Chris Barker, *Cultural Studies: Theory and Practice*, Sage Publications, 2000.

5.Christopher Prendergast, *Cultural Materialism: On Raymond Williams*, University of Minnesota Press, 1995.

6.Clifford Geertz, *The Interpretation of Cultures*, Basic Books, 1973.

7.Cornel West, The Legacy of Raymond Williams, In *Social Text*, No.30, 1992.

8.David Chaney, *The Cultural Turn: Scene-setting Essays on Contemporary Social History*, Routledge, 1994.

9.Dennis Dworkin, *Cultural Marxism in Postwar Britain: History, the New Left, and the Origins of Cultural Studies*, DukeUniversity Press, 1997.

10.Evan Watkins, Raymond Williams and Marxist Criticis, In *Boundary 2*, Vol.4.No.3, 1976.

11.Fred Inglis, *Raymond Williams*, Routledge, 1995.

12.Graeme Turner, *British Cultural Studies: An introduction*, Routledge, 2003.

13.Jan Gorak, *The Alien Mind of Raymond Williams*, University of Missouri Press, 1988.

14.Jeff Wallace, *Rod Jones and Sophie Nield*, *Raymond Williams Now: Knowledge Limits and the Future*, Macmillan Press Ltd, 1997.

15.John Eldridge and Lizzie Eldridge, *Raymond Williams: Making connections*, Routledge, 1994.

16.John Hartley, *A Short History of Cultural Studies*, Sage Publications, 2003.

17.John Higgins, Raymond Williams and the Problem of Ideology, In *Boundary 2*, vol.11, No.1/2, 1983.

18.John Higgins, *Raymond Williams: Literature, Marxism and Cultural Materialism*, Routledge, 1999.

19.Jonathan Culler, *Literary Theory*, Oxford University Press, 1997.

20.Jonathan Dollimore and Alan Sinfield, *Political Shakespeare: New Essays in Cultural Materialism*, Manchester University Press, 1992.

21.Ken Browne, *An Introduction to Sociology*, Polity Press, 1998.

22.Lesley Johnson, *The Cultural Critics: From Matthew Arnold to Raymond Williams*, Routledge & Kegan Paul, 1979.

23.Lin Chun, *The British New Left*, Edinburgh University Press, 1993.

24.Monika Seidl, *Roman Horak, Lawrence Grossberg, About Raymond Williams*, Routledge, 2010.

25.Nick Stevenson, *Culture, Ideology and Socialism: Raymond Williams and E.P.Thompson*, Avebury, 1995.

26.Paul Jones, *Raymond Williams's Sociology of Culture*, Palgrave Macmillan, 2004.

27.Perry Anderson, *Considerations on Western Marxism*, New Left Books, 1976.

28.R.Shashidhar,Culture and Society:An Introduction to Raymond Wi－lliams,In *Social Scientist*,Vol.25,No.5/6,1997.

29.Scott Wilson,*Cultural Materialism:Theory and Practice*,Blackwell,1995.

30.Simon During,After Death:Raymond Williams in the Modern Era,In *Critical Inquiry*,Vol.15,No.4,1989.

31.Stephen Woodhams,*History in the Making:Raymond Williams,Edward Thompson and Radical Intellectuals 1936–1956*,Merlin Press Ltd,2001.

32.Tony Pinkney,*Raymond Williams*,Seren Books,1991.